松岡 環
Matsuoka Tamaki

元兵士と
被害者の証言

南京
引き裂かれた記憶

社会評論社

南京 引き裂かれた記憶 元兵士と被害者の証言＊目次

はじめにかえて――被害者と加害者が出会う時……7

第1章 揚子江河岸一帯での南京大虐殺――元兵士六名、被害者六名――15

第2章 城門やその付近での南京大虐殺――元兵士六名、被害者七名――67

はじめにかえて——被害者と加害者が出会う時

今から四年前、被害と加害の証言を本にして英語で出版しましょうと私に提案したのは、カナダのトロントにある「第二次世界大戦の歴史事実を維護する会」（ＡＬＰＨＡ教育）の代表者のフローラさんとウォンさんでした。ＡＬＰＨＡ教育は歴史事実を明らかにしようと活動している団体です。カナダの先生たちが中心になって、新しい歴史事実に目をむけて、「戦争とは何か、平和とは何かを考えさせる教育」を推進しようとする教育団体として、一九九〇年代から活動していました。私は、二〇一〇年から今年（二〇一六年）の四月まで、何度か彼らに招待されてカナダやアメリカ、香港に飛び、カンファレンスに参加したり、大学やハイスクールで南京大虐殺の調査研究の講演をしてきました。また歴史教育のために南京を訪れる彼らに何度も講演を依頼されました。

私は、一九九七年から集中的に南京大虐殺に関わった元兵士の調査と南京大虐殺の被害者の調査を続けていました。ある程度証言記録が集まった時点の二〇〇二年、南京攻略戦に参戦した日本兵士の証言『南京戦　閉ざされた記憶を尋ねて——元兵士１０２人の証言』を出版しました。二〇〇三年には被害者の証言『南京戦　切り裂かれた受難者の魂——被害者１２０人の証言』を出版しました。たくさんの日本兵士や被害者を聞き取り調査し記録に残す仕事は、大変な時間がかかりました。テープ起こしや翻訳、編集に時間がかかりましたが、友人たちにテープ起こしなどを協力してもらい、詳細な南京大虐殺の証言集を編集することができました。本のページ数は、加害証言、被害証言とも、どちらも約四百ページもある、内容の充実した作品となりました。

前述のような分厚い本を全部英語に翻訳するには、時間もかかりコストもかかるので、加害と被害の証言を精選して読みやすい証言集を作るべきだと、ＡＬＰＨＡ教育の彼らは、私に提案しました。二〇一二年の冬のことでした。私も本来、加害証言と被害証言を系統的に分類してまとめて読みやすいものを出版したいと考えていました。英語版を編集するにあたり一番の難点は翻訳でした。カナダでも日本でも市民運動をしながらの翻訳や編集、校正は、担当者や原作者に負担が重くのしかかります。英語版の完成までに何人もの翻訳者と編集担当者が変わりました。三年半もの歳月、どんな詳細な単語や文章についてもメールでやり取りをして、解説や訂正を重ねて、やっと英文版の南京大虐殺証言集『南京 引き裂かれた記憶』が二〇一六年四月に完成したのです。

完成と同時に、私はカナダやアメリカで開催される二週間の出版記念講演に出向きました。たくさんの会場で市民や高校生、大学生に南京大虐殺の映像の上映と私の調査の内容を話しました。私の北米滞在中、英語版の『南京 引き裂かれた記憶』の出版を聞きつけて、多くの中国系メディアが新聞やテレビで、私の新刊の出版を報道してくれました。そして私が帰国すると、中国北京の新世界出版社が、すぐに出版させてほしいとまず電話で申し込んできました。

北米での南京大虐殺の歴史認識にくらべれば、中国の社会ではより広く深く日中の現代史が認識されています。私は本の証言内容をより増やし、近年調査した新しい証言者をたくさん入れようと思い、英文版原稿の証言文を編集し直しました。毎日、たった一人で証言を書き起こし、整理し、時間が経つのも忘れて集中して録音を聞き、書き起こしました。英文版出版から半年後に、ボリュームアップした中国語版と日本語版の原稿が整いました。

新刊の『南京 引き裂かれた記憶』では、加害者と被害者が、同じ時、同じ場所で、同じような南京大虐殺の体験を語っています。私が彼らから聞き取った場所は、南京と日本国内なのですが、両者の話は、一九三七年の十二月のあの時あの同じ場所なのです。お互いが全く知らないながらも同じ体験をしていたのです。加害と被害の両者の証言を突き合わすことによって、南京大虐殺の歴史事実が鮮やかに浮かび上がってきます。それを補足するのは、兵士が故郷に出した手紙や「城内掃蕩で我小隊　一日で二百五十人を殺す」などと書き記した兵士の日記でした。「揚子江で敵を殲滅」と書き記した手紙や「城内掃蕩で我小隊　一日で二百五十人を殺す」などと書き記した兵士の日記でした。

では実際に、兵士と被害者が向かい合って語ることはできるのでしょうか。そうなると一層その時の南京の状況がはっきりするのかもしれません。現実は……。

南京大虐殺のさなかにいたある加害者とある被害者が、一九三七年十二月十三日以降の数日間、揚子江河岸で集団虐殺された死体が河を流れて行くのを見、また中山埠頭や挹江門（揚子江に一番近い城門）辺りで、南京の大通りをふさぐ死体の群れや、揚子江沿いの下関《シャーカン》のあちこちにごみのように積まれた死体を見ていました。加害者の一人である元兵士、南京遡航作戦に関わった第二十四駆逐隊の海軍兵士三谷翔は、海軍駆逐隊の伝令手の三等兵でした。彼は「天皇陛下の御ため、国家のために早く役立ちたい」と十八歳で海軍に志願し、日本の佐世保から上海辺りを攻撃しながら南京へ入りました。一方の被害者は、南京の揚子江辺で暮らしていた仇秀英という、母親を撃ち殺されたばかりの七歳の少女でした。全く見ず知らずの二人は、一九三七年十二月十三日からの数日間という同じ時に、下関という同じ場所で、機関銃掃射と累々と横たわる死体の群れを見ていました。

三谷さんは、私たちが企画した「南京大虐殺ホットライン」という元兵士を探し出す取り組みで、南京大虐殺の情報をファックスで真っ先に知らせてくれた元兵士の一人でした。

その時から私の元兵士の調査研究が、大車輪で始まったのです。

元兵士の集中的な調査から十年たった二〇〇七年の十二月十三日は、七十年目の南京大虐殺の日でした。南京大虐殺で実際に手を下した元兵士の三谷さんと共に南京へ行くことになりました。三谷さんにとっては、実に七十年ぶりに足を踏み入れる南京でした。彼は自分が見た南京大虐殺を南京で大学生や研究者に話そうと決心していました。行く前は、「侵略戦争の一員として元兵士が南京に行った場合どのように民衆から糾弾されるだろうか」と彼の心は穏やかでなく、動揺していました。南京理工大学で大学生たちに「筏に積まれて流れてゆく死体を歩兵銃で撃ちまくった」「連日繰り返す機関銃掃射を見ていた」など、ありのままの南京大虐殺を話しました。更に「小学校では軍国主義教育が行われ、十歳の時には既に自分はお国のために兵隊になるのだと思っていました」と話しました。百五十名程の大学生たちは身じろぎもせずに三谷さんの体験談を聞いていました。講演後、たくさんの学生たちが三谷さんを囲んで手を差し出しました。一人の男子学生は「これまで日本人は歴史を否定する人ばかりと思っていたが、三谷さんの勇気ある告発を聞いて、自分の偏見や考えが変わりました」と言っていました。ある女子学生は「兵士も教育されて虐殺に至った。教育の重要性が理解できました。このように交流できるのは意義あることです」と発言しました。若い大学生たちは、この元兵士を肯定的に評価していました。

大学で講演した次の日、南京攻略戦参戦の海軍兵士だった三谷さんと、押し入った日本兵に母を殺害された仇秀英さんが実際に会う機会がありました。三谷さんは、南京大虐殺を認め日本軍の一員としての行為を反省するごくわずかな元兵士ですが、彼は戦後、被害に遭った南京の人の想いを直接聞く機会は全くありませんでした。

被害者と加害者を会わせるには、両者の心の準備が必要です。互いの冷静さを持った歩み寄りが無いまま、安易に会わせることは危険です。判断を間違えば、再度被害者の心に深い傷を負わせます。私は仇秀英さんには「三谷さんという元兵士は、心から反省のために南京に来た人で、被害者の話を真摯に聞く態度を持った人ですよ。心配しないで」と事前に伝えていました。私は、三谷さんを年に数回は訪ねて健康を伺っています。彼と私の間には十年来の信頼関係がありました。仇秀英さんにも、毎年二回以上訪問し、慰問をしていましたし、ご病気で入院と息子さんたちから聞くと、いつも病院へお見舞いしていました。ご本人やご家族ともに信頼関係を築けていると私は確信していましたので、彼女を日本兵士の三谷さんと会わせようと決めたのです。元兵士の側の彼もしっかりと侵略の歴史を見据えて理解できている人でしたから。

南京での夜、ホテルの私の部屋で二人は、戦後初めて顔を合わせた元兵士と被害者でした。思いもかけず、仇秀英さんは椅子から立ち上がって彼に歩み寄り両手で握手しました。しかし実際に母親が日本兵に撃たれ、焼き殺されたこと、集団虐殺の列に並ばされたと語る彼女の話を聞くと、三谷さんは、一言も口をきけないくらいのショックを隠しきれませんでした。仇秀英さんも元兵士を前にして語りながら「松岡さんたちが来てくれるのは嬉しいけれど、お母さんが殺された時のことを思い出して本当に悲しい」と声を上げて泣いていました。私も何も言えずに彼女を強く抱きしめていました。

その翌日、三谷さんは、「これで最後の機会だと思うから南京に来てよかった。来なければ一生の悔いを残すかもしれなかった」と涙を拭いながら語っていました。

かつて「南京では悪いことをした。人間のすることと違うで」と言った奈良三十八聯隊の田所耕太さん。「河岸にいた数千人の人を機関銃で掃射しました。事実南京はえらい目に遭っています」と言っていた鈴木力男さん。反省的な言葉を発した数人の元兵士に私は「南京へ行きませんか?」と説得しましたが、誰もが自分がやった虐殺の地へ行くことには尻込みしました。三谷さんもいったん行くと決めましたが、直前に「気が進まない。いけない」とつぶやいていました。反省するからこそ、より重い課題だと感じるのだと思います。

現在、元兵士二百五十名の中で生存者は三谷さんただ一人になりました。彼は九十七歳の今年、足が不自由になり「生きているのがしんどくなった」と言ってはいますが、身近な人に南京で実際に見たことなどを証言しています。

今、加害の側も被害の側もどちらも九十歳以上の高齢となりました。自ら明確に話すことすらできない人が増えていますし、ご家族から幸存者の訃報を耳にすることも日常的になりました。私たちが掘り起こしてきた証言や映像記録は次の世代のために残すことが本当に大事だと思えるようになりました。

このようにして日本でも、今年十二月に『南京　引き裂かれた記憶』を本にして出版することになりましたが、可能ならば電子本などに残すことで多くの人に読まれることを期待しています。加えて元兵士や被害者を撮影した膨大なテープの映像は、デジタル化してハードディスクに入れないと劣化すると技術者に助言されています。莫大な資金が必要となりますのでいまだメドすら立ちませんが、映像の保存は、歴史の財産をどう保護するかと考えますと、本に残すのと同様に大変重要な問題です。

私は元兵士二百五十名、被害者三百人以上を取材し記録に残しました。南京大虐殺当時若かった、生存する被害者の調査は今も続けていて、情報を蓄積しています。

民衆の歴史を記録する仕事には、終わりがありません。

二〇一六年十二月

銘心会南京　松岡環

中支那方面軍編成表

中支那方面軍
司令官　松井石根大将
参謀長　塚田　攻少将

上海派遣軍
司令官　朝香宮鳩彦王中将
参謀長　飯沼　守少将

師団（編成地）	上陸開始日	上陸地点	追撃戦経由地	南京城包囲戦部署
第三師団（名古屋） 藤田　進中将 （歩兵第六、六十八、十八、三十四聯隊他）	8月23日	呉淞	（大倉集結） （六十八聯隊のみ）天王寺	武定門、通済門付近
第十一師団（善通寺） 山室宗武中将 （歩兵第十二、二十二、四十三、四十四聯隊他）	8月23日	川沙鎮	嘉定、蘇州、（無錫集結） （天谷支隊のみ）常州、鎮江、（渡江）揚州	
第九師団（金沢） 吉住良輔中将 （歩兵第七、三十五、十九、三十六聯隊他）	9月末～10月初	上海	蘇州、金壇、淳化鎮	中山門以南、光華門及び その南方地区一帯
第十三師団（仙台） 荻洲立兵中将 （歩兵第五十八、百十六、六十五、百四聯隊他）	9月末～10月初	上海	江陰、常州、鎮江 （山田支隊）揚子江南岸（主力）（渡江）北岸	
第百一師団（東京） 伊東政喜中将 （歩兵第百一、百四十九、百三、百五十七聯隊他）	9月末～10月初	上海	（陸渡橋集結）	
第十六師団（京都） 中島今朝吾中将 （歩兵第九、二十、三十三、三十八、騎兵第二十、野砲兵第二十二、工兵第十六、輜重兵第十六聯隊）	11月13、14日	白茆口 滁六経口	常州、丹陽、句容、湯水鎮	紫金山北側から中山門一帯、 下関
重藤支隊（台湾） 重藤千秋少将（台湾歩兵第一、第二聯隊）	9月18日	上海	白茆口、常熟、（寺頭鎮近郊集結）	
その他				

第十軍
司令官　柳川平助中将
参謀長　磯田三郎大佐

師団（編成地）	上陸開始日	上陸地点	追撃戦経由地	南京城包囲戦部署
第六師団（熊本） 谷　寿夫中将 （歩兵第十三、四十七、二十三、四十五聯隊他）	11月5日	杭州湾	広徳、郎渓、東善橋 （四十五聯隊）江東門	雨花台西方より中華門一帯 下関
第十八師団（久留米） 牛島貞雄中将 （歩兵第五十五、五十六、百十四、百二十四聯隊他）	11月5日	杭州湾	広徳、寧国、蕪湖	
第百十四師団（宇都宮） 末松茂治中将 （歩兵第六十六、百二、百十五、百五十聯隊他）	11月5日	杭州湾	漂陽、溧水、秣陵関	中華門、雨花台の南方地区 一帯
国崎支隊（広島） 国崎　登少将 （歩兵第四十一聯隊他）	11月5日	杭州湾	広徳、大平、（渡江）浦口	
その他				

中支那方面軍作戦経過要図

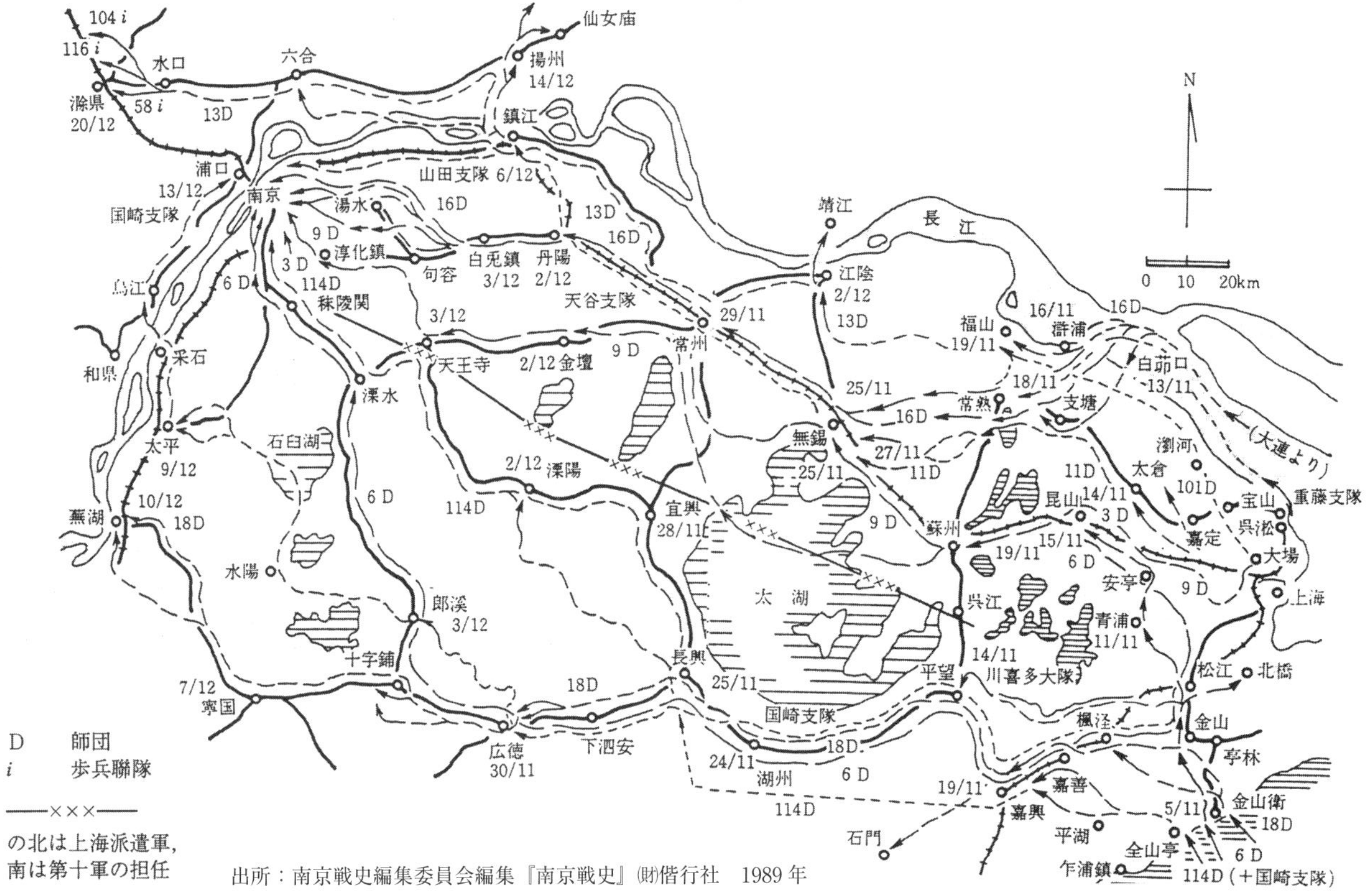

出所：南京戦史編集委員会編集『南京戦史』(財)偕行社　1989 年

南京城に迫る日本軍

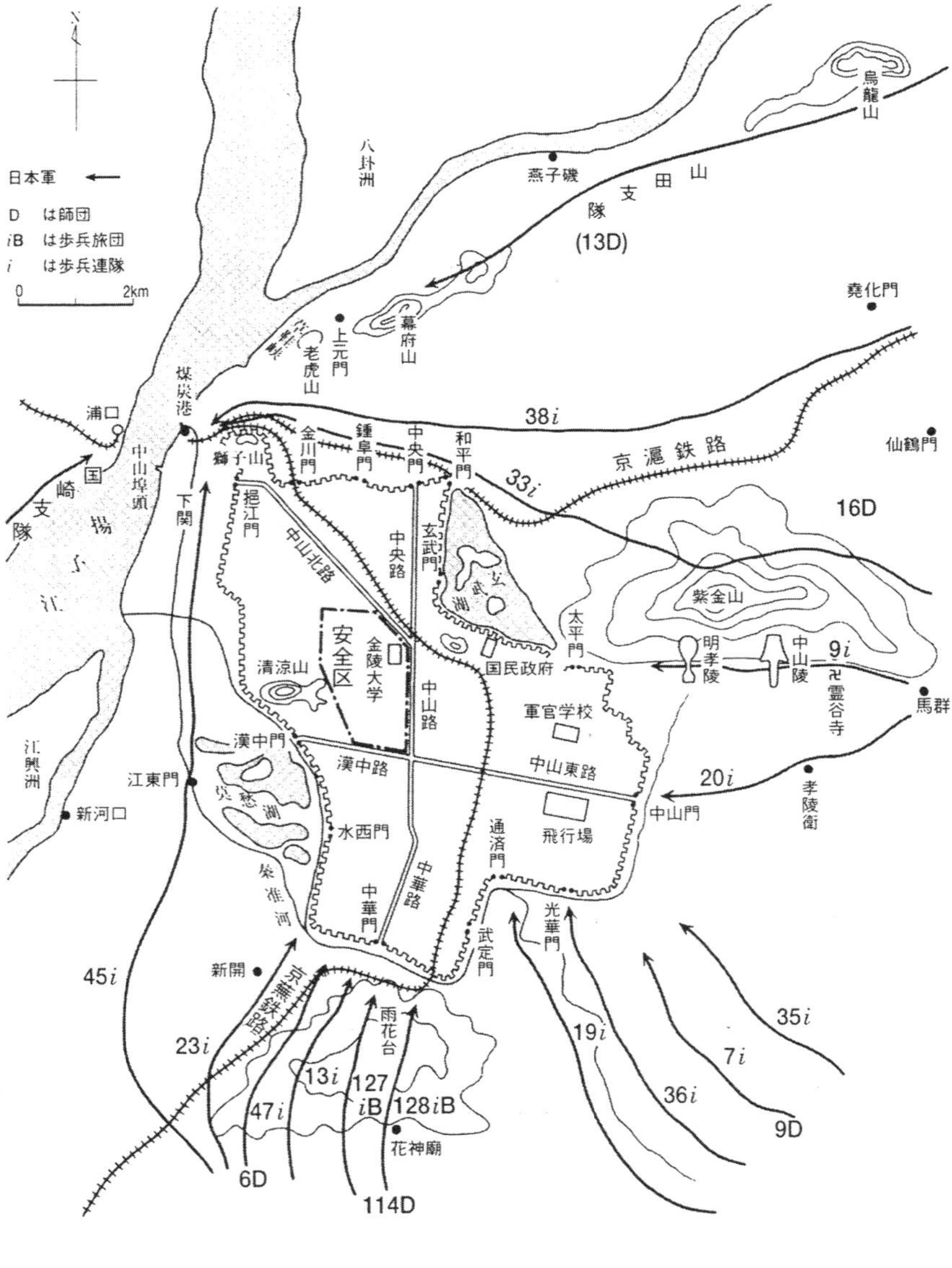

出所：太平洋戦争研究会編　森山康平『図説日中戦争』河出書房新社　2000 年

第1章…揚子江河岸一帯での南京大虐殺
——元兵士六名、被害者六名

1・1　松村芳治——戸板や木っぱ船で逃げる中国人を各中隊が一斉射撃

一九一三年二月生まれ
南京戦当時　第十六師団歩兵第三十三聯隊第三大隊
当時いた場所：揚子江河岸、下関、城内

昭和九年一月十日、三重県久居の三十三聯隊に現役で入隊しました。その年の四月から旧満州のチチハルに一年十か月いました。現役で派遣されていましたが、この部隊で伍長勤務上等兵になりました。昭和十一年六月に帰国して、しばらく組合に勤めておって、翌年、また召集を受け、戦地に向かいました。

●——敵襲の報復に近くの部落の母子を射殺

昭和十二年八月末、大召集を受けて、九月に久居を出発し、大阪港から出航しました。

▲…「満洲」駐屯時の松村芳治（1936 年）

九月、十月、十一月は河北の戦闘で韓家頭や八里荘で初めて戦闘を体験しました。それまで現役やからね、戦争なんて知らんわけや。一番始めの時は、大沽から上がって一週間ほどたった時ですわ、全然敵の姿も見ず夜中に前進していく時、向こうから撃たれたんですわ。真っ暗闇の中だし、道路は一本道で、一斉に道路の両側に飛び散ってね。道の両側は水田であっちこっちから「キャーやられたっ」と悲鳴が上がってました。隣にいた戦友はもう死んでいて動かんの。その人の飯盒で伏せている所の水をかいだして頭を伏せていたんです。こっちは一発も弾を撃たんで十五名の死傷者を出したんです。

韓家頭ではやられたので、部隊本部から「韓家頭の部落を攻撃する。部落に入ったら、猫の子でもいいから生きとる者は、男でも女でも全部殺せ」と命令が出ました。それでわずか百メートル先に五十戸位の部落が見えたんです。これこそと攻撃をかけたけど、猫の子一匹もいやしません。粗末な一軒の農家の中のアンペラがコソコソと動くのでめくり上げると、四十歳位の妊婦が二人の幼児を両脇にだきしめて隠れていました。コノーと引きずり出すと、子どもは泣き叫び母親の後にしがみついている。母親はもう一人の子をクリークの中につっこんだ。××伍長がこれこそ戦友の仇と、即座に銃で三人を撃ち殺してしまった。その時は気がたっていたというか、女子どもなのにひどいことをしました。

一面の高梁畑の中を進んでいくと、弾が飛んでくる、敵の姿は高梁に隠れて相変わらず見えない、こちらも実戦の経験がなくて、どうしていいかわからんのですわ。敵の弾はキンキンと金属的な音がするのに、向うからは日本の弾と同じ音がポンポンと聞こえてくる。これはおかしいぞと、友軍同士でやりあっているのに気づき、休戦ラッパを吹かして撃ちあいが収まったことがありました。

それからは、敵には会いませんが、連日の行軍ばかりで内地から行ったそのままの状態で行っているものだから、えらい〔つらい〕の何の、本当にえらかった。私の分隊は軽機関銃を持たなくてはならないので、背嚢〔食料や身のまわりの物を入れて背負う四角い袋〕とでかなり重かったです。軽機分隊は八人で弾と軽機関銃を運ぶんですわ。まだ暑い時期でしたでな、水もあまり飲めず沸かして飲めるときだけだったので、体が動かなくなるほどえらかったです。

食事も現地調達が多く、部落に入っても、中国人はほとんど逃げてしまっておりません。農家の作物や家の中の物を盗って食べました。なにせ向うから食物はこないんですからなあ。

揚子江を遡上し白茆口から上陸して南京へは急追撃でした。

紫金山は、南京に近くて、国民党にとっては重要な地点でした。要塞があってね、険しい山に砲台が据え付けられ精鋭部隊が布陣していました。紫金山をとられたら南京は危ういといわれてましたね。紫金山攻略は三日ぐらいかかりました。分隊の六人が斥候になって南京の情報を先に取りにいきました。途中で敵に遭遇しましてね。重い弾を持っていたので少しでも弾を減らそうと軽機関銃をバリバリと撃ちまくりました。その時ですわ、私の部隊が敵の将校を生け捕りにしましてね、中隊へ連行したんですわ。紫金山の山道には地雷がたくさん敷設してあってね、これまで、地雷を踏んで馬二、三頭が吹き飛ばされることがありました。敵の将校を先頭にして道案内させてね、そしたら、地雷を踏むことありませんやろ、被害なく通過できました。

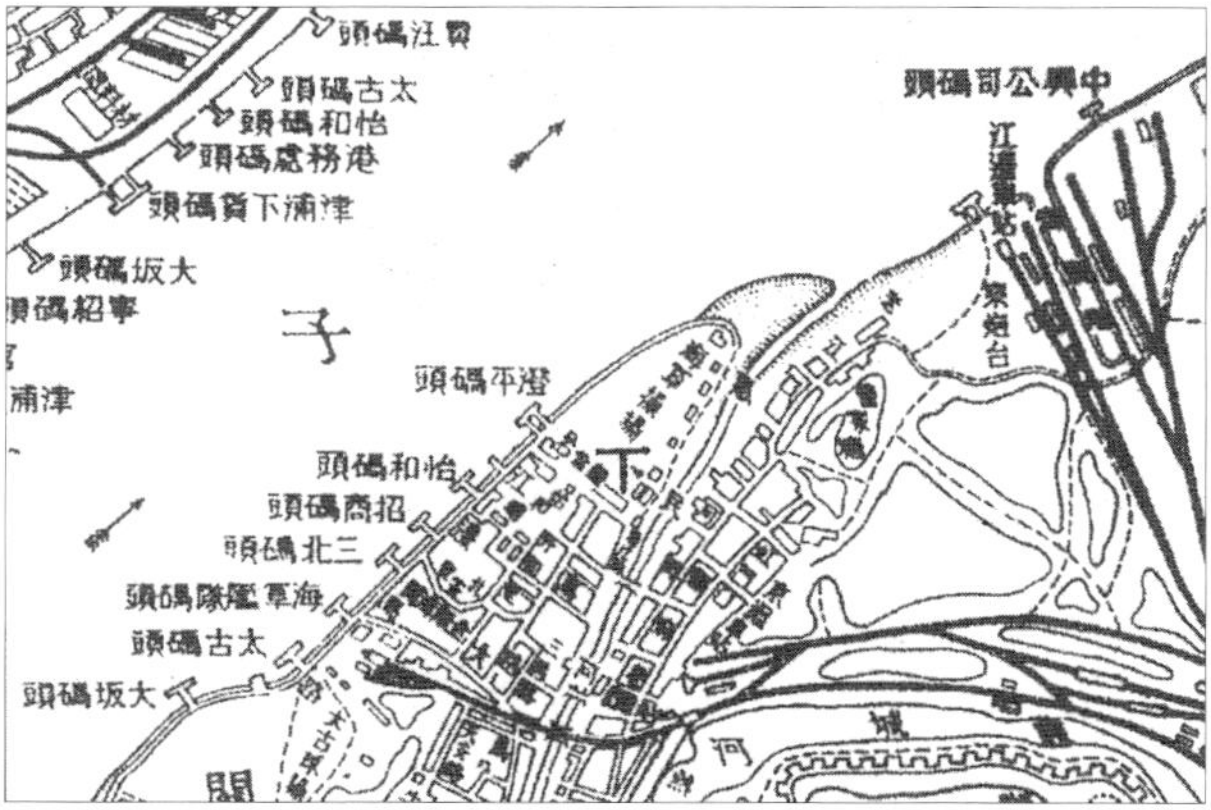

▲…下関付近地図（部分）

●——揚子江に逃げる無数の中国人を撃ち殺す

十二月十三日昼ごろ、下関にいる敵に向かって掃蕩〔敵をはらいのぞくこと〕を開始しました。下関に来ると揚子江のすぐ傍に駅がありました。砲弾も何もないので、そこかしこに残っている一かたまりごとの敗残兵を、小銃で撃ち殺していきました。一兵卒の私にはわかりませんが、おそらく十六師団の

▲…松村芳治（1997年）

ほとんどがここに集結したと思います。南京へは七中隊と同時に入りましたが、数千以上の兵が、下関に攻め込んだと思いますよ〔十六師団の久居三十三聯隊と奈良三十八聯隊のほとんどの中隊は下関から城内へ向かおうとした〕。下関の岸壁は砲撃で壊れていました。

　私らの中隊が下関の駅の広場に行った頃、日本の友軍の砲弾がどんどん落ちてくる。ここはまだ敵との大きな戦闘があって、敵はその時はすでに逃げ腰にかかっていました。もう坑戦する力もなく銃も持たず、小さい木っぱ船や筏や材木を拾って、それに掴まって揚子江を下っていく。五～八人乗っている小さい船も、三十人くらいの船もあってね。船には女や子どもの姿も見られ、こちらに向かって抵抗することはありませんでしたな。すぐ目の前二、三十メートル先に逃げる敗残兵を、こちらにいる日本兵は、みんな機関銃や小銃でバリバリと一方的に撃つんや。船や筏には、普通の服を着た中国人が、小さくじいっとして乗れるだけ乗ってどんどん河を流れていく。命中すると舟はひっくりかえって、そこらの水は血で赤く染まってました。船の上の人間は撃たれて河に飛び込み落ちるのもありますわな。銃声に混じってすさまじいヒャーヒャーという断末魔の叫び声が聞こえてな。水の中でももがき浮き沈みする人が流れていきます。自分の機関銃分隊は、三十三聯隊の他の中隊と共に撃ちまくった。だれも号令かけるものもなく、ただ単に「おい、あれあれ、あれ撃て」てなもんで、ものすごい人数の日本軍が機関銃や小銃であるだけの弾を撃ちこみました。撃っても全部は死なないので、流れに任せて河を下っていく敗残兵がまだまだいます。私は、そばにいる兵隊たちから「そんなん心配せんでええんや。この下の方に来たら待って一人残さず撃ち殺す部隊がおるんや。下してやってもいいんや」と聞いていました。二時間足らず撃っていましたやろ。

　この時、南京城内でも下関でも中国兵は逃げるんで、服装をかえて銃も何も持ってないので、こちらが撃たれたということはほとんどなかったはずです。十三日は、日本軍の一方的な攻撃でした。

＊松村芳治より×村婦人会にあてた手紙

（軍事郵便）

謹啓

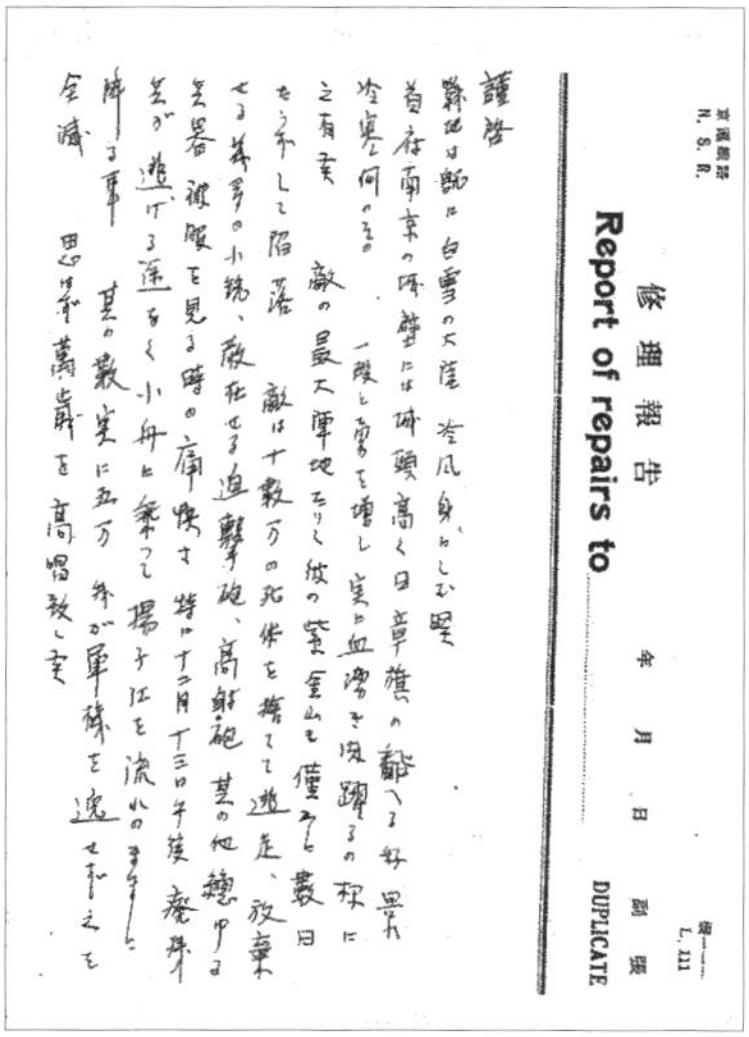
修理報告
Report of repairs to
年　月　日
DUPLICATE

戦地は既に白雪の大陸　冷風身にしむ候　首府南京の城壁には城頭高く日章旗の翻へる好景　寒冷何のその。一段と勇を増し実に血湧き肉躍るの様に之有候　敵の最大陣地たりし彼の紫金山も僅かに数日たらずして陥落　敵は十数万の死体を捨てて逃走、放棄せる幾多の小銃、散在せる迫撃砲、高射砲　其の他総ゆる兵器　被服を見る時の痛快さ　特に十二月十三日午後廃《ママ》残兵が逃げる途なく　小舟に乗って揚子江を流れのままに降る事　其の数実に五万　我が軍機を逸せず之を全滅　思はず万歳を高唱致し候

（旧漢字は新字体に改めた。以下同様）

●――南京城内の掃蕩で男という男を撃ち殺した

揚子江を流れていく中国兵を撃ちまくって一段落した後、昼すぎでした。城壁の上にも中にもいる逃げ遅れた中国兵は少なく、みんな撃ち殺しました。土嚢でふさがれた挹江門は、すでに人ふたりが通れるくらいの幅が取り除かれており、私たちは下関に一番近い挹江門から南京城内に入りました。

惨澹！敗敵狼狽の跡
長江突破、浦口へ見参
下關一帯に軍艦旗飜る
下關にて十六日發
今井・中村両特派員

▲…大阪朝日新聞 1937 年 12 月 17 日付。記事中に「敗残兵五萬殲滅」とある

城内は、城壁の下や広い通りにそこらじゅう衣服が脱ぎ捨ててあって、武器もごっちゃに積み重なって散らばっていました。中国兵が逃げるためにあわてて服装を替えていったんですわ。（見た感じでは）二十五メートルもの高さの城壁には、綱がいっぱいぶら下っていてね。中国兵は綱を伝って逃げたんですやろ。挹江門とその辺りの広い道路には、中国兵の死体があちこちに横たわっており、大通りを三百メートル位の距離にわたって、かなりの死体が転がっていました。死体は道路上に散在し何百人という人数でした。通りにくいので死体を道路わきによけて通っていきました。

「城内の兵は弾を撃たんと、突いて殺せ」と部隊の命令が出ていました。そこには中国以外の外国人も租界（外国人の居留地で、警察・行政権は外国にあった）にいるし、中国人にしても恐怖心を持つので音を立てるな、それに弾がもったいないということでした。

●――難民収容所から屈強な男を引き出し殺す

門を入ってすぐ右側の城壁斜面に「忠孝仁愛忠義和平」と大書してありました。どこの国でも同じやなと思いましたな。広い通りをだいぶ進んだところ、何やら「中華民国南京紅十字（赤十字）治安維持会」と書いた難民収容所の大きな看板が見えました。一般の民家には中国人はあんまり見なかったです。兵隊はみんな普通の服装に着替えたり人の服を盗って、潜りこんでいるので、まず、難民収容所に入り、隠れている兵を剔出することにしました。

部隊からの命令では「敵兵とわかったら容赦なく突き殺せ」と命令が出ていた。中国兵は服装を替えているので、目つきの悪い奴とかちょっと足の裏を見て丈夫やったら兵隊で。そういう不確かなことをしてひっぱりましたんでな、それにひっかかった者は運が悪いわな。私たちの中隊は、分隊単位に別れて捜索に当たりました。難民収容所には、老人も女も子どももいるし、また屈強な男も建物の中に座れないほどびっしりと入っていましたで。何千人もの人がいましたで。他の分隊も捜索を始めていますんやで。たいがい家族が一か所に固まっており、携帯品を調べるんや。写真なんか出てくると写真と本人かを見比べたりいい加減な方法でした。オイッオイッと指で指し示し瞬時のうちに怪しそうな者を選びだしてね。男たちは抵抗もせず素直に前に出てきました。それぞれの分隊は、男たちを収容所から外へ引き出してみんな突き殺しました。殺されるかどうかは運ですな。

自分たちの分隊では、引き出した十人あまりをクリークの畔に立たせて、分隊の者には、逃げたら銃で殺すように言っておき、自分が軽機関銃を腰だめ〔かまえずに腰にかかえて銃を撃つこと〕でバラバラと撃ちました。三人が逃げかけたけど突き殺しましたよ。撃たれた中国人は自然にクリークに落ち、残りの死体もクリークにほうりこんだ。全員殺した。そして、そこら中で他の分隊も同じように中国人を殺していました。

十三日の南京城内の掃蕩で、かなりの普通の服装をした中国人が殺されましたよ。自分が中隊長をやっていて二百何十人を指揮しておるという立場なら、横のつながりもあるから、何百人の中国人をどこが殺したと判るんやろうけれど、自分の分隊だけを掌握しているものだから、全体的なことは判らなかったです。当時知ろうとしなかったし、報せてくれることはもちろんなかったですからな。しかし、自分や他の分隊がやったことから総合してゆくと、かなりの中国人を殺したとゆうことやろう。十三日夜九時ごろ、城内は危険とゆうことで城外の下関の民家に入って宿営しました。歩哨を立て監視していたので夜はまあ静かでした。

翌日は、また城内に入り、大きな戦闘もなく割合静かでした。分隊単位で行動し残敵掃蕩を行ないました。

＊松村と同じ中隊で指揮班の沢村次郎の日記には、以下のように記されている。「十二月十四日晴　一、午前十時下関に集合、城内に於ける掃蕩実施に関し左の注意あり、『各戸を洩れなく掃蕩すべし。外国の権益ある家に潜入せる敵ある時は臨検するも可なり。但し物品等に触る可ならず、地雷に注意すべし。』一、午前十二時挹江門に至り、掃蕩に入る。敗残兵約三百名を捕獲

兵器迫撃砲観測用眼鏡等別紙報告書　一、夕刻六時、所定の区域の掃蕩を完了し下関の宿営地に戻る」。

●——城内で死体の片づけ

十五、六日ごろ、挹江門を入った所の大きな道路、中山北路付近の死体の片付けをしました。先に他の部隊がたくさん作業していてすでにほとんど片付けがすんでいました。道路に三人折り重なって倒れている死体を見た記憶があります。死体を持ち上げトラックに積み込むと、他の部隊がどこかへ運びまた戻ってきました。たぶん死体を河に流したんでしょうな。その付近だけでもトラックは、五、六台ありました。死体は軍服を着ている者もあったけれど、地方人〔軍隊以外を「地方」と呼んだ〕の便衣〔一般人の服装〕が多かったですよ。女や子どもの死体はたまに見ましたな。ほとんどが男でした。日本軍が城内に入る前に、空爆をやり、砲弾も撃ちこんでいるので、中国軍がすでに、自分たちの戦友の遺体処理をした場合もあったでしょうな。

捕虜の処理に関しては、全部集めて撃ち殺したとか、しまい頃は突いて殺したと聞いていました。捕虜には食わすものがないのだから殺すしかありませんわな。残敵掃蕩で見つけたら、なるべく突いて殺せと伝達式に中隊長命令が出ていたのだから、自分の分隊では捕まえるというのはなかったです。

十七日ごろ下関に掃蕩に出ましたが、敗残兵はほとんどいなく、抵抗もなく敵とわかったのは銃剣で突き殺しておりました。

私らの中隊は、しばらく城外の下関に本部を置き、二十二日に南京城南方約八キロの村の警備につくことになりました。南京城内でも城外でも、徴発はよくやりました。食べ物を盗りに行くんですわ。分隊で二、三人で固まっていきました。一人やったら危ないですからな。ついでに女の子を捕まえるんです。女の子の徴発ですな。農家に行くと、外の木の茂みやわらの中や田小屋〔田畑の中にある、作物などを入れる粗末な小屋〕によく隠れていました。顔を墨で黒く汚してな。でも、若いかどうかわかりますやろ。家の中では衣類や毛布みたいなんを入れてる木の箱の中にも隠れていて、上に掛けてる物を放り出すと女の子がふるえていました。分隊の者は捕まえて当然、やりました。徴発に行く言うたら、女の子を捕まえることが多かったですわ。

今思えば、支那事変は勝ち戦やったですからな、本当にひどいことしました。中国人を同じ人間として考えてなかったですな。よその国に入り込んでひどいことしたんですから、あれは、侵略戦争ですな。

1・2 鈴木力男——河辺で逃げ切れない数千人を九二式重機関銃で連続射撃

一九一四年二月生まれ
南京戦当時　第十六師団歩兵第三十三聯隊第一機関銃中隊
当時いた場所：揚子江河岸、下関

▲…1937 年頃の鈴木力男と重機関銃

久居の三十三聯隊の（昭和）九年兵です。すぐ満州のチチハルに行きました。満期除隊してからは、叔父に仕込んでもらい魚屋をしました。町には魚屋がなくてね、繁盛しました。月給とりとは比べ物にならんくらい儲かりましたよ。
そうしてるうちに、支那事変です。二十三歳の時でした。
上海は覚えてますよ、機関銃中隊は戦闘が収まってから上陸しました。兵站〔後方にあって、食料や軍需品の供給や輸送にあたる場所〕の糧秣〔食料〕を取りに行ったのを覚えています。
句容の飛行場を三十三聯隊は一大隊で攻めたんですわ。重機関銃はね、銃手が四人、弾薬手が四人、銃馬が四人、弾薬馬が四人、五、六貫目ある弾薬の箱八箱積むんでな。それを山地になると馬が使えんで、人間が自力で担ぎました。そやから、紫金山はえらかったですわ。

▲…鈴木力男（1999年）

紫金山へは、第一機関銃は登らず、二、三大隊が攻撃したんですわ。わしらは、紫金山第一峰の右手にある何百メートルかの山を攻撃しました。中国側は手榴弾と迫撃砲で反撃してきましたわ。戦いが終わって見ると、十六師団と同じような大きな大砲がまっさらで使ってないようなのが放棄してありましたわ。

●——下関でさらに数千の男女を撃ち殺した

南京が落ちてすぐですわ。下関に向かえということでね、下関の手前まで来た時は、もう鎮江やら紫金山やらから逃げてきた中国兵が右往左往していました。中隊長の「掃蕩にかかれ！」で数人で組になってな、歩兵も機関銃も砲兵も小銃やごんぼ剣〔銃剣〕持って大きな道を通って下関に向かうんですわ。攻め込んでいくと、大きな道路に飛び出してきた中国兵が群れになってまた逃げて行くんです。わしら、日本兵は撃たなしゃあない。逃げるのは兵隊だけやない、男の子もおれば女の人もおる。若い衆もおる。そんなものお構いなしにめくらめっぽうに連続発射で流すんやから、角度を決めて左右にスーと流すんやから。もう前方で人間を見たら、重機をバッと組み立てて全部殺すんや。

その日下関に着いたら、もう勝った勢いでな、向こうに敵ということで撃ちまくった。エンジンのないような、櫓でこぐような舟が揚子江をドンドン流れていくんや。いっぱい人が乗っててね、それを撃つんですわ。中には普通の服着てる良民もいる、それを全部ダダーと撃った。下関にいる歩兵のさまざまな部隊もここかしこで撃っている。

同時に揚子江の河岸にも大勢の押し合いへし合いの人がなだれ込んできてな、人はドンドン増えてきた。向こう岸へ逃げ切れなくて人間の固まりとなって岸壁に集まってきていますんや。もう何千という人の数や、そこに向けて今度は、誰彼なしに九二式重機関銃を撃ち込んだんです。機関銃中隊一個小隊で二銃、一個中隊で八銃の重機関銃です。押しまくりました〔押すと弾丸が出る〕。港にぎっしりと集まった大勢の人は、女も子どもも年寄りもいましたわ。四百～五百メート

▲…膨大な死体を焼いた（撮影・村瀬守保。出典：『村瀬守保写真集・私の中国戦線』日本機関紙出版センター）

ル向こうにいる中国人たちに射撃の角度を考えて、範囲を決めて撃ちました。人の固まりが崩れていくんですわ。せめて白い布でも掲げてくれたらとな、かわいそうと思ってたら戦争するんもんやないと思う。我々はただちに小隊長から「撃て」との命令を受けたけど、（中国人なら誰でも殺すという）命令は、師団長が出したんですやろな。

次の日も、同じように下関で重機関銃を撃ち、大勢の人を殺しました。機関銃中隊は、歩兵といっしょに行動することは少なかったけど、掃蕩には参加しました。逃げ遅れた兵は白い布を立てていてね、ほとんどが兵の服装をしていました。みな集めて軍司令部へ連れて行くんです。中国軍の服装はまちまちで普通の服を着ている人もいました。

捕まえた捕虜を揚子江岸で処分するために、また、機関銃を撃ちました。

その次の日、松井（石根・中支那方面軍）司令官が来るというので、こんなに殺したらあかんという規則があるのか、たくさんの死体を今度は隠さないとあかんようになりましたんや。死体を埋めることになりました。焼くということもありました。

南京陥落の次の日でしたけど、南京城内の倉庫がいっぱいある所でした。兵隊が中国兵をいっぱい連れてきてね、倉庫に詰め込んでるんです。中国人を殺すのに「もう弾が足りない」言うてね、ぐるりに燃える物持ってきて積み上げて火をつけたんです。煙が充満してきてね。中国兵が屋根を突き破って必死になってる。それをまた、日本兵が撃ち殺すんですわ。そんなのを見ました。

今、新聞にいろんなこと載ってますがな、事実南京はえらい目に会ってます。そんなこと言うと、政治に関係するので、うかつに言えんが、それはかわいそうなことしました。

●——地獄とは地獄　赤ちゃんに小便をかけ

南京の手前で、母親が逃げるのにじゃまになったんか、親がどっかへ連れて行かれたんか、捨て子の赤ちゃんが田んぼの中でおぎゃーおぎゃーと泣いていました。日本兵が赤ちゃんの口の中へ小便をかけててね。ひどいことする。戦争に行って人を殺すのがいやでね。そんなひどいことするのを見ていても、「そんなことするなや」と言うのが精一杯でな。絶対止めることはできなかったですな。地獄とは地獄、本当に無体なことやった。兵隊やったからな、妙なこと言うと、笑われて馬鹿にされるから何も言えなかった。

自分と同じ年頃の中国人二人捕まえて、苦力《クーリー》〔人足・力仕事をする労働者〕として働かせたけど、一人がどうしても帰らせてくれ言うてね。治安がよくなってきたので良民証を持たせて帰しましたが、自分の隊を離れるとすぐ殺される。うまくいったらいいが、持っていてもやられる。無事に帰れたかどうか。かわいそうやった。助かった人は少ないですよ。治安ができてくると、憲兵とか入って強姦とか暴行とかも少なくなるんやけど。憲兵が入るのが早ければ、だいぶ犠牲が少なかったと思う。規則があるんやったら、命令を早く出していたら、そんな無体なことせずにすんだんや、子どもまで殺すことなかった。ほんとにそれまで、無茶苦茶なことしてた。各部隊がそれぞれえげつないことやってました。目の前で見ていて、戦争に負けたらこうなるのは仕方がないことだと当時は思っていました。本当に、かわいそうなことしました。

1・3　新山薫——捕虜をいかだで流し、私が重機関銃で撃ち殺した

一九一二年十二月生まれ

南京戦当時　第十六師団歩兵第三十三聯隊第二機関銃中隊

当時いた場所：揚子江河岸、下関、中山埠頭

▲…久居を出発する歩兵第33聯隊（「思い出の写真集」より）

●――白茆口から上陸、紫金山の激戦へ

昭和十二年の八月に大召集を受け、久居の聯隊に応召しました。二大隊付第二機関銃に配属されました。その時は軍曹になっていました。

十一月頃、上海では白茆口に上陸して、消耗していた金沢の九師団と交替しました。前進している時、河べりに敗残兵がようけ死んでいるのを見ました。結局水膨れというのかな、膨れた死骸が岸辺にぎっしり漂っているのをよく目にしました。一か月かかって、南京へ進撃しました。私の中隊の仲間もたくさんおったんだけど、今は皆死んでしまってもうだれもいませんわ。

私は重機関銃だったもので、敵が抵抗すると歩兵ではとても攻撃前進ができないもので、そうすると重機関銃が前線に出る宿命になっていました。紫金山で一線に出たときは、聯隊長も敵前に、大隊長も本当の最前線に出ていました。で紫金山というのは絶壁でほんの足場があるだけで、いくつか峰があって、敵が抵抗するもんでね、私ら機関銃中隊の小隊長二名も戦死して交替したほど銃撃戦が激しかったんですわ。当時、野田聯隊長は「南京を陥落したら戦争はこれで終わりだ」とはっきり言われていました。私らもそれを楽しみにしておったんです。いよいよ頂上に登ったときに、中国の兵隊が白旗を持って掲げたら、戦争は終わりだというので総攻撃をやったわけだ。紫金山最高峰、ここからは中山陵という大きなお墓や南京の城内が見下ろせましたが、その頂上から見ていると、全然向こうは降伏するような状態ではなかったです。

紫金山から降りてきて、十六師団でも聯隊によって攻撃する目標が違い、やはり警察と同じで功績を得るために（各聯隊の下の中隊でも）中隊長が一番乗りをするような争いがありました。三十三聯隊は六中隊の辻四五郎が一番乗りをしました。紫金山で私は六中隊に配属された時でした。夜中に辻中隊長が夜襲をすることになってね。その時、私も前線におって側で聞いていましたが、大隊長は、辻六中隊長に「工兵隊〔築城・架橋・爆破などの作業を行う〕を援護させるから総攻

▲…紫金山山頂

撃をやれ」と言ったけど、「工兵隊に援護されなくても、私が夜襲で総攻撃をかけ必ず成功させます」と辻隊長は答えていました。その晩の夜中に六中隊は夜襲をしたんです。私らは小銃と違うから、最前線の総攻撃に参加しないけど、真っ暗やみの中、歩兵が総攻撃をやった時、それは物凄い悲鳴が上がったんですわ。手榴弾の爆発する音と兵隊のウワーウオーとやられる叫びが聞こえてきました。その時六中隊は半数以上が戦死、負傷しましてね。当時兵隊の間ではいろいろな陰口を言っていました。工兵隊の援護を断り、半数の兵隊は戦死してしまい、辻中隊長は三浦大隊長にげっそりした顔で報告しているのを見ました。そんな経緯の失敗をして辻大尉は（南京城）一番乗りをして失敗の挽回をしたわけでした。そして、中隊長は大出世したんですな。

●――下関で捕虜を集団虐殺した

地形やら詳しい地名はわからんけど、私らは下関へやってきました。下関は覚えています。そこへ行くには、私らは、（地図を見て確認しながら）玄武湖の側をとおり、ぐるっと北から西へ周り下関へ入りました。

紫金山は激戦だったから三日間だけで兵隊はようけ戦死したもので、山から下りると同郷の者や友達が聯隊に大勢おりましたもんでな。会うたびに「おお、よう生きとったな」と言い合いました。それが挨拶でした。

紫金山から下りてきた中隊は南京へ集結して一応落ち着いて、二、三日してから、「使役」という敗残兵の整理の任務を命じられました。重機関銃を担いで行ったんです。下関の揚子江の端の貨物駅でね、ずらっと並んでいた貨車の中へ中国の兵隊を貨車に詰め込んでいましたんや。貨車の扉を開けるとあまりに人を詰め込みすぎたんですやろな、冬の極寒の時なのに、皆熱くて息苦しくて自分の衣服を脱ぎ捨て素っ裸になっていました。それが記憶にありますな。フラフラに弱った裸の兵たちを下ろして揚子江に流れてゆく筏に載せ、それを重機関銃で射撃したんですわ。

筏といっても二、三十人乗せて流すんです。流れが急な河を流れてゆくいくつもの筏の上の兵を対岸から、敗残兵めがけて機関銃を撃つ。バーンと飛び上がって河へ落ちる者もおるし、そのまま河を流れていく兵もたくさんいました。至近距離で機関銃撃つんだから必ず当たります。それで、撃った時に苦しみで河に落ちると思いますわ。筏はだれが作ったものかわからんが、大隊本部から私らの第二機関銃中隊に命令が来て、中隊長の命で使役に出たまででした。

一大隊に機関銃中隊があり、一個中隊が四個小隊で編成しています。一つの小隊に重機関銃が二丁あって、私は小隊長代理をしていたから重機を二丁持って使役に出ました。

使役は二、三回ありましたが、どれも貨物車から引き出した敗残兵を筏に載せ、河に流してから自分が小隊を命令して重機関銃で撃ち殺しました。流れていく筏を何回も撃ちました。筏はドラム罐を組んで上に丸太を並べた物や、木を組みあわせたのやさまざまでしたが、筏を作った兵隊もいたんでしょうな。そんなの作ったりは、おそらく工兵隊やと思いますがな。やったのは一週間も二週間でもない短期間でしたけど、そういう使役をした記憶がありますな。他の部隊が敗残兵を縛ることもなく弱っているのを筏に載せたんですやろが、私たち重機関銃は、目の前を流れてゆく敗残兵を撃つだけでした。

機関銃で撃ち殺した敗残兵は、兵隊であるか民間人であるか区別はつかなかったです。裸になっておるし、日本軍みたいにはっきりした軍服を着ていた者もおったけど、普通の服もおるし、敗残兵であるか農民であるかはっきり分からなかったですな。けど、一応はもう敗残兵という格好で処分したんでしょうな。

（「ラーベ日記には、敗残兵という名目で戦争につかえそうな若い男はみんな引っ張られて処分されたと記されているが」との質問に）そういうこともこともありましたやろな。敗残兵や何や分からないだろうから。重機関銃中隊は城内掃蕩はやらず、敗残兵の整理の使役に関わりました。

●――地雷で爆殺したり首切りしたり

聞いた話では、機関銃で処分する以外に、城壁の外郭に地雷を埋めて、その上に敗残兵を固めて、地雷で何百人とまとめて殺すというのがあったようです。やはり南京陥落の後、私らは日本軍の仕事は、敗残兵を整理するだけでした。ともかく、敗残兵の処理をするのに相当日数がかかってな、こんなことをしたんです。他の中隊がこんなことしたあんなことして殺したと南京にいる間にいっぱい聞きました。こんなのを南京大虐殺というんですやろ。私らがこんな惨いことを実行したことです。本当のことです。

機関銃や地雷で殺す以外にも、残虐行為を見たことがありました。戦闘中に新しい将校、幹部候補生から上がった将校のほとんどが任官制少尉〔一年間の教育を受けて任官〕になって小隊長になるものだから、そういう人がよく試し斬りといって敗残兵ということで中国人を捕まえて切っていました。兵隊のまえで、新しい小隊長が切る。首の皮だけ残して斬るのが一番いいのだということでやっていました。私は目の前ではっきりと首斬りを見ました。部落を攻撃して敗残兵を捕まえると小隊長が斬ってるのを南京の陥落の前にも何回も見てきました。

今思うと、中国人には、本当に残虐なことをしたと思います。こんな話をすると、また夢に出てきますわ。

数年前まで、夜中に何度も何度も中国兵に追われる戦争の夢を見ました。恐ろしくて、うなされて汗びっしょりになってましてな、「どないしたん」て夜中によく家内に揺り起こされました。また思い出してうなされそうです。

1・4 澤村次郎――倉庫に詰め込んだ老若男女の中国人を焼き殺す

一九一三年一月生まれ

南京戦当時　第十六師団歩兵第三十三聯隊第三大隊

当時いた場所：揚子江岸、中山埠頭、城内

●――ソ連国境ハイラルで毒ガス教育

昭和八年暮れ、現役でチチハルの第三十三聯隊本部指揮班に勤務。三月にソ連との国境ハイラルでただちに特殊教育、毒ガスの教育を受けました。第三大隊四個中隊が駐屯していました。ガスのことは毎日教えてもらいました。イペリットやルイサイトは糜爛性ガス。ホスゲンは催涙ガス〔窒息性毒ガス〕。それを吸うたら息が苦しくなるんですわ。本物のガスを使ってみっちり教育を受けました。演習でわしらが使っているホスゲンを吸って、現地人は、喉をいかれてくすんくすんと咳き込んでいました。糜爛性というのは、皮膚が爛れるので、足に付いたらほってしまうんや。ほんまのゴム製の防御服着て一時間したら脈計って、休憩せんことにゃ、寒いとこでも汗かいた。体が調子狂ってくる。ガスは、北の果てソ連国境黒龍江の辺で演習に使いました。ロスケ・ソ連の演習しているのが見えてましたで。ハイラルには、昭和九年三月から十一年の三月までの大概二年いました。

ガスは実戦には大別山でくしゃみだけ使いました。中隊の防毒面を持ってる者はいいけれど、わしらは滅多にガスはないやろと思ってじゃまなるし、それをほかしました。ところが大隊長の命令で「今度、ガスを使う」という命令が出たのでみんなびっくりしていました。ホスゲンというのは風上に行って使うもので、風下にいったら吸ってしまうんや。自分はガスの扱いを知っているから恐ろしいことはなかったけれど、幹部や他の兵隊は「俺の軍刀を持って、お前が中隊の指揮をせい」と言ってどこかへ逃げてしまいました。ふつう工兵が配属されるのだが、うちの中隊は工兵がいないので、わしら教育受けたものだけでガスを扱いました。

●──上海の呉宅へ上陸

昭和十二年十一月十二日、上海戦では揚子江を少し遡った呉宅という所で、海軍が一晩中艦砲射撃を激しく行いました。敵が大方いないだろうと確認してから、被害のないように、鉄舟に乗って敵前上陸しました。それまで海軍の巡洋艦の護衛で揚子江を上がってね。工兵の鉄舟は岸まで行かず、手前で止まってしまいました。「いってこい」と言われ、水の中に飛び込んだけど、揚子江の底は泥沼で鉄舟が下にすうっと滑りこんでしまったから、胸まで水に浸かって呉宅に上がったんです。村に入って火を焚いて軍服を大体乾かしてから行軍を始めた。歩兵は歩いて行くが騎兵と戦車はダーとわしらの先をぬいていったわ。中国兵の死骸は道々たくさん転がってましたで。背嚢を背負って小銃を持っていたけど、わしは兵器係なので後でとれるやろと思って、兵器をほかしてしもた。家から送ってもろた軍刀だけを持って行軍しました。

工兵隊に放火班というのがあって、部隊の先頭にいて、所在を報せるために部落の家に火を点けて進んで行った。どこから見ても一線部隊はあの辺りにいることがわかった。歩兵は歩く一方なので連続して夜行軍を行なった。食料、糧秣は兵站から輜重兵が大行李で運ぶんやが、自分たちは何回も後戻りして兵站へ取りにいって食料を運んだな。自分たちの中隊は、後から進むので、それなりに食料はあったけれども、現地調達はよくしていたな。南京米を盗って飯盒で炊いたり、酒の好きなものは中国人の作ったチャンチュー〔中国の酒の意〕を盗ったり、野菜を盗った。全部調達でした。中隊の酒好きな軍曹と一緒に一晩酒を飲み明かして、次の日の行軍はえらかったことを覚えてる。上海戦では、防毒面を持っていたが、実際には使わなかったですな。

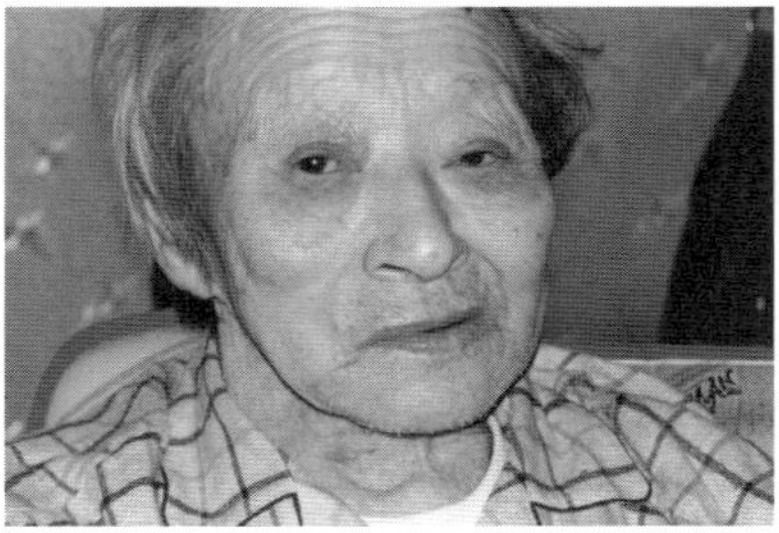

▲…澤村次郎（1998 年）

中国兵で、正規の軍服を着ていたのは南京を護る兵だけで、後は中国の現地の服を着て銃を持ち戦闘に参加してました。南京に行くまで、女子の兵もおり死骸を何度か見ましたで。男と同じ服を着てても、兵隊は面白がって、全部死体のズボンを脱がせてました。女性を素っ裸にして転がしてあったのを見たな。

紫金山では、指揮班で兵器係だったが、指揮班は下士官九名、その下のラッパ手や炊事班、中隊長や下士官の当番兵の兵隊を含めて一個小隊位の人数がいました。紫金山ではかなり消耗しました。現役の時には一個中隊二百名からいた兵隊は、三個小隊と小隊規模の指揮班だったのに、負傷兵が六十人位、戦死が半分くらいおり、指揮班でも九人しか残らなかってね。小隊長が三人死んだ。こんな話したら、また晩に夢に見るわ。苦労したこと思い出すわ。

この日記〔澤村日記〕は、綴じをはずしてばらばらにしてから、二、三ページ書いては父親の元へ送ったんや、それを父親が糸で綴じ直してくれた。普通の兵隊で一線におったら、逃げることで精一杯で書く人なんてめったにおらんやろ。指揮班の兵器係をしていたお陰で、少しの時間を見つけては書き留めたもんやった。

●――下関へ攻め下り　集団虐殺を目撃する

十二月十三日、紫金山から逃げる中国兵を追い立てて下りてきた時には、大方戦車にやられて、踏みつぶされた死骸がたくさん転がってたで。それをこえてわしらの中隊は山を駆け下りたんや。下関へ入るまでずっと死骸があった。南京陥落は、足の速い部隊が先に入って陥落させたからなあ。歩兵の進むのがあまりにも速いので、ダーと門に押し寄せたところへ、後ろの重砲とか、大きい砲が敵と間違えて撃ち、友軍の弾にやられた兵隊もいたほどやった。

わしらは後から続き、大きな城壁があり、挹江門から入った。中の住居に敗残兵がいないか掃蕩をした。わしらの指揮班はあんまりやらんかったけれど、他の部隊は、男という男を全部捕まえていた。「こいつはおかしい。こいつは兵隊かな」と引っ張って、捕まえたりしてから倉庫へ連れて行き、それを繰り返してたな。

下関の埠頭で大きな倉庫がずうっと並んでいて、そこにいっぱい捕まえた中国人の男をほり〔放り〕こんでた。どの倉庫にも、中国人が詰め込まれ、人で真っ黒になっていたな。何百人詰め込まれていたのか人数もわからんほどや。

掃蕩が終わってから、中国兵を処分すると聞いたので、わしらは埠頭に行って、中国人が殺されるのを見にいったわ。

倉庫の入り口に九中隊の一個分隊十人ぐらいの兵が、軽機関銃二丁を据え倉庫の中に銃を向けて、暴動が起こらないように警戒していた。九中隊は見張りの使役をし、さらに二丁の軽機関銃を使って中国人の殺し役をしたんや。倉庫に詰め込んでいた男たちを外に引きだしてから、埠頭から桟橋の上を五名ずつくらい走らして、後から軽機関銃でバリバリと撃った。また、五人くらいを立たせてから、埠頭に向かって走らせる、それを繰り返して全部殺してしまった。男たちは現地の服を着ていたり、仕事の服を着ていた。いいのも悪いのも、みんな埠頭から走らせて後ろから撃ち殺すんやで、わしらは「えらいことするな」と言い合った。撃たれた中国人は揚子江へ飛び込んでいくので片づけもいらん。河に流れてゆくだけや。

揚子江の河岸は飛び散った血で真っ赤やった。二丁の機関銃で狙いをつけられた倉庫の中の中国人たちは座らされたままで、日本兵がオイと手を挙げると中国人は立ち上がり埠頭を走らされたんや。日本兵の命令を聞かずにその場で確実に撃ち殺されるか、河に向かって走り撃たれても、河に飛び込んで万一助かるかもしれん。確率の低い賭けやったで。南京には三日ばかりいただけだったが、あの光景は惨めなものやった。

●──殺された死骸だらけの城内

掃蕩の時、「各戸を漏れなく掃蕩すべし、外国の権益ある家に潜入せる敵ある時は、臨検可」と師団命令がありましたで。掃蕩地域を聯隊で区分したんやな。聯隊全部で掃蕩するんやから、わしらはあちらへ行けこちらへ行けと命令され、割り当てられた街の一角をしらみつぶしに臨検したで。敵を捕まえることやけど、敵がどれかわからない。それにおかしいと思った男という男をみんな捕まえるのだから、どこにも入って行った。わしらは、挹江門を入ってすぐの所を掃蕩しましたで。

挹江門の辺りはあちこち死骸だらけでいっぱい散らばっていてね。日本の攻撃が速いもので敵は逃げる間がなかったようやった。死骸は正規軍の制服を着た者や普通の服や色々やった。門の辺りだけでなく、掃蕩に入った南京城内全部に死骸が転がっているような状態や。わしらの部隊だけでなく他の部隊も掃蕩をやってるので重複するところがあって、先に人の手が入った所は中国人が殺されていた。家の中は人気がないなと思うと中で人が殺されていた。日本の兵隊に踏み込まれて逃げようとするところを後ろからポンと撃たれて殺されたり、さまざまやったがな、惨めなもんやった。考えてみたら本当にぞっとしますな。考えたら。なにせおかしな奴は全部殺したんやもんな。殺す気で逃げた奴も連れて来て埠頭へほりこんだんやもんなあ。南京の虐殺というのは、わしが見たのは、埠頭に走らせ後ろから機関銃で撃って全部殺したのを言うんですやろうな。埠頭という所に、大きいのでひとつの倉庫は何人位人が入るのか、中国人が真っ黒けになって座っていた。何百人になるか、その倉庫がいくつもあるのですごい数になるわな。しまいには、聞いた話では、機関銃で殺しきれずに最後には、倉庫に火をつけて焼き殺したと聞いたぞ、あんなにたくさんの人を全部機関銃で殺そうとしたら、何時間あっても足りないわな。

南京には数日間いて、わしらは、南京南部約六キロの所に駐屯した。南京を逃げた中国軍が南京奪回をしてこないように警備をするのが目的やった。

そこにいってからは、静かなものやった。治安維持会〔日本軍南京特務機関が指導する傀儡政権の準備会〕というものができて、治安が回復していろんな商売もできだした。豆腐屋やうちでできる商売や果物も売りにきた。わしは、ここで兵器の整理をしたり、兵器の員数の報告書を作る作業をしていた。

揚子江の表面は、流れが緩いが下の方は流れがきつく、河に落ちた兵一人上がってこなかったな。揚子江のほとりで中国人の死体に油をかけて焼いてしまったと聞いたことがあるな。あんな大勢をすぐには殺しきれないわ。（殺した人数は）何千何万ということになるやろ。男という男を捕まえたんやから。わしらの一個中隊だけでは処分しきれない。ほかの部隊がいっぱいやってるからなあ。南京の虐殺って問題になっているがそれを言うんでしょうな。兵隊でない良い人もたくさん殺されている。どうもない職業についている人も、こいつは兵隊やとされて、郵便屋捕まえて連れていくんやから。日本には知らん人多いからどんなんやと思うんでしょうな。兵隊と関係ない者まで捕まえて兵隊と決めつけ殺したんやから。

＊「澤村次郎日記」より

十二月十三日　晴

〔略〕中隊は命令に従い天文台より太平門下を経て玄武湖東側の道路を掃蕩しつつ午後五時下関に到着

十二月十四日　晴

午前十時下関に集合　城内に於ける掃蕩実施に関し左の注意あり

「各家を洩なく掃蕩すべし外国権益ある家に潜入せる敵あるときは臨検するも可なり　但物品等に触るべ可らず

地雷等に注意すべし

午前十二時挹挹江門に至り掃蕩を開始す　敗残兵の捕うる事約三百名捕獲兵器迫撃砲観測用眼鏡其等別紙報告

夕刻六時所定区域の掃蕩を完了し下関の宿営地に戻る

十二月十六日　晴

午前五時左の要旨の命令を受く

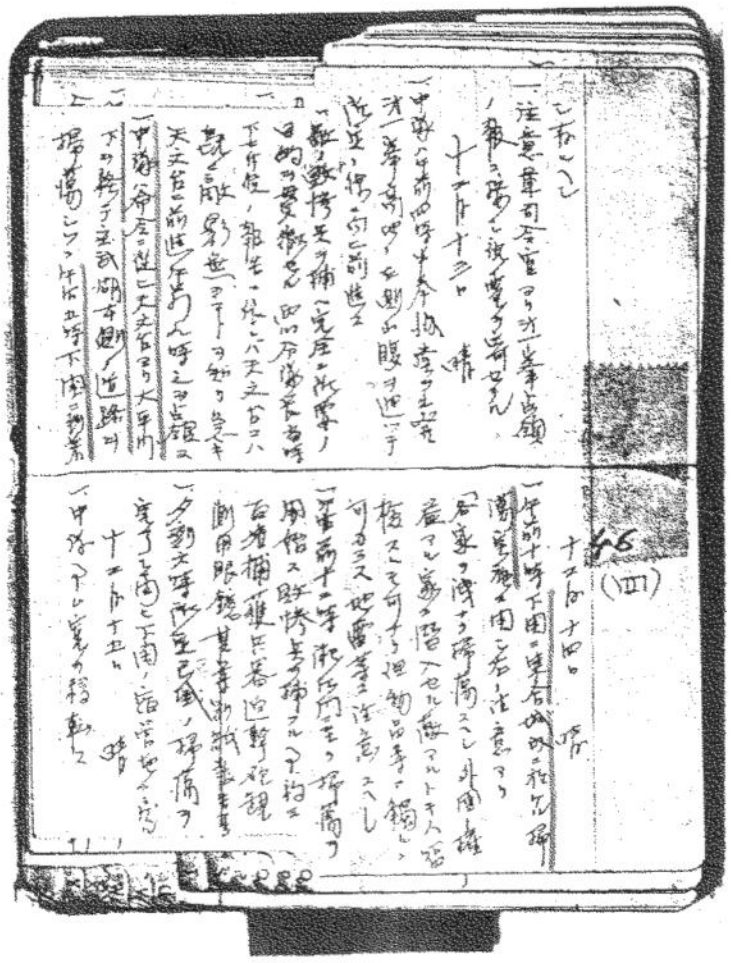

▲…澤村次郎日記。12月13日、14日分。

敵の敗残兵は紫金山東方及東北地区より湯水鎮西方地区に亘り横行し　後方部隊の危害を受くるもの少なからず聯隊は十六、十七日（R・iA　1／4及所要の勤務員を欠く）は午前十一時太平門―余岡村道を出発し龍王山の線に前進せんとす　但龍王山南北の線に到着後更に十七日の掃蕩を準備すべし

中隊は命令に依り午前八時整列にて太平門に向う　当地に於て大隊集結命愈々帰途に附く

午後は大隊の尖兵中隊となり所定の道路を龍王山に向い前進す×小隊尖兵となりて約三百米先方を前進す

午後六時半頃下西崗に至るも敵の姿も見ず同地にて警戒を行いつつ露営す〔後略〕

1・5　朝熊正二——捕虜を貨車ごと河に落としたり、倉庫ごと燃やした

一九一五年三月生まれ

南京戦当時　第十六師団歩兵第三十三聯隊第二大隊

当時いた場所：揚子江岸、中山埠頭、下関の貨物駅

●——貨車に詰め込んだ敗残兵を揚子江に突き落とす

私は昭和十年兵です。現役のときから同じ中隊でした。支那事変で八月、部隊に応急動員で召集がありましてな、現役のままで応召しました。北支の天津や保定とかいろいろな所を歩きました。

中支では、一日に十里くらい歩きましてさ、そこに食料はないしさ、現地調達やね。橋や何やみんな落ちてるさかいに輜重隊が来ない。戦争は勝ち戦やから、背嚢は背負わんと奉公袋と水筒と歩兵銃だけ持ってどんどん進むんですわ。軽機関銃は重たいので交替で持ちました。夜到着すると、食料探して部落の中を探して外米や肉類をとるんですわ。兵隊はまず食べることでしたな。

紫金山の戦いでは、歩兵銃を撃ちました。二大隊の各部隊が一緒に攻めました。三日間ぐらいは紫金山で戦っていましたが、山の中は食べ物も何もないので、食料は麓で炊いてから飯盒で運んでくれました。亡くなった同年兵の始末もあって木を拾ってきて焼きましたな。骨を拾って持って紫金山から降りました。紫金山の下りでは道に地雷が埋めてあって工兵隊が探って除去しました。それがすむまで動けませんでしたな。

▲…当時の貨物列車（「支那事変出征記念」より）

紫金山から下りると敗残兵はいっぱいおってな。揚子江の近くまで行った広いところで、汽車がいっぱいありましてん。そこにあった空の貨車に捕まえた敗残兵をどんどん詰め込んで、こんなこと言うていいもんかどうか。ここらは坂になっていてな、みんなでちょっと押すと貨車が動いたんで、「こいつら、河に流したれ」て言うて、みんなで押して揚子江へビシャと放り込んだんや。

貨車のあるところの手前では、工兵隊が濠の中に人を入れて、その周りを銃を持った兵隊が見張ってるさかい逃げるちゅうわけにいかん。その上を戦車でゴーとひいているのを見ました。自分らは貨車のほうで（敗残兵を貨車に詰め込む）仕事をしてるからじっとは見てなかったけどな。

●——男ばかり倉庫に入れて焼き殺した

▲…朝熊正二（2000年）

陥落してから、二日ぐらいしてから南京城内で掃蕩しました。家を一軒一軒調べて、男なら全部引き出した。調べることはせえへん。捕まえて調べるので引っ張ることもあるし、その場でぼんと銃でやってしまうこともあった。その時、私の分隊は、敗残兵を三十人くらい捕まえたな。男ばかり若いのから中年くらいやねえ、それを集めて倉庫みたいなところに入れました。女は女で倉庫というか宿舎みたいなところに別に集めて入れて処分や。それはよくやりましたが、そやけど逃がした者もおるんでな。それが後から戦争のなにで〔裁判で証言するので〕やったことがわかってくるのやろな。倉庫に入れた者を銃で撃ってから、後で火をつけた。その辺の家が壊れてるから、木やごみなんか取ってきてそれに火をつけて放りこんだんや、中はそれは騒ぐ。死なんさかい〔死なないから〕、わー助けてくれ言うような喧しい声が聞こえた。叫んでいる中で日本語の助けてという声が聞こえた。

徴発は、危ないのでそう遠い所へ行けないんで、城外の河のあたりでやりました。「行く時は一人では絶対に行くな」と小隊長に言われていたので、二人以上で行ったな。まあ食わんなしゃあないからな。初めのうちだけで、落ち着いてくると後方から大行李〔戦場に携行する弾薬、糧秣、機具などを運ぶ追随部隊〕も来て、食料もくれるからな。

憲兵隊は見なかったな。クーニャン徴発はあったし、分隊内では好きな人がおって一人か二人はおって、女探しに出かけていった。長いことたつと女の人がやって来るしな。そういう所にいく人はおるおる。みんな珍しがっていきましたな。朝鮮とか中国人の女の人が多かったな。

揚子江にはよく行った。死体が浮いとったり、岸に流れ着いてるのをみたなあ。ごみみたいに寄せられていた。死体は慣れっこになっていて驚くどころやなかった。そら最初はやらしいわなあ、と思ったけどなあ。

城内は警備をしたので、難民区をぐるぐる回ったりしていた。そういうところに敗残兵とか怪しい者がおらへんかなあと思って入って行くやろ。だけど、男はおらん。

すると、女ばかり固まっている建物もあった。なんぼ女がいてもそんな所は危なくて遊べんわなあ。後からみつからんようにせんとなあ。

南京大虐殺は、ありました。強姦もありましたで。

1・6 松井光雄――朝から夕方まで飲まず食わずで何千人も処分した

一九一三年十月生まれ

南京戦当時　第十六師団歩兵第三十三聯隊第一機関銃中隊

当時いた場所：揚子江岸

支那事変で二回目の召集を受けて、北支、中支に行きました。当時の階級は伍長で、十二人の兵士を連れてました。南京戦、徐州、大別山の戦いに参加しました。

昭和八年チチハルに行って二年、北支二年、昭和二十年に台湾で終戦になりました。大阪港を出て、フィリピンに行くはずが、攻撃を受けて途中の台湾（基隆）に上陸、高雄に移動して終戦を迎えたんです。

戦前は地元で農業をしていて、私は八人兄弟の長男でした。男兄弟三人が戦争に行ったけど、全員無事帰国しました。戦争中ずっと機関銃でした。

重機関銃を扱ったものは大柄な者が多いですよ。支脚だけで六十キロくらいあるので、ばらしたり、運んだりが大変、支那事変当時、第一機関銃中隊で分隊長をしてました。

分隊長は責任者として機関銃の部品を入れたカバン（箱）を持って行軍。敵に会うと人の配置や距離を測ったり設置場所、目標などを指示したり、弾薬手にも指示してました。

●——敵兵を騙して機関銃で処分「殺せ」の命令

最後の抵抗線紫金山は大変な激戦でした。第一大隊第一機関銃中隊、分隊で四人も戦死しました。戦争して抵抗線が破れると住民が巻き込まれてかわいそうでした。逃げるところがない。

我々日本軍もそれこそ飯食う暇もなく飲まず食わずで、揚子江では逃げる敵兵を機関銃で撃ち殺したんです。敵軍を故郷に帰すといってトラックで揚子江に運び、あそこで撃ち殺したんです。私たちが揚子江べりに潜んで隠れていてね、小隊長が「据え付けて、待っておれ！」と言い、機関銃を設置して待っているところを、他の部隊が中国兵をトラックに乗せてやって来る、それを「一杯」、「二杯」……と称してね。

故郷に帰してやると騙したら、中国兵は喜んで船に乗った。揚子江で船に乗せ、何百人と船にどんどん乗ったところで重機関銃で撃ち殺した。生き残った者を待ち受けた海軍がとどめをさして撃ち殺した。（中国兵を乗せる）船はたくさんあった。みんなその辺にある生活船でした。

何日かは定かでないが、その一部始終を見て知っています。大体五十メートル間隔に設置した三～四の重機関銃で撃ち殺しました。その数は膨大で、百単位ではなく、千単位だろう。トラックで運ばれる中国兵は武器を取り上げられ武装解除されていました。私らの重機関銃は中国兵にばれないように隠して設置していましたから。

こうした「処分」は、四～五日間こんな状態が続きました。中国兵を乗せたその船は揚子江で生活している連中の船だった。中国兵は次から次へと送り込まれ、船はどんどん続いていきます。三百メートル離れた河岸の小高い山に重機関銃を設置して撃ちました。

重機関銃は一分間に四百五十発発射できる。殺した総数は計り知れない。海軍の兵隊が下流に向けて死体を流していった。時期は恐らく紫金山の戦闘のすぐ後だろう。

南京では個人の民家を宿舎にしていた。私たちは撃って殺しただけ、処分は海軍がやった。「処分」を行った四～五日間は毎日朝早くから出て、機関銃を設置し、夜まで、飲まず食わずでこの

▲…暮れなずむ冬の揚子江

「処理」を続けました。弾薬を次々と補給しました。すごい量でした。

城内から中国人を運ぶのは別の部隊がやるんです。日本の軍用トラックに載せた。ぎゅうぎゅう詰めにしたので少なくとも五十人以上は荷台に詰め込んでいました。中国兵は縛られてはいないですよ。こんなトラックが次々と河岸にやってきたんです。

中国兵を撃ったときの気持ちは、かわいそうだと思った反面、これで（戦闘は）終わった良かったとも思いました。捕虜を大事にしろなんて聞いたこともない。殺せという命令しかない。あんないやなことして、戦争は勝っても、負けてもこりごりです。負けた国はほんとうに気の毒だと思う。

私は城内の掃蕩戦はしなかったです。息子にはこんな戦争はさせたくないと思うな。南京では、第一機関銃はあまり良い目はしなかった。

●――徴発は泥棒といっしょ

徴発は泥棒と同じです。やっぱり自分の口はかわいいもんで、私は（その後）軍曹だったので、盗人の上前はねるように、兵士が色々ものを持ってきてくれて食わせてくれた。芋や鶏はよくあったな。南京には一か月以上いましたが、その間は暇で遊んでばかりでした。

部隊専用の慰安所ではなく、上官には女を引っ張り込んでいる者がいたことを知っています。

入城した時は大量の死体を見ている。無惨なものでした。クリークや池の中にごろごろ死体がありました。無惨な焼き殺され方をしているのを見て、自分たちは死んだら鄭重に焼いてくれと仲間同士で「遺言」をしたもんでした。焼き焦げた死体を何回か見た。

多数の死体が漂うクリークの水でご飯を炊いた。その水は死体の血などで腐った

▲…松井光雄（1999年）

水でね。炊いたご飯がそのために変色していましたが、それでもやむなく食べるしかなかった。鶏や豚はたくさんあったが、部隊が多いのでそういつもなかなか口に入らなかったです。

2・1　向遠松——兄と叔父を探して毎日死体の中を歩く

一九二八年九月九日生まれ
当時いた場所：揚子江岸、宝塔橋、草鞋峡

●——兄が連行され、四番目の叔父も殺された

当時は五十代の父、四十代の母と二十六歳の兄、二人の姉、一人の妹と自分の七人家族で揚子江沿いの宝塔橋の大通りに住んでいました。日本軍が来るぞとのうわさを聞いて、多くの人はすぐ近くの和記洋行〔イギリス人経営の肉などの加工工場〕の防空壕の中に避難していました。私は家族と一緒に難民区の観音廟に入っていました。千人以上の避難民がいたと思いますが土がむき出しの床に藁を強いて座っていました。

日本軍が来たのは十三日の午前でした。日本軍と一緒に二、三人の漢奸〔日本兵に協力する裏切り者〕が入って来て、避難していた人たちを棒で殴り、廟から引き出しました。千人ほどが下関の宝塔橋西街の道路上に列になって並べられ跪かされました。兄が日本軍に引き出されていました。私たちは何時間も同じ姿勢でいなければならないので我慢できずに座りたくなるのですが、漢奸が見張っているので、お腹もすくし疲れ切りました。やっと四時ごろに廟へかえることができました。後で知ったことですが、廟に戻った三日間だけで十六人の人が疲労と漢奸の暴力で死んだと聞きました。

廟に戻ってからもその後もずっと、兄と四番目の叔父の姿が見えませんでした。兄は顔にあばたがあるから日本軍には捕まらないとみんなで言っていて遠くへは逃げなかったのです。大人たちは外へ出ると日本兵に殺されるので、家に戻って

▲…向遠松の兄は日本軍に連行されて帰らなかった

食料をとりに行くことや帰らない人を探しに行くことができません。仕方がないので、廟にいた六人の男の子たちだけで自分たちの宝塔橋の家の辺りを見にいくことにしました。日本軍は男の子には暴行しないとの噂を聞いていたからです。

▲…向遠松（2016年）

　宝塔橋西街の路上には人ひとり見ませんでした。突如日本軍のサイドカーがとても早く通り過ぎていきます。そのうちの一台が私たちに迫りギーと急停車するので、死ぬほど驚きました。

　六人の男の子たちはずっとひと固まりになって自分たちの家を見てまわりました。我が家を覗いても誰もいません。お隣の韓さんという髯の長いお爺さんが私たちの声を聞きつけ門を開け、驚いた顔をしていました。お祖父さんは「なぜこんな所に子供だけでいるのか」と聞きました。私は「兄さんと叔父さんを探しています」と言うと、「もう探す必要はないよ。昨日の午後一人ずつ縛られて媒炭港の倉庫に入れられたのを私は見ていた」。「その夜は、倉庫から火が上がるのを私は見たよ」。韓お爺さんは話してくれました。さらにその韓お爺さんが続けて言うには、「翌朝早く火の出た場所に行ってみると、大きな倉庫の中は掃除されたように何もなくなっていた」。自分も後からその倉庫に行ってみましたが、何もなく煉瓦の床が黒く焼けた跡があっただけでした。お祖父さんもほかの人も、媒炭港で三千人くらいは中国人が殺されたと言っていました。

●――死体を踏み分け探し回る

　兄と叔父を探すために揚子江河岸に行きましたが、そこは歩くとつまずくほどたくさんの死体が転がっていました。死んでいる人に近づくと、軍服を着ている人が多かったです。揚子江に沿った道や築堤を歩きながら探しました。また下関のほかの廟の広場にたくさんの死体があり、兄たちを探していると、ここには普通の服の死体や女や子供の死体がありました。老江口〔現在の東砲台の北〕には四つの死体の積み上げた塊があり、流れ出た血の量がすごかったです。あまりにも悲惨な光景でした。家に戻り母に見たことを話しました。

四番目の叔父は草鞋峡で何万人の人と共に殺されました。私たち家族は、後になって逃げた人から聞いたのです。

柴売りをしていた叔父は日本軍につかまり連行され、草鞋狭では五~六百人の人が固まって集められていました。叔父も含めて五人ほどがそこから逃げ出しました。一生懸命走りましたが日本軍が追いかけてきて、後から機関銃掃射をしました。逃げた一人の金さんという人は追い詰められて、つきあたりの壁にうまく下水の穴をみつけ潜り込みました。身を隠してから様子を見ているとすぐ機関銃掃射の音がしていました。叔父も殺されたのです。

▲…草鞋峡遇難同胞紀念碑

私は、揚子江の河沿いで、二人の死体をずっと捜し歩いていました。
宝塔橋に戻りましたが、すぐ近くの和記洋行の工場は日本軍の駐屯地になっていましたので、奴らはしょっちゅう私たちの住む宝塔橋西街にやってきました。昼間は五十歳代までの男を引き出したり、女を引き出しました。家族の眼の前で泣き叫ぶ女性を殴る蹴るの乱暴を働き無理やり連れて行きました。若い女性は顔を黒く塗り汚い服装をしていても見つかりました。私の学友の母親も日本兵に捕まって強姦されました。私とその子は何もできないので抱き合って泣きました。日本兵は大笑いしていました。この辺りでは日本兵は好き勝手に人を殺し、女性を強姦し、息子は目の前で父を殺されるのを見ました。私たちは母が心配で穴を掘って母を八日間隠しました。その間に日本兵は三十回も我が家に来たのです。
日本軍が来て八日ほどは食べるものもなく、私たちはじっと潜んでいました。その後男たちが一日に二食マントウ(小麦粉の蒸しパンのようなもの)とお粥を出してくれるようになりました。腕章を付けたその人たちのことを地元の人は「地方から来た悪い奴らがしている」と言っていました。彼らは米屋から米を勝手に盗んで、それを飢えた人々にほどこしていました。
しばらくすると日本軍は、むやみに殺さなくなりましたが、宝塔橋の路上には日本兵が監視をしていますので、中国人は、まず日本兵の前で気を付けをして、帽子をとって、深々とお辞儀をして、良民証を見せなくてはなりません。それをしないと銃剣で突き刺されると言われていました。ある時私は、何かが足りなかったのか日本兵に殴られ近くの貨物線路に連行されました。鉄道線路の上に跪かされ四つん這いになって長い間その恰好をさせられました。実際に貨物列車が行きかう線路ですので、ものすごく怖い目に遭わされました。日本兵は中国の人に対して本当に残酷でした。

また日本兵に怯えていた私の母も一九四四年空襲でやられ死んでしまいました。

2・2 劉永興――下関で数千人の人といっしょに私は機関銃掃射された

一九一四年十一月生まれ
当時いた場所：中華門から国際安全区内大方巷、揚子江岸、中山埠頭

▲…来日して証言する劉永興（1997年）

●――難民区から下関中山埠頭へ連行される

日本侵略軍は、一九三七年十二月十三日に南京に入城しました。その前日に国民党の警察が家の近くにやって来て、「もうここは危ないから、みんな、早くどこかへ避難しなさい。そうしないと家を焼かれるぞ」とふれ回っていました。これは大変だと私たちは住んでいたところから難民区内の鼓楼大方巷と言うところに引っ越ししました。そこは日本の朝日新聞社の隣でした。当時はその辺りは国民党の要人の住まいでした。高級役人や金持ちは先に遠くへ逃げていき、至る所大きな住宅は空っぽでした。私たちはそんな家に何軒もの人が入り込んで住むことにしました。当時私の家族は、父（五十九歳）、母（五十八歳）、私（二十三

歳）と妻、弟（二十歳）の五人家族でした。八月に妻をめとったばかりでした。二、三日してから、日本軍が南京市内の至る所に入ってきて、家の外は日本軍ばかりでした。外は、銃声が聞こえ、人を殺したり、男性を引っ張ってどこかへ連れて行きました。そんな様子を見て、誰も外へ出る勇気がありませんでした。

十五日の午後、遂に家にも日本兵が入ってきて私と弟が銃で脅され引き出されました。道路に出ると私の周りには二十数人の若者がいて、行きたくないそぶりを見せた一人はすぐその場で銃剣で突き刺されて殺されてしまいました。私たちは大方巷の朝日新聞社の向かいにある空き地に連行され、座らされました。日本人の通訳が出てきて、「皇軍の軍艦が下関の辺に荷物を降ろすから、手伝いに来なさい」と言いました。ここに集められた四千から五千人の人々が移動することになりました。八人の列を作り、一番前は国民党の警察官、後は一般の男たちで私と近所の顔見知りの三十人ほどは列の後ろの方について行きました。冬の日は短く、五時前にはもう薄暗くなっていました。列のあちらこちらに銃を持った日本兵が監視して歩いています。最後の方には、日本軍が機関銃をいくつも抱えてついてきたので、殺されるのだろうかと大変怖かったです。安全区内の大方巷から北の城外の下関まで、かなりの距離〔約六キロメートル〕があります。

途中で死体が道をふさいでいました。国民党の兵士や一般の市民が、すねを針金で縛られて殺されているのや、女性が暴行されて下半身裸で転がっている状況をたくさんこの目で見ました。私たちは死体をよけながら、日本軍に囲まれて八列で下関の近くに連れて行かれました。最初に日本軍は、国民党の警察官の帽子とベルトをはずさせて揚子江に投げ捨てました。周りには日本兵が機関銃をすばやく据え付けていました。

▲…中山埠頭虐殺記念碑。ここで数千人が機関銃掃射された

●――機関銃掃射でドンドン殺され、九死に一生を得た

この様子ではもう私たちはお終いだと思いました。私と弟はここで敵に殺されるなら、もう自分たちで揚子江に身を投げて自殺しようと決心しました。二人手を固く握りあって河に入っても、綿入れの服を

着ているので体は沈みません。まもなく、日本軍が列の後ろから二十人ずつ引き出して少し離れた場所で機関銃掃射をして殺し始めました。「助けて！」「助けて！」と言う声があちこちで聞こえていました。ものすごい機関銃の音がずうっと続いていました。こちらの方にも機関銃掃射がされ、弟にも弾が当りました。周りの人もバタバタ倒れていきます。日がすっかり暮れていました。日本軍が死体の山の上に乗っかって、生きている人がいないか確かめていました。うめき声を出したり、生きている人を見つけると銃剣で突いて止めをさしていました。私の近くにもやって来ましたが、小舟の影に隠れ死体といっしょに水につかってじっと死んだふりをしていました。真夜中頃、やっと日本軍が引き上げたので、辺りを注意深く見回すと生き残ったのは私と後七～八人ほどの人影が動いていただけでした。離れたところに少数の見張りがいて、木を燃やして暖をとっていました。私は死体の浮いている河から這いだして弟を捜そうとしましたが暗くて分かりませんでした。ふと見ると日本兵はガソリンのようなものを死体にかけて、火を付けました。大きな炎が立ち上がり、死体が蛙のような形で焼けていき、もうとても見ていられない光景でした。おそらく、弟も焼き尽くされたのではと思います。涙が出て、声を殺して泣きました。

衣服が濡れてしまったので仕方なく陸の上の死体から帽子と綿入れの服と靴を取ってきました。西の方に歩いて行くと四所村というところに尼寺がありました。中に何人かの農民が避難していましたが、血の付いた服を着ている私を見て、日本軍に見つかったらまずいと判断され入れてもらえません。何度もお願いしてやっと泊めてもらえることができました。

何日かして、尼寺の近くに駐屯している日本軍がやって来て私を連行しました。日本軍のために炊事や洗濯をさせられるとのことでした。そこで四十数日働かされました。ここにいて恐ろしかったのは、毎日毎日、日本兵が中国の、特に南京の女性たちを連れ込んで暴行（強姦）したということです。女性たちは南京の郊外に住んでいた女性で、顔に煤を塗ってお婆さんの格好をしていましたが、それでも逃れることができずに被害に遭いました。日本軍部隊が他の地域に移動していくので、家に帰ることを許されました。帰る前日、日本軍の使っていた腕章をもらい、これを付けていればどこへ行っても大丈夫と言われました。

九死に一生をえた私は南京大虐殺の生き証人です。後輩や子どもたちや孫にも、こうしてあなた方にも、私の体験を語っています。私は機関銃の銃弾の下から生き延びたわけです。今日、中国と日本は、必ずこの教訓を心に銘記し、若者の平和を愛する教育に役立ててほしいと願っています。また、日中友好をこれから続けていけるように強く願っています。

2・3　駱中洋――九死に一生の中を逃げ出せた

一九一九年十一月生まれ
当時いた場所：揚子江河岸三叉河、国際安全区

●――投降後仲間は機関銃掃射される

私はかつて国民党軍隊の一兵隊で班長をつとめていました。私の部隊は上海から南京までの防衛戦にずっと参加していました。南京では私の部隊は勝つ望みはないと観念して武器をその場で放棄しました。私の部隊は先鋭部隊でしたので、何とか日本軍の包囲を突き破ろうと頑張ったのですが、結局それはできなくて、観念して武器を捨てました。武器を捨てたのは江蘇省南京市江東門広場という所でした。

そこではすでに普通の市民と武器を捨てた国民党の兵士が、中に混じって全部で何千人もおりました。その人たちは周りを銃を持った日本軍に囲まれて地面にひざまづかされていました。私も含めてそういう風にされ、後ろを見ますと全部同じようにされていたのです。中島部隊でしたが、それらの人たちの前に機関銃を何メートルかに一丁ずつ置いていました。私はやはり戦闘経験がありましたので、機関銃を前にしてしかも実弾がかかっていたのですから、引き金を引かれたら全部死んでしまうのではないかととっさにそう思いました。そこで周りの近くの三人に「これでは危ない。できるだけ早くここを離れなければならない」と言いました。しかし日本軍のすぐ前におりますからそのまま逃げるのは不可能です。そういう中でどうしたらいいか三人で相談し、前の機関銃など無視したふりをして、そのうちすきをみて何メートルか移

動して少しずつここを離れようと考えました。次々と新しい捕虜も一般市民も連れて来られる混雑のなかで、三百メートルくらいなんとか移動できました。しかし私が心配していた機関銃掃射はありませんでした。どうしたのかというとその何千人は後に三叉河という川のほとりまで連れて行かれたのです。私は上海から南京まで戦ってきて疲れ切っていたので兵隊には見えず、一般市民と同じように見えたかも知れません。周りの一般市民もここに残るなら目立つこともないので、移動しないで私たちの中に一緒に混じっていきましょうということで、私もそうするほかありませんでした。

三叉河のほとりについてみると広いところに日本の兵隊が人混みを囲むように銃剣をつけた銃をもってすぐにも刺すような姿勢をとっていました。一緒にいた市民も捕虜たちもさすがにそれを見て怖くなりました。私も広場から来なければよかったと後悔していました。これは死ぬために来たのではないかと思いました。そこでとっさの判断で、前ではなく方向を変えて後ろの方に逃げようとしました。私が走っているのを見たある日本の兵隊が銃を抱えたままで走ってきました。さっき広場で話し合いをした三人も一緒でしたが、日本軍に最後の遅かった一人が殺され、他の二人と人混みの中に足早で逃げ込みました。気づいてみると前は逃げ道はありません。メリケン粉工場があってそこにわりに広い空き地があり、そこに行くとすぐ発見されてしまうのでどうしたらいいかと思っていました。振り返って見たら人混みはざっと三万人くらい肩のすきまもなく並んでいました。その広場には日本の軍隊もおり、中国人の日本語の通訳もいました。その通訳が言いました。「なぜお前らは日本の皇軍に抵抗したのか？」。そこである人は「私たちは普通の市民で抵抗しなかった」ある人は「私は兵隊だったが上の命令でしかたなくやった」と答えました。それでも日本軍が通訳に言って伝えた言葉は「お前らは全部だめだ。死ぬほかは無いのだ。殺されるのだ」と言いました。

「お前らは銃剣で刺されて死にたいのか？　それとも焼夷弾で焼かれたいのか？　それとも機関銃掃射で死にたいのか？　どれか一つに決めろ」と言いました。もちろんみんなから、殺される側から決めることはないのですから、結局日本軍の方で銃剣で殺すことに決まりました。兵隊がその場で後ろ手にし、足も縛ったりして、十人ほどを一グループにして、周りから銃剣で刺しました。みんなは逃げられもせず、何グループも何十グループも一緒に並んでいました。私は第十列におりました。前から一列ずつ殺していくのですが、私は十列目ですのですぐ私の番になろうとしていたのです。その時グループにまとめられ、後ろ手に縛られた人の中には何とか自分で死にたいとその場で川に飛び込んでいった人たちもいました。第十列の方もみんなは申し合わせたようにあとずさりしていましたが足を縛られているのでなかなか動けませんでした。後ろにも縛り付けられた人がいたので、みんな後ろに後ろに下がっていきました。その中には足を縛っていた布がほどけて逃げた人もいました。そうすると目立つのですが……。

午後になってやっとこれで最後に残されたなということになった。そうして前から一列ずつ殺していって、殺した死体はそのまま川に捨てていくのですが、刺されてもまだ死なない人もたくさんいたので「助けて！　助けて！」という声もしました。川のほとりと川の中までわめき声が聞こえて惨めでした。私は最期が来たなと思いました。私の後ろには農家の小屋の壁があり今度こそ逃げられはしない、どうしようもないと思いました。ところがたたいてみるとその小屋の壁はわらと泥（土）と木でできていて、周りの人たちと相談して、とにかくその壁を破って中に入っておこうということになりました。他の人たちはそこから逃げようとして、小屋の上に登っていきました。

私の方は戦闘経験があるので目立たないようにしましたが、普通の市民はそれがわからないで小屋の上に登って逃げようとしたので、その場で銃で撃たれて転がり落ちて死んでいました。

私が部屋の中に入ってじっと待っている間にも銃声が聞こえていて、上から死体が転がり落ちていたということが何回も何回もありました。結局そういう風に死んでいった人もたくさんいたと思います。

私たちは午前中に武器を捨てていたのですが、先のようなことが続いて小屋の中に逃げていて、何となくおさまったなあと思ったのはだいたい日も沈みそうになった午後の四時か五時頃だったと思います。南京の冬はだいたい四時半頃にもう日は沈み、五時にはすっかり暗くなると思うのですが、それでも残っていた人は銃剣で殺されていたと思いますが、暗くなると間に合わないので残った人はたぶん機関銃掃射になり、とにかく長い間ずっと機関銃の響きが聞こえていました。その間もずっと小屋に閉じこもり待っていた私は考えていました。とにかく道路という道路は日本軍にふさがれて逃げ道はない。可能性のある方法として、もうすでに虐殺が行われたすぐあとの河には日本軍は二度と帰って来ないだろうから、そこに飛び込んで逃げようと考えていました。たぶん夜の十二時ころだったと思いますが、日本の兵隊三人が偶然その小屋の中に入って来ました。その三人はたぶん作戦部隊の所属でなかったとみえて銃は持っておらず刀だけ肩にかけていて、私たちに気づいていたのですが疲れた様子で寝ていました。私たちは怖くて何とか彼らの機嫌をとろうとして自分たちの着ていた綿入れを彼らの体の上にかけると、ふんふん言いながら眠り込んでいました。

●──死体ばかりの中を通って難民区で良民証を手に入れる

破った壁の穴からはいだして外を見ると、とにかくどこを見ても死体でした。死体の中を縫うように川のほうに這っていきました。その間も日本の兵隊が周りを通ったりしていました。その時は寝て死んだふりをしていました。そこには小さな舟が、二、三あり、その舟の上には自分の家族かなにかを殺されたのか、お爺さんとお婆さんがぼんやりと座っていました。私たちは助けてくれるかもしれないと思い、人のいるそこを目指して這っていきました。私たちが近づいて「お爺さんお婆さん助けて下さい」と言うと、何の返事もありません。何とか舟に這い上がろうと舟が揺れると二人は倒れてしまいました。すでに死んでいたのです。私たちはそこは怖くなって周りにあった別の舟に移りました。私たちは皆長い間、軍隊にいたので普通の生活習慣にうとくなってしまって食べ物も手にいれなければならない。とにかくまだ生きている人間を探したかったのです。探している間に子どもの泣き声がしたような気がしてそこに行きました。そしたらその家の主人は生きていて「日本の兵隊がまだ来るのであなたがたはここにいるのは危ない。何とか生きていくためには、南京の国際安全区という所に行って難民認定証をもらわなければならない」と言いました。

▲…駱中洋夫妻を自宅にお見舞い（2009 年）

私たちは何とか国際安全区にたどり着き、紅卍字会〔道院という宗教団体の社会事業組織〕の慈善組織に行きました。そこで責任者に「どこの出身か?」と聞かれ、「私は広東の出身だ」と言いますと、「いや私たちは南京市の人たちの助けだけをしている。残念ながら広東省の出身者には難民認定証を発行することはできない」と言われました。

そこで仕方がないのでその人と別れて考えましたが、どうしようもなく、また彼の所に来て「江蘇省の出身だ」と言いますと、「あなたはさっきは広東省の出身だと言ったではないか」「さっきは広東省でしたが、なあわかって下さい。私は江蘇省の住民だ」と言ったのですが、やはり「だめだ」と断られました。とにかく彼から離れたら後どうしようもない、どうしても難民証がなければだめなので、ずっと彼に付きまとっていました。結局、彼も根負けしたようで難民証を三枚くらい渡してくれました。なぜくれたかというと、私たちがすがりついて話をしている時、五十メートルくらい前から日本軍が列をなして歩いて近づいて来たからです。彼は、難民証がないと私たちが確実に殺されると思い、その場で難民証をくれました。私たちもその場でもらったばかりなので、のりも針も糸もなく付けることができず、手でもって難民証を示しました。そうしたら日本の兵隊が私たちの前まで来て、私たちを止めて「兵隊だったか？」と聞いたので、紅卍字会の人は首を横にふって、「違う！違う！難民証があるから」と答えました。日本の軍隊もそれを見て「行け！」と言って首を振って、私たちもそこで何とかもう一度生き返ったような気がしました。

こういう風にして私たちは難民証を得て、国際安全区に腰を落ち着けました。

その間に私ははっきり覚えていますが、日本軍が、毎日四回トラックで女子を集めに来ていました。日によってはきれいな若い女の子ばかり集め、場合によっては年をとった女性も一緒に集めて連れて行きました。そうしている間、私たちも毎日その様子を見ていても、自分が生きていくために何もできませんでした。私たち自身も後に軍隊の工事とかを手伝えと言われて軍隊に連れて行かれました。作業のために中山橋とかいろんな所をまわっていたのですが、だいぶ日がたっていたのですが、どこに行っても死体が転がっていました。私たちの作業内容も死体処理をさせられたこともありましたが、トラックに積み込んだ死体がどこに持って行かれるのかはわかりませんでした。一度は揚子江のほとりでやっていたのですが、そのまま河に捨てるという作業をさせられました。

戦争で私の一家は四人、おじいさん二人、兄、父も一緒に殺されました。私が今、話をしたのは、私が実際に見た南京虐殺の事実です。いろんな人が南京虐殺をいろんな角度からいろんなことを覚えています。しかし残念ながらその当時は日本にはそのことが全然伝わっていなかったようです。しかし知らなかったとしても、日本人民は平和を愛する民族だと私は堅く信じておりまして、否定するのはだめですが、「知らなかった」ことはこれからアジアの諸民族と一緒にそれを明らかにして再認識しようじゃありませんか。

本国にいた日本の人々も自分の親族を失った人はたくさんいると聞いています。私はさっき言ったようなことが二度とないように一緒に認識したいと心から思います。

2・4　仇秀英——火を付けられ命からがら逃げたが母親は焼き殺された

一九三〇年四月生まれ
当時いた場所：宋家窪、揚子江河岸、和記洋行、媒炭港

●——日本兵は母を撃ち我が家の物をすべて略奪し放火した

当時は両親、十八歳の兄と私と三歳の妹の五人家族でした。二人の姉は結婚し、裕福な家だったので南京から遠くへ避難することができました。

留守になった姉の家は、宝塔橋よりまだ河下にあり南京城から離れていて地下壕が掘ってありました。そんなところまで日本軍は来ないだろうと思い、我々はそこへ避難しました。

十二月十四日、ここにも日本軍が入ってきたとき、母は頭痛で苦しんでいましたが　地下壕での非常食として焼餅を台所で作りました。母は作った餅を持ち、兄は魔法瓶を持って台所から地下壕へ行こうとしたとき日本兵に見つかってしまいました。日本兵は「止まれ！」と命令しました。命が惜しいので持っている金を渡し、歩き始めたら別の日本兵が来て銃で撃ってきました。兄の綿入れ服の肩をかすめ母の肩を背中から貫通しました。兄は泣きながら走って地下の父に「お母さんが撃たれた」と知らせに転がり込みました。「今出ていかないほうが良い。皆殺しになる」とみんなで母を心配しながらも地下でしばらくじっとしていました。母は地下の入り口まで這いずって来ました。母を地下壕の中に引きずり入れ、傷口に布を当てましたが、母はぐったりしていました。家族で一晩地下にいました。次の日、日本兵が家の中に入っ

て来て、私たちが隠れている地下壕を見つけました。保管してあった避難用の私たちの食料を入れ替わり立ち代り、何回も来て運んで行き、とうとうなくなってしまいました。この後に来た日本兵は盗る物がなくなってしまったので、怒って地下の扉に燃えやすい物を持ってきて火をつけました。地下壕の中は煙でいっぱいになり苦しくて咳き込みました。親戚の人が素手で焼けた扉をこじ開け、暗闇の中をひとりずつ引っ張ってもらって外に出ました。しかし母は撃たれたけがで体が弱っていて引き出せず、とうとう地下で焼け死んでしまいました。日本軍が入城した翌々日の十五日のことでした。

●――イギリス人の工場から中国人を引き出して殺害した

和記洋行はイギリス人経営の肉の加工工場なので、日本軍は入ってこれないだろう。きっと安全だろうと思いみんなで避難しました。ところが日本軍はここまでも入ってきて若い男を捕まえて荷物運びなどの苦力の仕事をさせようとしました。兄は十八歳だから家族を代表して出て行こうとしました。父は「日本軍に捕まったら殺されてしまうぞ。どうせ死ぬときは四人いっしょだ」と兄が行くことを許しませんでした。「この子は頭がいい。物をあっちへ届けてくれたらまた戻ってくるよう証明をだす」と数人の日本兵が言いました。兄は用事がすんで戻ると再び別の日本兵から物を届けるよう頼まれました。外はもう、真っ暗になっていました。和記洋行の人が「今夜はここへ泊まりなさい。朝はマントウ二つとお粥を用意しますよ」と言いました。

▲…旧・和記洋行前で取材を受ける仇秀英（2009年）

翌朝十六日のことでした。朝食を取りに行くと日本兵がたくさん入ってきて「並べ！　並べ！　四人一列で並べ」と命令しました。私たちは四人家族だったので四人で横一列に並びました。何千人というかなり多くの人が和記洋行に避難していたので行列はずーっと長くつづいていました。「歩け！　進め！」と日本兵に命令され進んでいく

▲…挹江門付近は死体で足の踏み場もなかった

とずっと先の方から銃声が聞こえてきました。行列の何列かに一人の見張りが立っていましたが、見張りの合間に瞬間、父が横へ逃げようと目で合図を送って狭い路地に入りました。後ろの人たちは前の列に入って進んでいきました。この路地は豚を飼っている所で、父はしゃがんで、私や妹は狭いところに入って隠れていました。しかし長い列のため銃声の音も長い時間つづいていました。辺りが静かになり暗くなってから和記洋行に戻りました。戻った時間が遅かったので夕食もありませんでした。翌朝お粥をもらいに行ったときまわりの大人たちが「煤炭港で大勢の人が機関銃で殺された」「挹江門のところは死体がいっぱいで門が開かない」という話をしていました。お粥をもらうために並ぶ人が前日よりとっても少なくなっていました。

数日過ぎた朝、子どもだから好奇心旺盛で外が見たくて、兄や子どもたち六名で外の様子を見に行きました。挹江門の付近は死体がいっぱいでした。門の中にも死体がうず高く積まれていました。挹江門のそばの広場に大穴（今は繍球公園内のその場所に挹江門集葬地紀念碑が建立されている）が掘ってあり、死体が横になったり逆さになったりして放り込まれていました。大穴の縁の地面の所まで死体は積み重なってそれは恐ろしい光景でした。城門の死体は一メートル以上積まれ、門の前や城壁に沿ってあっちにも、こっちにも転がっている死体がいっぱいでした。中山埠頭にもいっぱいの死体でした。怖くて怖くて死体の様子はじっくりと見れませんでしたが、軍服よりも一般の服装の人たちだったと思います。裸の死体もありました。城門の死体と同じように縛られていたり、裸だったりして死んでいました。本当に怖かったです。私の見た日本兵は長いひげの人ばかりでした。

2・5　徐端――煤炭港で数百人の人が機関銃で掃射されるのを見た

一九二八年一月生まれ

当時いた場所：揚子江岸宝塔橋、和記洋行のエリア、媒炭港

●――和記洋行の便所の地下に隠れたが、隣りの娘が強姦された

もとは江蘇省の宿遷という所にいました。父親について家族で南京に来ました。今ある長江大橋の下辺りで農業をしていました。いつ頃来たのか良く覚えていません。

まもなく日本軍が南京に入って来る噂で大人たちは慌てていました。和記洋行は当時、イギリス人が卵や肉などの食品加工をしている工場でした。親戚の一人の従兄弟がその工場の保安隊の隊長をしていました。英語でナンバー・ワンと言われていたそうです。彼がここの鍵を持っていたおかげで私たちの家族はこの工場内に入れたのです。ここならイギリス人が経営していて日本軍は無茶なことはしないだろうと思い、和記洋行に隠れました。父母と兄二人、兄嫁二人その子ども二人、姉二人と私の十一人家族が工場内の食品倉庫にいました。ここに入った時にはもう「日本軍が中華門にきた」と噂を聞きました。私たちのいる和記洋行はイギリス人が経営していたものでしたが、日本軍が来る前にみんな逃げ出していました。当時末っ子の私はまだ九歳くらいでした。日本軍が至る所で花姑娘《ファークーニャン》〔日本軍が性暴力の対象とする若い女性〕を探して強姦し、男の人を見れば殺していると聞いたので、大人たちは工場のトイレの下に防空壕を掘って、その中に隣家の候さん一家と一緒に隠れました。寒かったので下に藁を敷きました。穴の入り口にも藁を積んで入口を隠しました。そして、周りには大便小便が流れ出るように汚物の溝を掘りました。こんな不潔で臭いところには日本兵は近づいてこないだろうと大人たちは話していました。

しかし、ここにも日本兵がやってきたので、みんなは息を潜めて隠れていました。何日か忘れましたが、候さんの娘さ

んが大便をするために穴の外に出ていたところ、いつまでも戻って来ないのでみんなで心配していました。やっと穴に戻って来たとき、候さんの娘はひどく泣いていて、私の母親がどうしたのと聞いても答えませんでした。やっと聞き出すと、十人くらいの日本軍の小部隊に見つかり、引っ張られて行かれて強姦されました。年は十七、八歳でした。彼女は話してからも泣いてばかりいました。とても恐ろしくつらかったのでしょう。彼女は首を吊って自殺しようとしましたが、みんなでなだめて思いとどまらせました。どこで強姦されたかは知りません。当時はこの辺りの人はみんな日本軍を恐れて逃げていて、至る所に空き家があったので、そこで強姦されたのでしょう。

私も姉たちも側で恐ろしい強姦の話を聞いていましたので、その後は、姉たちは恐くなって大小便をしに外へ行けなくなりました。狭い穴の中で用を足したので、空気穴がありましたが臭いがひどく空気が悪かったです。さいわい防空壕は日本軍に見つかりませんでした。トイレの下に掘っていて周囲は汚物にまみれていたので、汚くて日本兵も来なかったようです。私はまだ小さな子どもだったので、穴から見回して日本兵がいないときはすっと出て外で大小便をしていました。防空壕には兄の一歳くらいの小燕、大燕という名の双子の子どももいました。もし泣くと日本兵に見つかってしまうので、口をふさいだり乳を押しつけたりして強引に泣かせなかったためか、その後、二人とも病気になって死んでしまいました。食べ物は生の落花生をそのまま食べるだけでした。小さな子どもはそんなものをなかなか食べられず、餓死したのかも知れません。二人とも外に出られるようになって、数歩すすんだだけでばたりと倒れ動かなくなりました（防空壕と工場のトイレの位置関係や略図を絵で示してくれる）。

●——媒炭港で大勢の人が集団虐殺されるのを見ていた

強姦のあった日とそう違わないと思いますが、その日は、私は防空壕の中が退屈だったし、中が臭くて堪らなかったので、そっと一人で外の様子を見に出たのです。その時、近くで銃声が聞こえました。和記洋行近くの煤炭港の広場の方からでした。私は近くにあった建物の上にあがって、建物のベランダの下にある排水溝の穴から広場の方の様子を見ました。今で言えば四階建てくらいの高さです。そこは今では豚肉加工工場になっています。防空壕からはかなり離れていたところです。見るとそれは大勢の人でした。黒く固まっている人たちを広場の一角に立たせて、それに向けて日本軍の何座もの機関銃が、中国人が逃げないように半円状に囲むようにして据え付けられていました。中国人は六、七十人くらいごとに一列に並ばされていました。みんなで数百人はいたでしょう。そこにいた人々は一般民衆の服装でした。軍人ではなかったようです。日本兵たちが銃を持って何か大きな声で叫んでいました。中国人も泣き叫んでいました。指揮官らしい人が何か大声で叫んだ後、すぐにバ、バ、バ……という機関銃の音が一斉に鳴り響きました。暫くして機関銃の音が止んだとき、ほとんどが男の人でしたが、女も、子どももいました。みんな大きなすごい叫び声を上げていました。血が吹き出て横たわっている人々の死体を十数人の日本兵が銃剣の先で無造作に小突き叫ぶ声もすでに途絶えていました。私は恐くなってすぐに防空壕に戻りました。防空壕の中の大人きながらまだ生きているものがいないか調べていました。たちはその音を聞いて恐くて外には出ませんでした。あの恐ろしい虐殺場面を見たのは私一人でした。それは日本軍が入城してきてからすぐのことでした。

▲…建物の上から集団虐殺を目撃した徐端

●――半月後家に戻っても兄は連行されるし、周りは死体ばかりだった

防空壕にいた十数日間くらい、一度もご飯を炊きませんでした。食べるものは生の落花生だけでした。トイレは大変でした。私は子どもだったのでそこらでしましたが、姉たちは私を見張りに立てて排泄しました。こんな時に先ほど話した候さんの娘さんが日本兵に見つかって強姦されたのです。

姉たちや若い女性たちはみんな顔に墨を塗っていました。化け物のように塗っていました。この候さんの娘さんは叔母と二人でここにいたのです。他の家族はみんな四川に避難していました。叔母がその子を自分の娘のように可愛がっていたのでここに残されたのです。

半月ほどここに隠れていたのですが、その後、外で赤十字の人が、「もう大丈夫だから、出てきなさい」と言う声が聞こえてきたので、私たちはそこを出ました。彼ら十数人の中国人は赤十字の旗を掲げながら街を練り歩いていました。でも、姉たちはそれでも信用できず、怖がってなかなか出ませんでした。私が先に出て、通りに多くの人たちが歩いているのを見て、やっと安全になったのかなと思いました。

こうして、私たちは家に戻りました。家の半分は焼かれ、半分は壊されていたので、付近からレンガを拾ってきて家を応急に造りました。我が家にも日本兵がやってきて「牛や金を出せ」といいました。もちろん無いので、日本兵は「サンピンシンジョウ」と言って往復ビンタを張りました。子どもの私もやられました。しかし、姉と兄嫁だけはまだ防空壕に留まったままでした。私たちが食事を運びました。その頃でも街の所々にはまだ片づけられていない死体がありました。死体はみんな一般民衆の服装でした。和記洋行には日本軍が中国人から盗んできた牛を飼い柵を囲って牧場を造っていました。そしていつも牛を放牧するのは百姓の畑でした。私たちの作った畑作物を食い荒らすので追い出すと、日本兵がやってきて私の頬にビンタを張り革靴で蹴り飛ばしました。この後、家の家族に牛の面倒を見るように命令したので、二人の兄は一年間くらい牛飼いの仕事をさせられました。

草鞋峡という所にはたくさんの死体がありました。好奇心から兄と見に行ったのです。死体は既に腐乱していてすごい悪臭を放っていました。犬が子どもの死体をかじっていました。家の留守番をしていた八十歳くらいの老婆が日本兵に強姦され、膣に小石をねじ込まれて殺されたという話を聞いたので好奇心から見に行ったのです。老婆の死体は何かをかけられてまだ小屋の中で横たわっていました。煤炭港の一号門の近くにも死体がありました（場所を地図で確認している）。今の魚雷営造船所のある所です。その後、赤十字の人たちが死体をトラックに山ほど積んでどこかに運んでいきました。七十人くらいあったでしょう。女子どもも混じっていました。この光景は、羊の草採りに行ったときに見かけたのでしっかり覚えています。

世間が落ち着いた後、上の兄が日本軍に連行されました。苦力にされたのです。みんなは家に帰っていたのですが、姉たちはまだ隠れたままでした。ある日、日本兵が来て街の大人たちを全員一か所に集めました。集められた人々は男と女に分けられました。中国兵の捜索でした。そこにいた女たちに男の身元確認をさせたのです。身元確認ができなかった数十人の男が残されました。彼らがその後どうなったのかは分かりません。両親はその後、相次いでマラリアでなくなりました。日本軍が攻めてきてから暮らしは苦しく、医者に診せたり薬など買える生活ではありませんでした。私もマラリアで、午後になると高い熱が出て震えました。もちろん薬など無く一年間苦しみました。

世間が落ち着いてからも、夜になると日本兵は相変わらず花姑娘探しをしていました。日本兵が来ると、兄が私をトウモロコシの茎を積んだ中に隠しました。娘はいないと言うと日本兵は兄を殴って帰っていきました。二度ほどこんな事がありました。十数人の日本兵が連れ立って来たこともあります。彼らは酔っていました。兄嫁を目当てにやって来た日本兵に私自身が殴られたこともあります。鶏を奪われそうになったこともありました。私と顔見知りで、日本兵の通訳をしている人から聞いた話ですが、日本兵は若い女性を捕まえて飯炊きをさせることもあったそうです。この通訳は解放後、共産党によって漢奸として銃殺されました。この人は近所の人で、近所の状況を熟知していたので、どこに若い女性がいたかなどよく知っていました。かなり悪質な人でした。

2・6 季和平――河面は死体でびっしり、中山埠頭で死体片付けをさせられた

一九二五年四月生まれ

当時いた場所：揚子江岸、宝塔橋、中山埠頭の一号埠頭

●――日本兵に掴まり揚子江の岸で死体片付け

当時は母と十歳年上の姉、妹二人の五人家族で暮らしていました。

私が十二歳ぐらいの時、日本兵が南京に入ったと聞いてから二日ぐらい後のことだった。宝塔橋の今は派出所がある場所で、一人の日本兵に出会って捕まえられてしまった。一号埠頭〔今の中山埠頭のフェリー乗り場〕まで連れて行かれると、中山埠頭のところは、上も下も死体がいっぱいで、揚子江の水が見えないぐらいびっしりだった。それはすごかった。そ

▲…クリークの岸に打ち寄せられた死体の群れ（撮影・村瀬守保。出典：『村瀬守保写真集・私の中国戦線』日本機関紙出版センター）

こで、日本兵から針金を渡され、死体を一人一人、串のような形で繋げるよう身振りで命じられた。その死体を日本兵が船で下流の方に引っ張っていった。揚子江は死体でいっぱいで船が通れなかったからだ。作業は、一人で一番寒い時期に朝から夜まで一日中させられた。日本兵は周りにたくさんいたが水の中には入らない。

針金は頭がある人は首のところを縛りつけた。首のない人は手や足に針金をさしこんで結びつけた。一本で一人をしばって、針金ひと握り（十体から二十体ぐらい）を一組にして、日本兵に渡す。そしたら、日本兵がモーターがついている船の後ろにつけて死体を引っ張っていく。船は、二隻あった。水の中には死体がいっぱいで、タイヤや板も浮いており、船が行き来できる状態ではなかったな。死体は、冬でも臭くてね。色などは覚えていないが、ふくれて大きくなっていた。片づけていた時も、新しい死体が捨てられており、少々片づけてもきりがなかった。この辺りで水が見えないほど死体がいっぱいだという状態は、一か月ぐらい続いたな。

寒いなかを裸足で帰る途中も日本兵がいっぱいいた。道にも死体がいっぱい転がっていた。長い軍刀で首を斬っているところも見たよ。死体のなかには首のないものも、銃殺されたものもあった。死体は、女、子どもも年寄りも若い人もいた。水の中の死体はほとんど頭があったが、宝塔橋あたりで見た死体は、首のないものが多かった。もともと死体が路上に散らばっていたんだが、道路を開けるために道路のそばに身長ぐらいの高さに積み上げられていた。日本兵は中国人の男を見かけたら片っ端から殺していた。

●――日本兵は女の人を見ると引っ張り込んで強姦していた

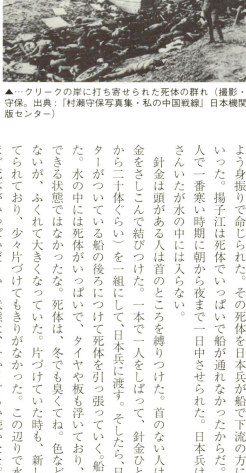

私は、子どもで世の中のことは何も分からず、わかって連れて逃げてくれる大人もおらず、それより逃げるお金がなかった。女性はだれでも顔に黒いものを塗っていた。姉は顔に醜いあばたがいっぱいあったので、日本兵に狙われる心配もなく隠れたりもしていない。

近所に住む一人の女性は、日本兵五、六人にどこかへ連れていかれた。私は怖いから、あまり見てはいないが、みんな怖がっていたので、女性を連れていくには銃剣を突きつける必要もなかった。どこかへ連れていって、強姦してから家に帰された。この辺は、みんな河向こうへ逃げてしまって四、五十人くらいしか残っていなかったのに、女性は数えきれないぐらい何回も連れて行かれた。

百人ぐらいの日本兵が煤炭港の近くに駐屯していた。その近くには空き地がたくさんあり、死体の人数は煤炭港一帯に一番多かった。長い軍刀と長い銃を持った見張りがいて、うっかり側に近づいて見つかったら石を持たされて、日本兵がどんどん石を積み上げる。持ちきれなくなったら刺し殺される。その当時、私は生活のために繁華街の下関まで、空き家や無人の店の中などに食べ物を探しに行っていた。下関に行くには、煤炭港のそこを通らなければならず、行くたびに中国人が殺されるのを見た。日本兵はすぐ中国人を殺すので怖くて、わざわざ遠回りをしたりしていた。日本兵が攻めて来て翌年ぐらい、偽政権〔対日協力者による中華民国維新政府。一九三八年成立〕ができてから、少しは落ち着いた。

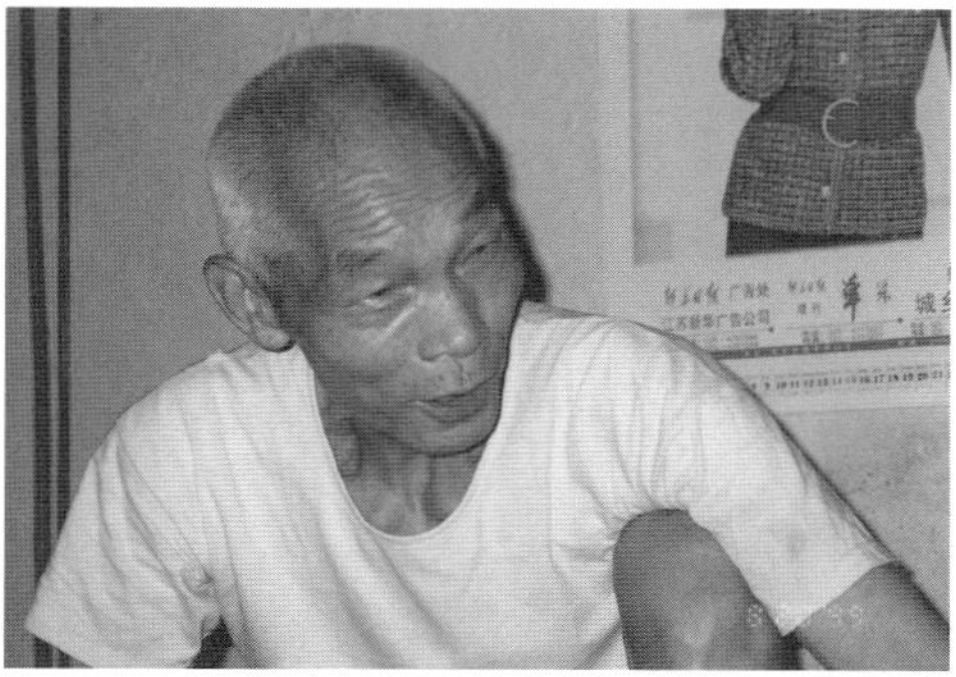
▲…季和平（1999年）

煤炭港の見張り兵が、ある日、女の人を捕まえ、ズボンを脱がせて、笑いながらのぞきこんでいた。そのすぐ後、日本兵はいきなり銃剣を下から性器に刺しこんで殺してしまった。何ということだ。そう遠くない距離から、葦の繁みの中に隠れて一部始終を見ていた。見張りの人がいる辺りは怖いと言われていたから。この事件は日本兵が入ってから二か月以内のことだ。下関の鉄道のあるところで、二歳ぐらいの赤ちゃんを連れた女の人が通りかかった。日本兵は呼び止めて女の人から赤ちゃんを取り上げ、地上に投げつけて殺したのも見てしまった。自分も殺されると怖かった。

この後に憲兵が入ってきた。「憲兵」と書かれた腕章をしていたので分かった。憲兵はよく見かけたが、日本兵が正しく帽子をかぶっていないなどといっては殴っていた。何か悪いことをしたら殴っていた。

●――日本軍は見境なく中国人を殺していた

中山埠頭で、苦力になったこともある。報酬は一日二斤〔一キロ〕の押し麦。少ないが食べ物がなかったので、食べられるだけでもよかった。兵隊ではなく、筒袖の着物を着ていた日本人が、何十人もの苦力を監督していた。少しでも休んでいるのが見つかったら、殴られた。仕事は、船から食べ物の袋を鉄道の車、一屯ぐらいのトロッコに積み替えて押して運ぶ作業だった。当時は逃げた人はみんな戻ってきて、多くの男たちは苦力になって働いた。

日本兵は、検問所などでよく「おまえは中国兵だ」と言って、中国人の男の頭を叩いて確かめていた。中国兵は鉄かぶとをかぶっているので、頭の一部が固くなると言ってね。イギリス人が経営する和記洋行の建物や敷地の中に、たくさんの避難民がいた。

南京に日本兵がやってきて何日か経ったある日、日本兵が和記洋行の中から数え切れないぐらいの人を連れ出して、煤炭港の倉庫の中に閉じ込め、外にガソリンをかけて焼いたと聞いた。私は人が連れ出されて列になっていくのを見た。倉庫に人が閉じこめられたということは人から聞いた。煤炭港から三百メートルぐらい離れた自分の家から、空高く炎上する煙も火も見た。きついガソリンの匂いが一日中していた。見に行って捕まると同じように焼き殺されるので、焼け跡には勇気がなくて行ってみなかった。

宝塔橋は国民党の爆弾で壊された。橋の下にも死体がたくさん見えた。

私は、(日本軍の侵略から)三、四年後、苦力として働いている時、少し食べ物を盗んだのを日本兵に見つかり、船着き場から長江に投げこまれた。冬なので綿入れを着ていて重かったが、命がけで泳いで戻ってきた。そうしたら銃剣の先をはずして、その剣で右腕の付け根を刺された。今も傷が残っているよ。けがをしたまま、手当てもしてもらえず、昼から夜まで貨物車に閉じ込められた。夜になると、通訳が門を開けて逃がしてくれた。傷があっても、生活が苦しく、家で療養してはいられなかった。

その当時、日本軍が中国の人民を服従させるために殺していると思っていた。殺されても抗議はできず、中国人は多大な被害を受けたままだった。日本軍は私が十二歳の時侵入してきて、二十歳の時撤退した。北から列車で集結して、煤炭港からフェリーで上海方面へと退いて行った。日本の若者も中国人が日本の侵略で惨い目にあったこの歴史を覚えていて欲しい。

第2章…城門やその付近での南京大虐殺
――元兵士六名、被害者七名

1・1　徳田一太郎（仮名）――中国人に頭から油をかけて焼き、銃剣で止めをさした

一九一四年六月生まれ
南京戦当時　第十六師団歩兵第三十三聯隊第二大隊
当時いた場所：太平門、金陵女子文理学院（金陵女子大学）正門付近

昭和九年徴兵検査を受けて、合格になって、入隊と同時にすぐ満州に出発しましたんや。現役の教育を受けましてね。最初に行った所は泰安鎮でした。そこで半年位いましたな。不便な所で電気も暖房も無かったんです。匪賊討伐もちょいちょい行きましたな。

初夏の頃に我々は御用船に乗って帰って来ましたんや。それから久居の聯隊に暫くいて、十二月に上等兵で除隊したんですわ。

●――大阪から出航して上陸したらすぐ戦闘

昭和十二年七月七日、「支那事変」の後八月二十五、六日ごろ、ものすごく暑い時でした。二回目の大動員で召集を受けました。嫁ももらわんうちに赤紙が来よったんです。当時家の仕事は農家でした。おやじは早く亡くなってましたんで。独りっ子のわしと母で田んぼを刈ったり脱穀機を足で踏んで回したり、米を荷車に載せて出したりしておったんです。わしが軍隊に行ってからはたぶん村の人が手伝ってくれたと思うんです。わしが出征する時、母のことが心配なので、ちょっとでも母の仕事を手伝って上げたい気持ちで、用事があって家に帰った時、部隊に戻る時間のぎりぎりまで仕事をしましたな。当時は戦地で死んでも国が親の面倒を見てくれるだろうと信じる時期でした。当時母は別れる時「家の事は心配すんな、何とかなる、まめにしてな、きばって行って来い」と言ってくれたんです。後で帰ってから分かったんですけど、母は私が兵隊に行っていた二年間、どんな大風の日でも雨の日でも体が悪い時でも、毎日神社に行って氏神参りしとったそうなんです。母は村でも評判が良くて、人の悪口を一言も言わない、いい人でしたんや。

大阪を出港して着いたのは天津に近い大沽の沖合いでした。甲板へ上がって勘定したら御用船が四十隻程ありました。蚕棚みたいな所に皆頭だけ出してギュウギュウと詰め込まれてな。こうやって大阪から天津まで五日間ほどかかって着きました。最初は潜水艦が前を走って玄海灘まで付いて来てくれましたな。

大沽に上陸したのは九月でちょうど暑い時でした。天津の近くは別の師団がすでにバリバリと先駆けしていました。タタタと機関銃の音がよく聞こえました。十六師団と交替するよう命令があったんでしょうな。別の師団と入れ替わる時は暗い時でしたので東西南北が分かりませんでした。交替の命令が来て、背負い袋を一つ持って、鉄かぶとをかぶって、乾パンを持って、後は大体現地調達の命令があって、鶏などを取りました。子牙河での敵の奇襲攻撃はひどいものでした。それでも三十三聯隊は敵の敗走する後を追って行きました。だいぶ遠い所まで行きましたな。石家荘近くの正定まで追いかけて行きましたんや。次また船に乗る時はもう中支に行くと兵隊は分かっていましたわ。戦争が拡大していましたからな。転戦命令が出て、汽車に乗って再び天津を通って満州まで行きました。大連から船に乗って揚子江の江岸で敵前上陸しました。

上海呉淞の上流の揚子江岸に着いた時は十一月中頃で、日本の海軍が艦砲射撃していて、駆逐艦がずっと煙幕を張って走っていましたな。その煙幕で敵が見えないうちに二十五人ぐらいが一斉に、船の梯子からどんどん降りて工兵の鉄舟に乗り移りました。最前線で鉄砲の弾がビュンビュン飛んで来るので、髪の毛が逆立つほどの緊張感がありました。物もなにも見えませんでしたな。岸に近づくと早く飛び降りて上陸しなければなりませんねんや。工兵はまた鉄舟を整えて次の人を迎えにいかなければなりません。上陸したら相手の機関銃がどんどん撃って来ましたわ。突破して上がったのは朝でした。二千メートルぐらい入った所で敵の陣地をぶん取って駐屯しました。そこは野砲も何もなくて、機関銃ぐらいでした。その後、ずっと敵を追いかけて無錫を通って、南京までどんどん攻めて行きましたな。十二月に入って南京攻撃が始まりました。

●——太平門で支那人を地雷で

十二月十三日の南京陥落の翌日、朝八時頃に南京の太平門に入りました。そこで十四日、十五日と二日間警備をしましたな。入った日の前々日の攻撃で死んだ死体がそのまま放ったらかしてありました。

松井司令官の命令で各師団長に、師団長から各中隊長に伝わってきていたと思うんやが、兵隊は何事も命令なしで勝手にやってはならんからな。当時分隊長が「男は皆殺ししてしまえ！」と言った話は覚えていますよ。そして南京に入ってから「外国権益のある所は絶対入るな」と注意されました。国際問題になるからですな。わしらは男ばかり捕まえました。女は捕まえろと言われたことはないけど、男は全部捕まえろと言われました。とにかく男だったら皆連れて行って調べるんです。「前は兵隊だったろう」と勝手に言って引っ張って行きました。太平門近くに大勢の捕虜がうろうろしていましたんや。そこで、年寄りも男も女も子どももいっしょくたにして三、四百人ぐらい捕まえてきたんですわ。太平門の外から言うと、門の右の一角に工兵が杭を打って、それから鉄条網を張っていて、そこへこれらの支那人を入れて囲ってしまいました。その下には地雷が埋めてありましたんや。日本兵が踏まないように白い紙に「地雷」と書いてありました。そこへ捕まえて来た人を集めてきて地雷を引いてドンと爆発させましたんや。死体が積み重なって山のようになっていました。

▲…門の左の小さな看板の文字は「太平門警備隊」と読める。

鉄砲ではなかなか間に合わないので、地雷を敷いたそうです。そこへわしらが城壁の上からガソリンを撒いて火を点けて燃やしましたんや。死体が山積みで折り重なってあったのでなかなか燃えなかったね。上の人はだいたい死んだけど、下にはまだ生きている人がたくさんいたんや。

翌日朝、分隊長が初年兵に「とどめを刺せ！」と命令しまして、死体を調べてまだ活きている人間を刺し殺しましたんや。わしもフワフワな死体の上を踏みながら生きているやつを見つけたら「これ生きているぞ」とこれだけ言うだけでした。そしたら他の兵隊が刺して殺しましたんや。喉元をぐいっと刺すとぴゅーと血が噴水のように飛び上がって顔面がさーっと白くなるんですな。「アイヤー」とか「ワアー」とかの悲鳴がよく聞こえました。支那人はなかなか死ななかったな。他の中隊の人もいました。中隊長もいましたよ。わしらの中隊が主に止めをさしましたな。中隊規模でやりました。あの死体の処理は外の部隊がしたけど、暫く置いてあったな。話によると電線で結んで馬に乗せて引っ張ったり、トラックで引っ張ったりして下関まで運んで処理したそうです。死体の山の大きさを畑の寸法で言うと百坪くらいありましたな。

軍服を着ていた捕虜が銃を持っていました。わしは中隊から大隊長の後方へ連絡に行こうとしたら五、六人の捕虜がいたので「ニーデダダ〔お前の銃の意?〕フワンラ、フワンラ〔放せ放せ〕」と言ったら、彼らは南京陥落したから銃は命に関わるものなのでもちろん放さず、下関の方に逃げて行きました。どうせ揚子江で殺されるだろうと思って、ほっといたんです。投降兵が多かったな。余りにも多くて大隊に連絡に行くのをやめて、戻って来て、そこら辺にいる投降兵だけ捕まえて、工兵が用意してあった地雷の所に連れて行きましたよ。また一部の支那兵は便衣兵になって避難所に隠れていたので、それも全部後で調べて引っ張り出した。かわいそうだったな。ほかの門でもいたと思う。門の中の人間も外から来た人間もいた。うちの中隊は太平門近くの人間だけ捕まえて殺した。あんまり遠い所は行ってないな。えらいことをしたな。今南京の城壁に死んだ支那人の名前が彫ってあると聞いて、一回行って見たいと思うけど、怖いね、行ったら余計やらしいと思われて行けんわ。

下関で生きている人間を機関銃で処分したことは聞いたことがあるけれど、見たことはない。それは支那人が余りにも多すぎて、下関では機関銃では撃ち切れないという話で、だから大平門で地雷をひいて殺したんやと聞いたんですわ。

●——南京大虐殺はこの眼で見てきたんですわ

南京大虐殺は自分の目で見てきたんです。太平門の虐殺は見たばかりでなく、自分自身も直接関わったんです。南京に着く前にも、一人の将校が支那人三人を河を前にして座らせて、後ろから軍刀で首を斬ったのを見てたんです。そしたら首だけ前の河にポトンと落ちて行きましたな。支那人たちは日本語は分からないけど、たぶんその時「もう、あかん」と分かっていたと思いますな。

南京に向かう途中どこの戦闘だったかは忘れたけれど、部落があってあそこに共産兵がいるということで、上から「負傷者に関わらず全部共産兵なので、全部殺せ」と命令してきたんです。それで部落に火を点けるとな、後ろから煙が上がってきました。その中から「オギャーオギャー」と赤ちゃんの泣き声が聞こえてきました。

内地に帰ってきてからしばらく、当時のことがよく夢に出てきて、南京のことを思い出して寝られなかったんですわ。わしがうなされていると家内が心配して「父ちゃん、どうしたの」と聞くんです。夢の内容は、大勢の中国人がわしを襲ってくる場面なんやな。夢の中では、自分が中国人をやったから、襲ってくると分かってたんですけどね。今思いかえしたら大変なことをやってしまったなと思うわな。今の南京に行ってみたいと思うけれど、怖くてとてもいけません。

今も東京都の石原慎太郎知事が南京大虐殺はなかったなどと言っているのでも、わしは、石原慎太郎は「馬鹿なことを言っている」と思うんです。南京大虐殺は日本軍と政治家の命令で起こったわけだし、わしらが実際参加したんやから嘘ではない。わしは政治家を信用せんよ。南京の事実を表立って学校や歴史の研究者や先生たちに言うことは怖いですな。こんな年になって、こういうことを言ったらどんな人がいるかもしれないし、怖くて言えませんな。わしには子どもや孫などがいるから、よけいによう言えませんな。

自分の戦争を振り返ってみると、戦争はあってはならんことですな、当時は仕方がなく、天皇の命令で国のためにやるのは当たり前だと思っとったんですが、今から思うと、孫のおる今の時代が一番いいと思うんです。もちろん、日本が満州を植民地にしたことや韓国を植民地にしたことは皆侵略戦争と言えますな。ドイツはこういうことを若い人たちにきちっと教えているようだけれど、日本は何も教えてませんな。

1・2 出口権次郎——女も子供も年寄りも皆突き殺した

一九一四年七月生まれ

南京戦当時　第十六師団歩兵第三十三聯隊第三大隊

当時いた場所：揚子江岸、挹江門

▲…在「満洲」冬期討伐軍装の出口権次郎（1936 年）

昭和九年十二月一日に入隊したんですわ。それでチチハルに行って、そこに四か月おって、それからハイラルに一個大隊だけ派遣されて、そこで鉄道警備や、匪賊討伐に参加したんですわ。十一年の八月までおって、八月の九日に満期除隊になって家に帰ったんですわ。

十二年に支那事変ですぐに召集を受けて、予備役、後備役が三十人程召集されました。昭和十二年の八月に三十三聯隊の野田部隊に入隊したんですわ。歩兵です。軽機の射手をしておりました。軽機は五貫くらいありました。射程は三百（メートル）位ですわ。実戦は常熟、無錫、丹陽、南京、大別山です。大別山では突撃中に、足に銃弾が貫通しました。胸にも当たったんですが、運良く硬貨に当たってかすり傷で助かりましたわ。無錫での戦闘では相当戦死者も出てるわな。分隊でも四、五人がやられとるわな。

●――行く先々で徴発はし放題

行く先々でな、豚や鶏を徴発して、その肉を飯盒に詰めておった。食料なんかは来んかったさかい、みんな現地調達しよった。行軍中は全部現地調達ですわ。夜は田んぼに穴掘って寝るんやが、寒うて、寒うてなかなか寝られんかった。百姓はほとんど逃げておらんかった。おると食べ物や重い荷物等を持たせて連れ歩きよった。

いっぺん、南京やったか、第一線を交替するいうんで一か月くらい休養があったんですわ。暇なもんじゃから、そこらに豚や鶏を探そうとうろついていると、ある寺があって、そこから坊さんが出てござった。あんたらどこの師団やと聞くんじゃ。むかし京都の西本願寺におったいうことじゃ。お茶を出してくれはって、それをよばれて、豚を盗る気じゃったけど、いやらしい思うて、何も盗らんと帰ったことがあったがな。

紫金山では弾が無うなるほど撃ったわ。夜襲になると敵味方が入り交じって分からんで、日本兵は白い襷をつけて区別しておった。敵が紛れ込んだので、捕まえた中国兵は誰彼なしに銃殺しよった。

●――死体の山じゃ、南京の虐殺ってまったく本当のことじゃ

紫金山から下りて、下関では筏に乗って逃げる中国人を撃ったけど、わしはそんなに撃ってはおらん。戦争中は命令なんか誰がするでもなく、関係なしに撃ったり止めたりしとった。勝手じゃ誰も行けとも止めとも言わんの。みんな自分で判断するんじゃ。戦ってる時は一人でも多く殺さなあかんと思うとった。

下関で逃げ遅れた中国兵を五、六人銃殺した。男も女もようけ捕まえた。一人ずつ引っ張り出して、予防注射の跡があ

▲…出口権次郎（2000年）

るもんはすぐ銃殺じゃ。

南京陥落の日じゃった。城内に入る時、城壁の外側が死体の山じゃった。足下がフワフワするんで。マッチをつけて見たら、筵を敷いたように一面に死体がぎっしりじゃった。ずーと死んどったんじゃ。どの部隊がやったかは知らんが、突き殺したんやな。兵隊やなしに、女も子供もおった。爺さんも婆さんもおった、兵隊やないもんばっかりじゃ。どこの部隊がやったのか知らんが、新聞でよう言う〝南京の虐殺〟って、全く本当のことじゃが、そんなこと言えんもんで、「嘘」や言うとるんじゃ。

十六師団が一番悪いことしよったようやと新聞にも書いとったが、わしら京都の師団〔十六師団〕のそこら中の連中が悪いことしよったんじゃ。わしらが入った頃にはもう敵もおらんかった。掃蕩で、わしはそう捕まえんかったけど、同じ部隊の他の連中は捕まえてすぐに銃殺したり、銃剣で突き刺す奴もおった。わしはそんなことちょっともせんかった。「銃は使うな突き殺せ」と言われとっても、銃声はバンバンしとった。手榴弾も持っとったが、あんまり使わんかった。ほとんど刺殺やった。撃つと仲間に当たる危険があるんで、もっぱら刺殺じゃった。わしらの分隊はあんまりそんなことせんかった。

●——死体は何千と見たな

死体は何千人と見たな。川の方ではあまり見なかったけど、城壁ではぎょうさん見たな。ほとんど突き刺した死体やった。死体を焼くのは川の辺りで見たわな。陥落からしばらくしてからやな。夜、飯盒で飯焚こうとしたとき、クリークの水が真っ赤になっとった。死体を放り込んだからやろな。そのまま焚いたからご飯が赤こうなったんじゃ。それを食ったんじゃ。朝見たらクリークは死体だらけで、水が血で真っ赤になっとった。

倉庫のような部屋に中国人を詰め込んで機関銃で殺しよった。部屋の中やさかいどれかには当たるわな。何百人も入れてやったんじゃ。小さいところで三百人くらいやった。わしらが捕まえた奴をこうして殺したんじゃ。男という男は捕まえて倉庫に放り込んだ。兵隊も何も関係なかった。処分した後はどうしたかは知らんわ。三十分もかかるかかからんかじゃ。中から凄まじい叫び声が聞こえてきた。こんなこと、部隊がそこらじゅうでやっておった。手榴弾は危ないのであまり使わんかった。投げ損ねると破片が飛んでくるよって。

南京大虐殺はあったんじゃ。無茶苦茶やったんや。『軍恩新聞』〔軍恩連盟全国連合会機関紙〕なんかには〝デマ〟や言うてるけど、今から言うといろいろあるけど間違いなくあったんじゃ。

1・3 沢村福治——中山門の外側の堀に死体がいっぱいあった

一九一五年十月生まれ
南京戦当時 第十六師団歩兵第九聯隊第二大隊
当時いた場所：中山門、裕鶏口

私はね、(昭和) 十年兵でして、昭和十一年の一月二十日に現役で入隊しましてん。内地におった時、盆の十六日の晩、黄檗山の端にある宇治の火薬庫が爆発してしもうて非常呼集で起こされて、輜重兵が車を運転して夜中に行ったんです。夜が明けてみると、そこらの木に手や足がぶら下がっていましたわ。壁にも肉片がへばりついていました。南京行った時の私の位は上等兵でした。

●——突き刺した剣の先を見た兵の表情が忘れられない

明くる年、支那事変が始まって、第五動員で戦争に行きましてん。最初天津から入りましてね。そこらで銃砲の音が聞

▲…沢村福治「老人も子供も皆殺せでした」（2007年）

えていましたんです。その夜上がったばっかりで真っ暗です。水とか食べ物もない中、ちょっと苦労しましたよ。

上陸した天津付近で斥候に行って、若い二十歳くらいの兵隊を捕まえたんですわ。尋問の後、上官から「捕まえてきた者が殺せ」と命令されました。私の一番最初の人殺しでした。かなんなと思うても、歩兵銃に着剣して突くわけですわな。なかなか突けるものやないです。みんなが見ていて「どうした、突かんかい！」と気合かけられますやろ。そうなったら何クソとなって、力任せに腹をぐわーっと突きますやろ。すると剣が男の背中まで突き抜けたんです。本人が後ろをしゅーと剣先を見る。あのなんともいえない男の表情がかなわんで、今も忘れられません。

南京へは歩いて歩いて行ったんです。今やったらいろいろ乗り物ありますわな。あの時分は歩兵隊いうたら十五貫か十六貫の、背嚢背負って鉄砲持って弾薬持って毎日毎日とっとっとと十五、六里も歩きますねんで。歩くのはなんともありません。当時は京都の伏見から滋賀県の饗庭野まで演習していきましたんやで。なかなかえらいでしたで。

敵を追撃して交戦もして、南京の東、中山陵があったのです。昔のな、孫文の墓でそら立派なものでした。その近くを通って行きました。そこから四里ほど離れたとこからずっと重砲いうてごつい大砲ですわ。重砲隊がそれを並べてドンドン南京城へ向けて撃ち込んでました。南京攻略で私らは九聯隊ですわな、ちょうど南京の手前で福知山の二十聯隊と交替したんですわ。二十が先南京へ入って、私らはその後入ったんです。

中山門から入る時、大きな門の側には、中国軍の陣地があって中国人の死体がようけありましたわ。向こうは南京城いうて、ちょうど大阪城のぐるりにあるような堀が南京城の周りにあるんです。ほんで堀の側にはいっぱい人が倒れとってね。兵隊も民間人もおったわ。逃げるときに撃たれたん違うかな。とにかく、いっぱい兵隊の死体がありました。城内に入ると死体はそんなに見ませんでした。討伐ってね、南京は広くて便衣兵が隠れてないか、それとも何か隠してないかと城内の中、銀行にしても洋服屋にしてもみんな家宅捜査です。一軒一軒捜査して、これで大丈夫ということで南京を出たんです。小隊で行ってある地点で分隊に別れて捜査しました。分隊は十～十三人くらいですわ。兵隊の服装をした者はおりませんで、こいつはちょっとおかしいなと思うと、捕まえて小隊長なんか上の人に渡しました。そこは二十聯隊なんかのほかの部隊がどっといますから、私らの担当したのは、南京の南東角のあたりで、中国兵はあんまりいませんで。一回討伐にいったらちょっと捕まえてきました。

ほんで、南京までは先頭で行って中山陵で交替ですわ。中山門辺りでは重砲で撃ってるので戦闘はなかったですな。あいまに銃声が聞えるくらいでした。

入城する時は、中国兵はみな逃げてしもうてもう誰もおらへんのですわ。向こうは兵隊いうても便衣兵というて、百姓のかっこうするんで油断できへんのですわ。正月前でね、そこで中を討伐しまして、南京って城壁がずうとあって広いさかいね。全部討伐してちゃんとしてから南京を離れました。

●――南京近くでは「子どもや年よりも全部殺してしまえ」

一週間ほどして南京からいくらか離れた南西方向の裕渓口に駐屯しました。聯隊で下がりました。そこは夜でもうっかり寝てることできませんのやで。子どもとか年いったお婆さんまで、抗日排日の教育で手榴弾かくして持って、宿舎に入ってきたのが子どもですやろ、こっちは油断しますわな。寝てる所に放り込まれるのが再々あってね。「子どもにしても年寄りにしても誰でも全部殺してしまえ」と聯隊長の命令が出ました。ぐるりにいる人間を見れば発砲して殺しました。二人とか三人とかの百姓を捕まえてきて、「そこらに兵隊はおるかおらんのか」などの尋問して地形を聞いて、後は殺してしまうんです。クリークの縁に連れ出して、そこに座らせてました。将校は、めったに刀で首斬りなんてできへんのやから、軍刀持ってるさかいに試し斬りをするんです。私ら兵隊は突き殺しました。鉄砲の弾できるだけ使うなと言われてました。二か月ほどすると、もう治安維持会もできとるしね、住民の抵抗もおさまりました。

そのときは気が立ってますわな。ということは気が狂ってるってことですな。戦争は誰もかなわんけど、行け言われたら行かなしゃあないことですわな。侵略戦争で何もかも侵略したんですわ。私も戦闘の直後は何くそっと突いたりできますけど。一日か二日たつと、後で普通になってああいうことは絶対できへんのですわ。そやから、人を突いたことはなるべく思い出さんようにしてました。命令やからしようのないことでしたわ。

現役から始まって、中国には四年いました。いてる間は二百回余りの戦闘をしてきました。十六師団は部隊凱旋しました。それから家に六か月いて、また大東亜戦争で召集されました。一緒に帰ってきた者はボルネオ近くで機雷に引っかかって、全員死にました。私は、召集された補充兵の教育要員で日本に残っていて、生き残りました。

でも、今でもちょっとした機会に殺した場面が思い出されます。

1・4 西川繁美——捕まえた男を並ばせて銃を撃ち、七人を貫通させた

一九一六年八月生まれ
南京戦当時　第十六師団輜重兵第十六聯隊
当時いた場所：南京城内、下関、太平門

わしは当時「兵隊に行きたい」と思っていた。自分は死んでも構わん、とにかく支那に行ってお国のために尽くしたいとばかり思っていたな。

九月二日に京都の輜重第十六聯隊に召集されてそのまま大阪の桟橋を出発して、天津の近くの大沽に上陸した。それから北支の保定まで行って戦争してね、今度は大連から船で南へ下って揚子江を遡って、上海の北側から上陸したな。

●——入城したら死体を目撃

南京に向かって行軍していくとな、紫金山に登る道筋に、昔の皇帝の陵があるんや。犬でもないし獅子でもないし、おかしい動物の石像が置いてある感じだった。その下で当番をしていた時、いっぺんに曇って真暗になったので、おかしい

なと思って起きようとした時に肉の破片が飛んで来たわ。馬が地雷を踏んだんや。

初めて南京城内に入った時、松井大将が入る門から入ったな。駐屯した所は城外の民家なので、歩いて城内に入ったな。その時、外側の道の両側に死体がずっと並べられていたのが見えた。通り過ぎただけでの、そんなんじっと見てるわけにいかん。入城式の後は蒋介石の軍官学校に入った。当時「城内に入っていい所に行って泊まれ」という命令があってね。二階建てのえらい家だった。その中に入ると短刀がどっさり置いてあってね。日本の海軍が腰に付ける短剣のような物やったな。皆が「宝になるので持って帰ろう」と言って、めいめいポケットに入れたわ。戦争が終わって帰る時に、見つかってしまって没収されたな。そやから、勝手に持ってきた物はみんな瀬戸内海にほかしてしまってね、広島に上がる前やったな。

支那人に対してそりゃあ憎しみがあるわな。戦友が横で寝ていて流れ弾に当たって死んだ時は、やっぱり憎まずにおれんかった。わしが紫金山の麓にきた時、どこから来たか分からんけれど、敗残兵がいたので、追って行って捕まえた。実は敗残兵かどうかもわからんのや。とにかく支那人の男やったら憎しみがあって、兵隊やと思って殺したな。紫金山の時、大勢の日本兵が死んだからな。わしが何人ぐらい中国人を殺したか、自分では分かるけれど、他人には言えんわ。一つ気になったことがあったんやで。一人の支那人の男を捕まえた時に、その男が逆に銃の先をつかんで来て、銃の口を自分に向けて早く自分を殺すように身振りでやってな。わしはその時、何で今逃げないのかなと思った。銃を引いてその銃の柄のところで力任せに男を叩いたら、死んでしまったよ。かわいそうと思ったが、向こうは殺されるのを覚悟していたと思ったな。

入城式の一、二日前やったかな、男ばかり七人捕まえたんや。班長は「どないなとせい」言うて、わしら分隊の者は、支那人を突き殺したろかと、銃剣を胸元に突きつけたんや。弾を余り使うなと言われてたからな、銃を撃つと難儀やさかい、突き殺そと言って、そいつらみんな後ろを向かせたんや、けど、「一発の弾で何人殺せるやろ」と言うた者がおってな。それで、七人を同じ方向に向かせて、腹の辺りを銃でうったんや。七人全部貫通したわ。みんな倒れたで。小銃の威力はすごいもんや。

わしは支那人を直接銃剣で刺し殺したことがある。その時は、普通のまともな心境でなかなかできないもんな。わしが知っている准尉がいたんやが、人を殺すのをいつも自慢していた。南京で人の首を斬る時は初めから力を入れて振り上げて、バーと斬らなあかんので、その時は腕に力を入れている。そしたらパンと落ちた時に、初めの一撃で真っ赤な火柱のように、血がまっすぐ飛んで行くんや。その准尉の背中に真っ赤な血が付いていたわ。首を斬られる人間は立てないように、足を伸ばさんように、手首と膝を紐で括って縛ったそうや。みなそれを真似したと聞いたな。斬られる支那人は敗残兵かどうか分からんけどね。

●——下関で死体処理

入城式の後すぐ、下関に行ったら、クリークの際にたくさんの死体があったのを見た。大勢の兵隊が、揚子江に死体を流しているのを見たわ。三十八聯隊の部隊が作業していたな。そこにわしの友達がいたので三十八聯隊と分かったんや。手とか足とかを括ってずるずる引っ張ってな、揚子江に放り込んでいたな。その引っ張って投げる作業は支那人の苦力でのうて、日本の兵隊が引っ張っていたんや。その友達が「これ支那人やで、片付けてるんや」と言いながら、手と足を括って引っ張っていたな。皆死んでた。死体が膨らんで臭かったな。死体がそこらじゅういっぱいあった。死体の中に子どもや女性がいるかどうかは注意したことがないね。臭いから早くそこを通らならんし、友達が死体を運んでいるのにいちいち聞くこともでけへんかったな。

　南京の太平門の入り口の所にもいっぱいあったな。太平門の所から引っ張って壕の中に皆放り込んでいた。だいぶ深かったと思う。死体が逆とんぼになっているようにどこが頭か手足か分からないぐらいいっぱいあったな。浅い壕でも二、三メートルあってね。壕の中がいっぱいになって外の道路と同じ高さか道路よりも高くなっている所もあったな。

▲…現在、太平門には虐殺記念碑が建てられている

隠れていた女の子を引っ張り出して、日本軍が好き勝手にやるのを見て、手榴弾でも放り込もうと思ったこともあったな。将校は休憩に入ったらまずクーニャン探しに行ったたな。支那に行ったら、墓があって、あそこに寝棺が置いてあってな、兵隊は寝棺の上で強姦をよくやっていた。寝台がないから棺桶の所でやったりしたのを見たこともあるな。日本軍はあんまり金は使わなかった。ただの鶏捕まえて殺したり、豚捕まえて殺して料理して食べたね。こういう徴発はよくやったな。戦争当時は仕方がなくて戦争に行って、だれだれ万歳とか言ったけれど、実際はあんなこと誰もやりたがらなかったと思うな。やっぱり故郷の母親が一番やった。今やっぱり戦争のことを思い出すと、心の中では涙が出るな。向こうもこっちもいっぱい死んだ。どっちも悪い時期に生まれたと思うし、そんなこと起きると分かっていたら、この世に生まれてこなかったら良かったと思うな。戦争というのはこっちも損、向こうも損や。思い出したくない気持ちやね。思い出すと半分はやっぱり支那人に悪かったと思うな。南京大虐殺は確かにあった。戦後の中国にこの村でも行く人がいるけれど、わしは行きたい気持ちが起きひんな。なぜって、行ったら当時の戦争の悪いことばかり思い出すのでなかなか行く気にならんわ。

1・5　桑原次——光華門に逃げ込む百五十名を撃ち殺した

一九一五年六月生まれ
南京戦当時　第九師団歩兵第三十六聯隊第一機関銃中隊
当時いた場所：光華門

●——鯖江歩兵第三十六聯隊に現役で召集

昭和十年十二月一日に召集されました。当時三重県では千二百人が徴兵検査で甲種合格し、六百人が地元の久居に入隊

▲…光華門での戦闘で貰った金鵄勲章を手にする桑原次

して、半分の六百人が「知らんところへご苦労やけど行ってくれ」と、人の少ない鯖江の聯隊に入営することとなりました。私たちは、鯖江に一週間いてすぐ満州に派遣されました。

満州の新京三宅牧場で第一期の検閲、重機関銃の訓練を受けました。後は、一面波からさらに奥の牡丹江ソ連国境にまで何度も匪賊討伐に出かけたりしました。一般歩兵が匪賊を攻撃したり、私たち重機関銃が援護射撃をしたりしていました。何度も出かけたけれど、山ばかりで、向こうは逃げるのが上手でね、私らは広い土地に慣れてないので、みなたいがいとり逃がしましたよ。捕まえた匪賊は、ほとんど殺しましたでしょう。

昭和十二年の五月にヤブロニから遼陽へ戻って、一年半で原隊に帰ってきました。その時期には、軍司令部というか師団司令部は支那事変が勃発することが分かっていたのではないでしょうかねえ。日本に帰ってすぐ、鯖江の聯隊で戦争の準備してましたからね。

帰って来たその年の九月三十日に第九師団に動員下令があり、支那事変が始まっていて、呉淞に上陸しました。名古屋の第三師団が最初に上海付近の上陸作戦をしましたが。かなり苦戦していました。私たち九師団はその後に交替しました。第一機関銃中隊の第×分隊長で、当時伍長でした。重機関銃は重くて、米二斗分くらい〔二十八キログラム〕あって、砲身と脚を別に担いで行進しました。私は分隊長なのでスパナやハンマーなどの修繕道具の入った道具箱を持っていました。平地では駄馬小隊が小銃の弾を運ぶので、鉄砲の弾と背嚢をあずかってくれました。九二式の重機関銃を分隊八人で扱っていました。一番は銃手、二番は装填、三番は装填と監視、四番は分隊長が倒れたら代わる。後は馬の扱いでした。

呉淞から上陸して十日ほどたった十一月三日のこと、張家宅では敵の防御が厳しい中でどんどん攻撃している最中でして、上海あたりはかなりの激戦でした。そのちょっと前の戦闘で、他の一、二、三、四番の伍長はみんな死んでしまって。私もバンとやられて、右大腿部に貫通銃創を受け、第四野戦病院に送られました。しかし、入院もわずかでして、太股を横から弾が通り抜けているので、焼け火箸にヨーチンを塗ったのを傷口に差し込んだだけの手当てでした。「あー痛いっ」

て言ったらしまいじゃ。麻酔も何もなくみなそうして治したんです。

私は無錫の市街戦から復帰しました。人家の窓から機関銃で撃ちました。並んで撃っていても当たるものと当たらないものがあり不思議なことでした。民衆を巻き添えにしたことは申し訳するしないにせよ、とにかく私たちは第一線部隊だから、無錫を攻撃したら次はどこと攻めていきました。三日三晩クリークの中で水に浸かっていたことがあり、治り切らない傷が痛んで足を悪くしてしまったようです。

次は常州、淳化鎮と追撃戦を行いました。ここらは、南京の前進陣地でありここも防御が厳しかったです。

淳化鎮を攻撃したのは、夜の十二時ごろでした。夜間の真っ暗闇の中、脇坂聯隊長の指揮下、一般の歩兵と一緒にどんどん南京へ向かって攻撃して行きました。辺りは暗闇で全く何も見えず、私たちの列に敗走する中国兵がまぎれこんできたんです。言葉をしゃべると違うので、歩兵が銃剣で突き刺し殺しながら進みました。あまりの急追撃で敵味方が入り混じっての混乱ぶりで、間近くでの殺し合いでした。この世に阿修羅という言葉があるが、その通りでした。

●――光華門で逃げてきた中国兵を重機関銃で撃つ

▲…日本軍の攻撃で破壊された光華門(1937年12月。「光華　脇坂部隊」より)

私たちの脇坂部隊は光華門へ向けて攻撃し、中山門を攻撃する京都第十六師団とちょうど同じ方向に向けて進撃していました。

一月九日、光華門南の飛行場にたどりついてからは激戦になりました。門にたどりつこうと何度攻撃をしかけても、城壁の上からはいくつもの手榴弾が投げられて爆発し、第一中隊は数人を残して全滅しました。山砲兵第九聯隊が山砲をどんどん撃ち込みました。まる二日間ほど濠の外で私たちは待った。城壁の積み石が崩れた十二日の朝、私たちは恩賜の盃で水杯を交わしました。いよいよ総攻撃をかける時がきました。

じっと待っている九時頃、中山門の方から中国兵がどんどんとやってくるんです。山砲で壊した城壁をよじ登って城内に逃げ込もうとしていました。二、三百メートル向こうに、蟻みたいにようようよと群がっている。私はその時、重機関銃の銃手をしていた。三百メートルといえば、機関銃で一番よく当たる距離です。一分間に六百発弾が発射するのですが、「城壁をよじ登った者はみな撃て」と小隊長が命令し、半時間は連続発射していました。銃身はもう（熱で）真っ赤になっていてね。近くに迫撃砲が落ちて、四番銃手は死んでしまうし、私も首筋をやられた。それまでは撃ちまくりました。

光華門の瓦礫のところでは、中山門から逃げてきた中国兵の死体がそこらにばらばら散らばっていました。百五十体ばかりはあったやろうか。

城内へ逃げ込む中国兵を撃ち殺してから、九師団の一、二、三大隊と各機関銃中隊、聯隊砲が南京城内へ入りました。光華門は、十二月十日頃から、山砲を撃ち込み絶え間なく攻撃をかけていたので、私たちが城内に入った時は、もう中国兵を見ませんでした。戦闘後の荒れ果てた城内の景色を眺めながら入りました。十七日の松井石根大将の入城式、閲兵を受けるまで重機関銃を撃つことはありませんでした。光華門よりずっと奥に入った南京の町中の中央通りに駐屯しました。

南京にいた期間は短く、十二月二十日過ぎには、夜行軍もして嘉定の近くの警備につきました。

当時は、聖戦ということを疑わず、また、疑う余地もなく絶対勝つと信じていました。日本はそれを通してきたわけだけれど、戦後のいろいろな状況を見てきたら、これは滅多に手を出すべきではないことを悟ってきた。これからは絶対平和やということを主張したいです。

私たちは第一線部隊だから相手は中国兵ばかりだった。民衆が死んだということは、全然覚えがない。夜間の攻撃の最中に女性が丸裸で死んでいたのと、軍に入り込んだ女のスパイを監視したこと、銃剣で殺された女のスパイ、これだけを目撃しただけでした。後から来る後続部隊がどういう行動をしたのかわかりません。我々はすぐ交替したわけだから。

1・6 豊田八郎――南京陥落一日目に分隊で殺した人数は五十五名

一九一四年四月生まれ
南京戦当時　第十六師団歩兵第三十三聯隊第三大隊
当時いた場所：挹江門、城内北部の掃蕩割り当て部分

（昭和）十一年の七月九日に帰休除隊したんや。それで帰休兵召集行って、十月十日に満期除隊。それから一年後の昭和十二年八月末の大動員で、久居の三十三聯隊にこの村から六十五人入隊したんや。支那事変の時は上等兵でしたんや。編成で中隊離れて、ガス中隊に行ってたもんでな。

●――ガス教育を受けて実際に毒ガス撒いた

チチハルでガス教育受けました。ガス兵は中隊から五人ぐらい選ばれました。

ガス教育を受けた時教えてもらったのは、糜爛性ガスが、イペリットとルイサイト。それを鉄条網のかわりに土地にまいておくと、突撃する時に靴から浸透するので、それで敵の兵隊を弱らすわけや。実際、訓練にも防毒面や防護服を着るんやけど、これがまた重いんや。敵の陣地内で何するのやでな。消毒するんやで。暑い暑い。夏なんかえろうて。

チチハルにいた時は実地訓練ばっかりやな。毒ガスまいといて、知らせな危ないで。煙に色つけたり、防毒の消毒行ったりしたわけや。

ガス教育受けてる時は三十三聯隊の一大隊にいた。

わしら大別山で赤筒を燃やしに行ったで。赤筒って筒自体は灰色で、赤い鉢巻きしてたの。それを置くだけで、発火したらガス煙がピューっと敵の前へ降りる。赤筒って〝くしゃみ〟出て苦しいで。わしは暑いんで二百メートルぐらい下がっ

て防毒服脱いだんや、そしたら煙が下に向いて、苦しいて難儀したわ。それが大別山の時やな。

もうこの時には赤筒と言うとって。特殊煙やったけど、発煙筒や。煙がパーっと出る。（普通の）発煙筒やったら〝くしゃみ〟も出ないし、目をしばたかせるだけや。せやけど毒煙筒やさかい気管が負傷するわな。一般に兵隊は発煙筒言うた。でも実は赤筒。発煙筒やったら敵の中放り込んで、目をくらますわけや。でも赤筒は大きいので放り込まん。それは据え置きや。重たいんで一つも投げることできへんで。筒を一つ下げて、パーンと上にめくって発火させるんや。〝発煙筒特殊煙〟というのは、〝赤筒〟のことをいうんや。

実際にガスを使ったのは大別山だけや。支那事変の時は全国（の部隊）で防毒面を持ってた。敵が使ったらかぶらなあかんので。でも、中国兵がガスを使うことは全然なかったんで、防毒面を使うことはなかったな。中国兵からはソ連製のチェッコ〔チェコ製の機関銃のことだが、聞き取りをした元兵士の多くがこのように認識していた〕でやられたんでな。

南方ではガスを全然使わなかった。

大別山ではガスを二回焚いた。一大隊が一個小隊、二大隊が一個小隊、三大隊が一個小隊配属されて、わしら三小隊で二回使っただけや。そのかわりこれ〔赤筒〕撃ったらすぐ攻撃するんやで。ガス中隊の中隊長以下、ようけ戦死したもんやで。聯隊長が、「お前らガス焚いたらすぐ下がれ」って命令出てたな。

ガス中隊は一個中隊で編成したの。ガスを運ぶのは輜重やった。

●――上陸してから急追撃

十一月に上海の隣、白茆江に敵前上陸した。上陸前は弾飛んできましたけど、上陸したらまるきり来なんだでな。敵はすぐ逃げたわ。予定の退却やろな。

野砲が上陸する間、私の中隊の一小隊だけ残って野砲の援護やっててん。敵の敗残兵が来ておるさかい、端で援護しとるの。

あとは追撃戦や。無錫までは速かったやろな。一日走って、五十キロから六十キロやな。四キロで一時間やから、ちょっと速めにせんことには。追撃戦になると相当速いで。

荷物は全部背嚢に入れとるんでな。大体三十キロぐらいを入れとるんで、弱い者は倒れていく。食べる物から着る物からみな入れとんやで。

輜重が来んので糧秣が足らんわ。そしたら現地で徴発や。戦闘中はたいがいタダで貰ってくる。そやけど買い上げる時もあるよ。でも、主計〔軍隊の会計〕はおらへんわな。支払うことはできない。やっぱり戦闘中は徴発や。

速い追撃戦で足にマメができて、衛生兵にマメ潰してくれって頼んだ。衛生兵が糸にヨーチンつけて、すうーっと通す。それが痛い痛い、明日もそのままや、休んでおられへん。わしは百姓なんで、普段は裸足か下駄履いとるから軍靴に慣れとらんで。向こう行ったら地面はぬかるんどるし、靴も地面も自分の足に合わん。上海から南京あがる時は、みんな水膨れや。

召集兵は一年間家におるさかい、脚が弱い。けど支那事変で度胸良かったわ。わし支那事変で入隊した時は、昭和十年と十一年の現役が中心や。

弾は音してる間は大丈夫や。そやけどわしの隊長は、「チュン、チュン言うたら気を付けよ。前撃っとんやで。〝ヒュン、ヒュン〟言うやつは上越しとんやで」と言うとった。

追撃砲はな、ここにドンと落ちたら、一か所に落ちてへんでな。次の所に段々と落ちてくるでな。あとは次に落ちる場所がわかる。だから追撃砲は被害がないわけや。

▲…豊田八郎（順徳にて、1937年）

中国兵追いかけて行くと、道々に中国兵の死体がようけありましたわ。北支から死体がくすぶってんの見たけどな。南京までの追撃戦な、それは方々に死んどって、みんなのし切っとるわ。南京行くまでの掃蕩ってな、道々の部落の端からずーっと掃蕩しもって前進して行くんやで。でも中国兵はあまり村にはおらへんかった。みな城内に入っとったんやな。
わしら紫金山上がる前の十二月十一日か。一人の兵隊が、捕虜一人捕まえて「誰ぞ殺さんか」って言うた。わしの側で、長い刀で首を斬ったけど骨にあたって斬れんの。それで殴って殴って、難儀して殺したわ。

二大隊と三大隊が追撃戦で紫金山まで行った。紫金山には三昼夜おったな。十字路を「下士斥候」で行っとったんが紫金山の道を戻って、大隊長に報告に行った。それが昭和十二年の十二月十三日朝五時やった。紫金山を下りるほんの前や。ここはかなりの激戦やった。それで天文台を占領したんが十二日や。それから山を下りて下関行ったんやな。

わしら天文台から下りて、太平門の前通ってから、玄武湖の右を回って下関に行った。すると十六師団二十二聯隊の野砲が、下関の手前で三十三聯隊の三大隊を間違って撃っとったんや。わしら逃げまくったで。城壁の外やったな。この辺で友軍の野砲によう撃たれたわ。連絡したら止まったけどな。

●——南京城内を掃蕩、分隊で五十五名殺す

十三日の夕方には城内に入って掃蕩した。ここで二泊したんかな。この辺りは住民だけやったわ。

城内の状態やけど、十三日はくすぶって臭かった。死体も転がっとって臭いしな。人間焼けたの臭い臭い。もう半焼けでな。それは下関の入り口で。わしら入った時にはもう焼けとったでな。

ちょうど十五日に聯隊本部から、「今日は兵隊を殺すんやで、お前ら行かんか」って言われた。わしらは行かんで、その使役は三大隊の機関銃がやっとったな。機関銃は重機やでな。十五日に中国兵を処理すると話があった。それで終いにはみんな倉庫に入れてしもてん。わしらは見てないけど、倉庫に入れた中国兵は何やら、焼いたとかどうとか言うてましたな。倉庫ごとな。いや、結局は中島今朝吾師団長、あれの命令やでな。

十四日、城内の掃蕩戦は、わしとこの分隊だけで、二十五人の捕虜を捕まえて来たんや。わしらそれを全部、中隊へ渡した。中隊がそれをどこに持って行ったか、それはわしら全然わからない。あの、殺す分も少々、殺したやろ。思い出したわ、わしの分隊で殺したんは、並べといて、突くのは各人が一人ずつ殺したんや。そして二十五人処分したんや。

わしがウオーと銃剣で突いたら、綿入れ着てるから刺さらんの、きゅっと剣を掴まえられて。こらあかんと思てわしが

鉄砲の引き金引いて、〝ポーン〟と。そやで即死や。みんな服装は便衣やったな。

わしら城内へ入って敗残兵だけ捕まえただけや。結局、若い男はな、衣装を替えとる者がおるもんで。それに、各分隊長は命令を聞きに行くけど、兵隊までは命令わからんわ。分隊長はただ「今から捕虜を捕まえに行く」と言うだけでな。

便衣兵かどうかの見分け方？　そらやっぱり、逃げるわ。自分が敗残兵やと思うと、やっぱり逃げる。こっちへ平気で来るというのは、年寄りかそういう者だけや。朝行くと、みんな逃げるでな。とにかく若い者はみんな捕まえて、抵抗した場合は殺してええの。城内で殺したのは、十人ぐらい殺したんやな。

（ここで、本人の書いた日記から、十二月十四日に書かれた箇所「第×分隊第一回の負残兵十名を殺す。一日に第×分隊で殺した数五十五名、小隊で二百五十名」を見せる）。

そやけどこれはうちの中隊やなく、よその中隊やな。うん。一日に第×分隊で殺した数、五十五名。第×分隊？　わしの分隊やな。

城内で殺したのはな、その場で殺したんや。捕まえて捕虜に出したのは、まとめて倉庫へ入れてしもたでな。倉庫というのは下関にあった。捕虜を入れた大きな倉庫が、四つか五つあったやろな。それはわしらの宿舎からはだいぶ離れておるでな。大きな建物やったけどな。捕虜二百五十人は機関銃で殺したんやろな、軽機やな。

処分したのは二百五十人ぐらいやな。あとの捕虜はみんな本部へおさめた。中隊ではもっと捕まえとったやろ。小隊で処分したのが二百五十人やから、まだその倍はおったんやな（自分の書いた「殺害人数」を見てからは、豊田さんの返答はしどろもどろになった）。

機関銃を撃っとるというのは聞いたけどな。揚子江はだいぶ流れが急やから、そのまま飛び込んで河を下るんやろうけどな。その場所はわからんけど話は聞いた。

この辺りに宿営するのは、各分隊ごとに民家を使ってた。掃蕩って民家に隠れた中国兵を探すんや。みな民家やな。聯隊や軍司令官は、十六日頃に入城したんやろ。わしは十三日と十四日の二回城内に入ったんや。

下関は警備やわな。歩哨に立っとるだけ。下関も民家がようけ建っとってね。もう最初に行った時に掃蕩したんで、あとは歩哨が要所要所に立っとるだけ。各中隊から歩哨が立っとるわ。下関でも徴発やな。無錫では××上等兵が銀行の金庫を釘で開けてな、天幕いっぱいに交通銀行・中央銀行発行の一円から十円の札をいっぱいにくるんでた。それでわし百円ぐらい持ってけと思て貰って持ってたんや。それから南京行ったら、一円が七十銭でぎょうさん両替できたんや。わしそこで半分両替して、五十円ぐらい札で持っとった。それから順徳に行って料理屋入った時、同率でみんな使用できた。南京で換えた時には七割やったけど、店に入ると同じ価値やった。中国の銀行券も日本の円も同価値や。これは使えるわと思てみな使った。月給は兵隊で十円いくらやでな。金がたらんかった。

下関には十二月二十五日までおって、そんで二十六日には南京から八キロか九キロの南の部落や。わしらの中隊はそこで警備したんや。正月もそこでやった。そこにおる間はわしは一回城内に兵隊三人連れて手紙をもらいに行ったの。城内に入ったのは、城内掃蕩と手紙をもらいに行った二回だけです。城内の状態やけど、わしが一月ぐらいに行った時は平穏なもんやったわ。

日記は、戦闘のない時は毎日書いてたなあ。背嚢やなんかや置いてくる時に、懐にこれ全部入れた。これだけは、わし、書くもんと食べるもんだけは離さなんだ。

＊「豊田八郎日記」より

南京陥落の明けて十二月十四日、南京城内や城外の郊外地域において、日本軍は南京に攻め込んだ部隊を動員し、徹底的に掃蕩を実施した。豊田日記を読むと、十四日の掃蕩がいかに凄まじかったかがうかがい知れる。約十人ばかりの豊田さんの分隊だけで、城内に入って、五十五人の中国人を殺害する。小隊では二百五十名、中隊となるとどんな数になるのだろう。

掃蕩がすむと、食料や日用品を徴発と称する略奪に行く。徴発には女性を探し見つけ出しては強姦したと、豊田さんは証言している。

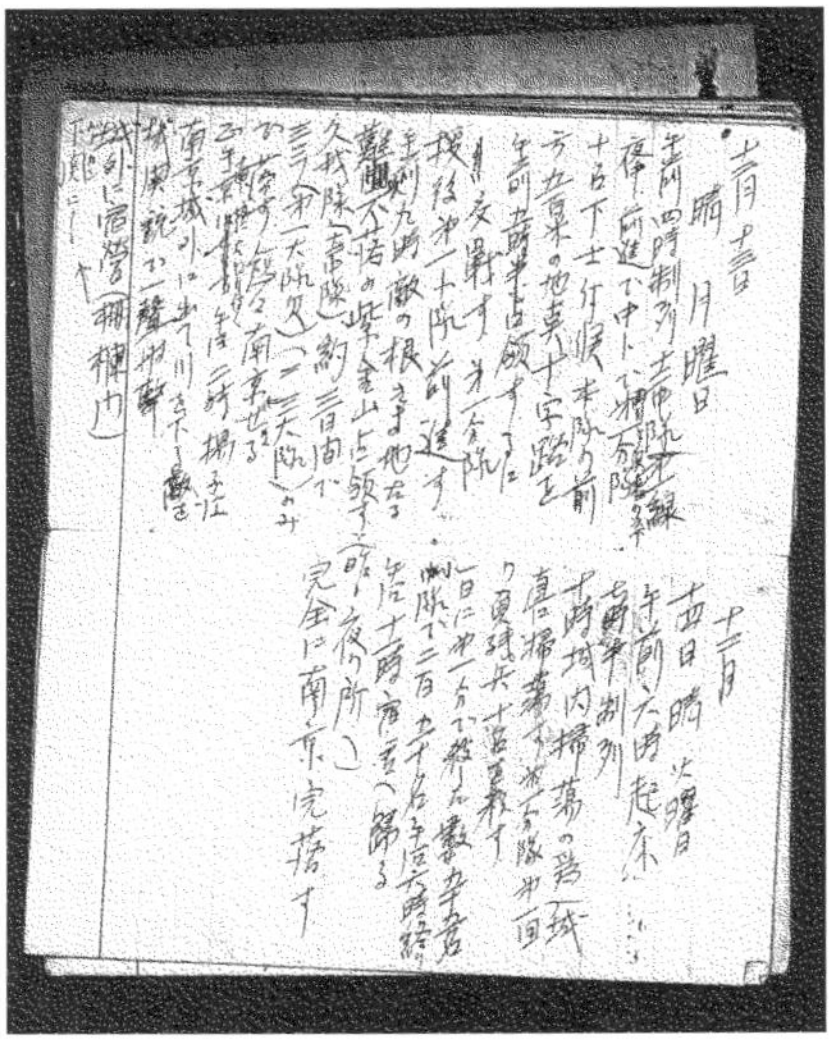

十二月十三日　晴　月曜日
午前四時制列〔整列〕××中隊第一戦、夜中、前進で中トで分隊長以下十名下士斥候本隊の前方五百米地点十字路を午前五時半占領するに交戦す。〔略〕午前九時敵の根きょ地たる難攻不落の紫金山占領す。××隊約三日間で、三三一〔第一大隊欠〕（二三大隊）のみで落とす愈々南京にせまる。正午南京城にたどり付く。午後二時揚子江南京城外に出て川を下る敵を機関銃で一斉射撃。
城外に宿営（柵欄門）下関にて。
十二月十四日　晴　火曜日
午前六時起床　七時半制列　十時城内掃蕩の為入城　直に掃蕩す、第×分隊第一回の負残兵十名を殺す。一日に第×分で殺した数五十五名　小隊で二百五十名　午後六時終り
午後十一時宿舎へ帰る（昨夜の所へ）完全に南京完落〔陥落〕す。
十二月十五日　晴　水曜日
午前六時半起床　午前中待機　午後二時頃より徴発　フトン食料等を　五時帰る約二ヶ月ぐらい滞在とのうわさをきく
十六日　晴　木曜
午前四時起床　第×分隊同地の警備、第三大隊紫金山へ負残兵が亦も上居ので掃蕩をす。午後我々は料末〔糧秣〕を徴発に行く。
十七日　晴　金曜日
午前七時半起床　午前中城内へ徴発　醤油等を　午後休養す。〔以下略、毎日のように略奪に出かけている〕。

2・1 董義洪――太平門の虐殺後、大きな二つの墓を見た

一九二四年二月生まれ

当時いた場所：太平門外の北部（現白馬山荘）、山西路の難民区

●――集団虐殺で玄武湖は赤く染まっていた

日本軍が来た時には、両親、祖父母、二番目の叔父さん夫妻、四番目の叔父夫婦、三番目は独身、父の姉もいて、太平門の北側にある白馬村で当時は大きな家族でした。子供も入れてみんなで十一、二人はいました。私はここで生まれてここで育ちました。

日本兵が来たという噂を聞いて、家族みんなは山西路にある難民区に入りました。みんなで逃げこんだ所は「山西路の難民区」と言ったが、二番目の叔父夫婦は一緒に行かずに玄武湖の中州の壇州に避難しました。周りは水のある湖なので、日本軍はその中州には来ないと思ってそこに行ったのです。残りの家族みんなで難民区に入った時には、日本軍は南京をもう占領していました。家族は難民区にいたが女性は怖くてそこから離れられませんでした。

玄武湖の中州に逃げた二番目の叔父さんが日本軍に捕まって武器は持っていなかったので、道案内しろと言うことになりました。太平門のあたりの大通りには死体がたくさんあり、流れ出た血で横の玄武湖の水が赤くなっていたと叔父は言っていました。そして太平門のそばに二つの大きなお墓がありました。一つは門のすぐ西側で、もう一つは門の外側、現在の白馬公園のところにあると叔父さんが言っていました。

安定してから我々は良民証をもらって家に帰ろうと、避難していた叔父さんと一緒に家はどうなったか焼け払われていないかと見に行きました。行く途中三、四人の中央軍〔国民党政府の正規軍〕が捕まっていて、一人は肥溜めの中に入れて

日本軍は殺していました。一般の人は捕まるから道には怖くて出ません。私は子供だからまあちょっと大丈夫だったのです。

木の上に縛られている人、三人は薪の柴の上に縛られて、一人は肥溜めに入れられていました。日本軍は人を殺す時、死体を処分しやすいようにするのです。中央軍を殺してから処分する所がないから、外にある肥溜めや池のような所でやるので、日本軍は非常に残虐でした。肥溜めに嵌められた人は（見た時には）既に殺されて、処理のために便所に捨てられたのです。

●――難民区を掃蕩した日本軍は父と三番目の叔父を連行、強姦も頻発

三八年一月陽暦の時、まだ春節の前でした。我々は難民区、今の山西路の北側の四衛頭と言う所、中央委員会の建物の後ろの民家に避難していました。

この時、やって来た日本兵はたくさんいましたが、みんなバラバラに散らばって押し入り、我々の所には二人だけ来ました。

その時、家族はみんなご飯の用意をしていました。豆の皮を取っている最中に日本軍はやって来たのです。日本軍は私の父と三番目の叔父に対して、手をチェックしました。農民の父たちは手にはタコがあるので、日本軍は中国兵だと思って更に帽子の跡かたをチェックしました。父と三番目の叔父は兵隊だと思われ日本軍に連れて行かれますが、どこへ行くのかはわかりません。

家族が捕まっても、みんな日本軍が怖くて何も言えませんでした。日本軍は女性を見ると強姦する。一人の男の通訳が（日本軍に）ついてきていました。

（難民区から）帰って来たら三十代の奥さんが強姦されて死んでいました。兵隊は天文台から降りてきた日本兵だと思う。毎回村中に来て最初は「クーニャンはいるか」と聞いていました。次に卵はあるかと聞くのです。

▲…董義洪（2011 年）

兵士は昼間、銃剣を手にして村に来ますが、ちょっと暗くなるとすぐ山の方に帰ります。クーニャンを捕まえて強姦したのを、私は一回だけ直接見ました。その女性は高さんと言って、家の外で働いていました。その日の日本兵は一人でした。女性を見つけて、その人を捕まえ山の砲台に連れていこうとしました。日本兵が銃剣を持っているので、女性は怖くて反抗できない。遠くから見ていると、強姦された後、泣いているようでした。高さんは戻ってからも、恥ずかしくて人前で顔を上げられませんでした。当時は村中でよく強姦に遭った女性の話を聞いていました。女性の強姦はいつもあるものと村人は受け止めていました。

日本兵は規律も何もなく殺人、放火、略奪をしました。

恥かしいことですが、私のお祖母さんはもう六十歳でした。お祖母さんは、自分の家の野菜場でいて、日本軍は強姦しようと追いかけました。お婆さんは懸命に助けて助けてと言う叫び声を出しました。それに気づいて私が外に出て駆け付けると一人の日本軍が追いかけていました。お婆さんは跪いて助けて許してと言っています。私は、「大君〔旦那さん〕、この人は私の大事なお祖母さんです。許してください」と必死で言うと、「おうそうか」と行けと手振りをしました。日本軍は最終的には強姦できませんでした。

●──太平門の二つの大きな墓と生き残りの小王の話

半年くらいして安定してから、私と四番目の叔父さんと二番目の叔父さんが難民区から家に戻りました。家族の他の人は一年ぐらいしてから戻りました。

太平門には、死体がたくさんあって、二つの大きな墓がありました。死体は大通りにたくさんあったと聞いていました。〔難民区から村に〕帰ってから人をたくさん埋めた大きなお墓を二つ見ました。今ある太陽宮〔体育や催しの地元の体育館施設〕の半分の大きさぐらいでした。

一つは今の高いビル〔太平門の北西前玄武湖畔側〕のあるところで、もう一つは白馬公園の石碑がある所〔太平門前の東北五十メートル〕の二つの場所です。

太平門の集団虐殺被害の生き残りの王さんが自ら話したことですが、この人は四川省の人で、自分の兄が連長〔中隊長〕でした。小さい弟の小王はお兄さんの身の回りの世話をして軍についていたそうです。

帰ってから四番目の叔父が保長〔保甲制は、中国の伝統的な村落支配の末端制度。十戸で一甲、十甲で一保をなす〕に選ばれましたので、王さんは戸籍を作るために家に来ました。そしてみんなに言いました。「私の兄は太平門で十二人の日本軍が並んで機関銃で射殺。兄はその場で死んだが、私は死の淵から逃げました」と話しました。王さんたちは、日本軍が中山門から連行されてきた兵隊たちだと言っていました。

太平門の住民は、彼を小王《シャオワン》と呼んでいました。小王は、王さん〔太平門外の農家の数軒は全て王姓〕の家に雇われていました。その家のおばさんは甲長だったのでうまく小王の良民証を手に入れてあげました。

雇い主の王さんは小王が手伝いとして必要でしたし、小王は頼れる人がいりました。

良民証は、難民区内の山西路でもらいました。良民証には中島部隊と書いていました。良民証の上には歳、名前、大体どんな顔をしているか、例えばほくろがあるとか、特徴が書いてありました。

良民証を配る前に、日本軍は空から飛行機で朝からチラシをまいて二、三日あと良民証を配る、良民証があれば外も歩ける、と宣伝していました。（私たちは良民証をもらいに）朝早くから行きました。偉い日本軍がそばで座って見るだけ、他に日本兵が何人かいて、中国人が書いて渡します。中国人は四、五人でした。（良民証をもらおうと）並んでいる中国人はいっぱいです。空が暗くなって登記は終わります。手続きには、一般人の手を調べて名前と年だけを聞いて、住所は聞きません。最初はたくさんの人が列を並んで、こちらももらうのは厳しいですが、後はだんだん厳しくなくなりました。後になると日本軍がいなくて中国人だけでくれるようになりました。帽子の跡型がないか、頭を見て、良民証にどんな顔をしているかを書いていました。

終わると日本兵はよしよしと言って手振りで行けと指示しました。

我々は難民区から家族よりは半年、早目に家に帰りました。その一か月後、あそこに埋められたのはほとんど中央軍の人で、少しは一般の人だと噂で聞きました。

お墓も見に行きました。高さはこのくらい、一メートル位で、みんな丸い形をしていました。

軍隊はよその地から入隊するので、殺された人を探す人も掘り返して埋葬し直す人もいませんでした。

私の父と叔父さんも日本軍に連行され、どこへ連れて行かれたのも分からない。行方不明になってしまいました。死体は紅卍字会が埋葬したと言われています。一般の人はお墓を造るお金を負担できません。

紅卍字会の旗も腕章もみたことがあります。それはこちらでなく難民区で見ました。

難民区ではよく死体が見つかり死体がいったん見つかると、紅卍字会に知らせていました。

板車に乗せて運んでいるのを実際に見ました。紅卍字会が死体埋葬の専門の場所に埋めていました。鼓楼や二条巷で、埋葬している人が、ここは死体の埋葬場所だよと教えてくれました。

太平門の大墳は紅卍字会がしました。死体をチェックしに来たと二番目の叔父から聞きました。太平門の大通りの路上で死体がたくさんあったのは叔父さんが実際に目で見たと言っていました。

私は、子どもだったので、暇なとき村の子どもたちと一緒に小王の体験をよく聞きました。

日本軍は草で作った丈夫なロープで中国人同士を縛らせました。そして最後の人は日本軍が縛りました。道路に中国兵を並べて置いて、日本軍は機関銃で掃射しました。機関銃の音と共に小王は倒れて死んだふりをしていました。夜になって死体から抜け出し、湿地の叢の陰に隠れていたそうです。数日間昼間は隠れて、夜は農家に助けられて、家の手伝いをしていました。私の家が近くだったので、よく彼と顔を合わせると「貴方は死体から生き残ったね。故郷に家族は？」と聞くと、「両親姉と妹がいる」と答えていました。しかし手伝いの一晩一元では故郷に帰るお金にもならなかったのです。八年後の一九四五年、日本が投降した後に小王は、国民党がお金を出して故郷に帰れるようになりました。

2・2　倪翠萍——目の前で父母が撃ち殺され、十一歳の私も肩を撃ち砕かれた

一九二六年九月生まれ

当時いた場所：朝天宮、上新河

日本軍が攻めてくる前、私たち一家は南京城内の莫愁路わきの朝天宮の近くに住んでいました。一家は、父と母、おじいちゃんとおばあちゃん、それに父の弟の叔父さんとおばさん、それに私の七人がいました。父は当時四十六歳で、石炭を売っていました。すでに、南京は何度も日本軍の激しい空襲を受けていました。南京市の城内は、日本軍の爆弾によって家がたくさん焼かれ、もう、南京城内のどこにも住めなくなった人がたくさんおりました。

まもなく、日本軍がやって来るというので、ある人は南京の郊外の農村の方へ逃げました。身内や知り合いがいても移動できる条件のない人やどこにも逃げるあてのない人たちは難民区に逃げました。私の家族は、全員で南京郊外の上新河という所に避難しました。そこは周りに池が多くて水で囲まれているという感じで、その中に狭い中州のような土地があって、そこに粗末な小屋を建てて、家族で住むようになりました。

●――水を汲んでいて父は撃ち殺され、母も駆け寄り、私も撃たれた

一九三七年十二月十三日に、日本軍は南京を占領しました。そして、同じ日に、私たちが避難していた上新河にもやって来ました。当時、私の父は、水を汲みに、バケツを持って池の際に行ったところを、三人の日本兵に発見されて、すぐに銃撃を受けたようです。二発の銃声がし、すぐその場に倒れました。きっと、即死したと思います。しかし、倒れた後も、日本兵はさらに一発父の体に銃弾を撃ちました。私の母は当時、家の中にいましたが、銃声の音を聞き、おどろいて家から駆け出してきて、父が倒れているのを見て、父のところへ駆けよろうとしましたが、その三人の日本兵に見つかって、胸のあたりを銃で撃たれて、母もその場に倒れて死んでしまいました。私も母のあとについて飛び出していくと、さきの日本兵は私を見て、すぐに銃で私を撃ってきました。その瞬間、私の左肩は激しい衝撃を受けました。私の左肩の前方から銃弾が入って、肩を打ち砕きました。私は撃たれた瞬間その場に倒れてしまいました。弾は私の肩の骨を砕き肉を裂きました。見て下さい。今でもその傷が残っています（左肩の傷を、服をずらして見せる）。当時私は十一歳でした（声が涙声になる）。痛くて痛くて、血がどんどん流れました。地面にころがったり、痛くて叫んだりしましたが、誰も私を助けてくれる人はいませんでした。今も肩に力を入れることもできません。ご飯を食べるとき、茶わんを手に持つことさえでき

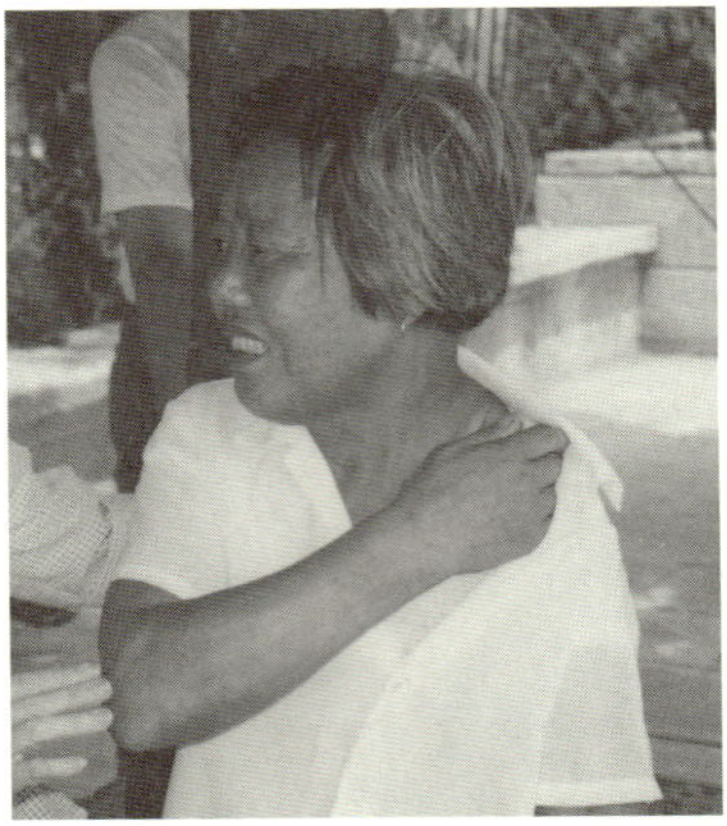

▲…倪翠萍「家族を殺され自身も重傷を負った」(1996年)

ません。お金も無かったので、治療もできず、じっとそのままほっておくしかなかったのです。

しばらくして傷が化膿してきて、すごく臭くなりました。ずっと寝たきりで、毎日のように泣きました。泣いた涙と血と、うみが……うみからうじ虫が出てきて臭くて……痛いのと悲しいので毎日泣きました。涙が止まらなくて、ずっと顔を流れて首のところまでいって、後ろのこのあたりまで流れ、肩のけがにばい菌が感染して、この部分まで深く痛んで傷つけました。私の左腕はこのために、今もこの範囲内でしか動かすことができません。今も腕を上に上げることができないので、食事をするのがとても不便です。

●——すぐに祖父が殴り殺され、叔父夫婦も日本兵に刺殺された

日本兵が引き上げていった後、お祖父さんが家に戻ってきました。父と母が倒れているのを見てたいへん驚き、死んだ父の遺体を埋めようとして、穴を掘って中に死体を入れようとしたところへ、二人の日本兵がやって来ました。お祖父さんが目にとまると、日本兵は駆け寄ってきて、いきなり銃剣でおじいさんの頭を殴りました。それで、おじいさんは、頭から血をふきだして脳みそが出て、その場に倒れて死んでしまいました。

身寄りがなく大けがをした私は、祖母と叔父夫婦の家に引き取られました。そこのおばさんですが、当時妊娠七か月でした。洗濯したものを取り入れようと思って外に出たところを、通りがかった日本兵に見つかってしまいました。日本兵は、すぐおばさんを追ってきました。おばさんは逃げる所がなくて、部屋の中に入って、ベットの下に隠れました。四人の日本兵も後を追って部屋の中に入って、銃剣であちこち突いたりしたので、ついにおばさんはベットの下から引き出されました。そして、日本兵に次々と強姦されました。叔父さんは別の部屋にいましたので、すぐ、出てきて日本兵からおば

さんを助け出そうとしたのですが、反対に銃や銃剣を持っている日本兵によって突かれたりして、その場で殺されてしまいました。輪姦されたおばさんも、その夜高熱を出し、お腹にいた七か月の赤ちゃんが流産して、おばさんも出血が止まらず起きあがれなくなり、まもなく死んでしまいました。

●――引き取られた叔母の夫も突き殺され、叔母も自殺

私はその後、母の妹に世話になりました。叔母さん夫婦は、屋台で餅子《ビンズ》（小麦粉を練って丸めて平たくし焼いたり蒸したりしたもの）を売っていました。叔母さんの夫は髪を短くしていましたので、日本兵は、「お前は、中国の兵隊じゃないか」と言いながら、おじさんを捕まえました。おじさんの服を全部脱がしてしまって、店を出すときに使う板の上に紐で縛って、その場で四人の日本兵がおじさんを次々と銃で突いて殺しました。惨い状況を見ていた叔母さんは、自分が強姦されるのを恐れて、いきなり、激しく壁に頭を何度もぶっつけて、その場で自殺してしまいました。

こうして、私の両親が殺され、祖父、叔父叔母、赤子、また母方の叔母夫婦と瞬く間に、何人もの肉親が日本兵に殺されました。その中には一人のまだ生まれていない赤ちゃんもいました。私は生き延びましたが深い傷を負いました。二年間ものあいた何の治療もせずにそのままにしおくしか方法がありませんでした。おばあちゃんが亡くなったあと孤児になった私は、仕方がなく南京のあちこちをまわり、乞食になってご飯を食べさせてもらったりして、かろうじて生きてきました。私はまた、無傷の右手を使っていろいろのつらい仕事をしてきました。あれから六十年近くも経っていますが、その間、私は毎日この痛みと一緒に生きてきました。この傷がある限り、お父さんやお母さん、おじいちゃんたちのことを忘れようとしても一日も忘れることができません。私は日本軍国主義を心の中でとてもとても憎んでいます。

私はこの痛みと一緒に六十年近くもの道を歩んできましたけれども、残念ながら今の日本では、ある人はそういう事実を認めず、否定すると聞いています。なぜなのですか。私の思うには、昔のことを否定するということは、これからまた日本はあのような戦争を再び起そうと思っているんじゃないかと思うのです。

2・3 陳文恵（仮名）——野草摘みに出た少女たちと共に日本兵に輪姦された

一九一七年八月生まれ

当時いた場所：宝塔橋附近、和記洋行、媒炭港

当時、私は結婚し夫を養子として迎え、父母と二人の妹の六人家族で宝塔橋に住んでいました。和記洋行の卵工場に父といっしょに勤めていました。日本軍が入城するぞと聞き、揚子江中州の八掛洲に避難することにしました。家族で米を持って渡し舟のところに行きましたが、百キロの米を持っていては舟は出せないと断られました。米がなかったらむこうでどう生活できるのか不安でやめて帰りました。

●——日本軍の攻撃で揚子江は死体でびっしりだった

知人の紹介で和記洋行の外の工場に住みました。その後、内の工場に移りました。内の工場には食品を入れていた地下室があり夜になるとその地下室に入り防空壕として利用しました。千人が隠れるほどの広さに千五百人も入って人と人がいっぱいでした。その日の夕方に日本軍は入城してきました。午後四時ごろ工場の高いところに上って長江を見ていると、中央軍の兵士があひるのように雪崩を打って次々と河に飛び込み河を泳いで渡ろうとしていました。そこへ日本軍が一斉に射撃しました。海軍の軍艦が一隻は七里洲から、もう一隻は八掛洲から進みながら射撃する火が見えました。撃たれて河の中に沈んでいく人が見えました。翌日、昨日の場所を眺めると、波に流されて岸辺には死体が山ほどびっしり打ち寄せられていました。

日本軍が入城してから二から三日後、工場内で母が幼い妹を抱いていると、十数人の日本兵が女を探しに来ました。母は「私は耳が悪い」と身振りで言うと、日本兵は手をかけませんでした。工場では女が見つからなかったので工場の門の

外にある米屋に行き、逃げずに家に残っていたおじいさんに「女はいるか」と聞きましたが、おじいさんは「私はわからない。米を守るため残っているだけだ」と答えたら日本兵は怒って銃剣の台尻で殴りました。おじいさんの顔がとても腫れ上がっていたのを私は見ました。それが原因で数日後おじいさんは亡くなりました。出血はしていなかったけれど体中殴られたあとがあり腰の骨を折られていたようです。

私のとなりの家にはアヘン中毒の二人の息子と母親の三人家族が住んでいました。入城の一週間後十七人の日本兵が来て兄の方に「女を捜せ」と命令しました。できないと断ると兄の手を持ってのこぎりで腕を切り始めました。痛さに叫び声をあげても日本兵は許しませんでした。それを見ていた弟は恐ろしくて逃げようとすると、その姿を見た日本兵に撃ち殺されてしまいました。母親は兄の腕を見て跪いて助けてくれと頼みました。日本兵はその母親にも銃をむけ殺しました。兄も出血がひどくその傷がもとで死にました。父がこの地区の組長をしていたので隣の家族の死体を処理しました。

●――野草摘みに出かけた少女たちと共に輪姦される

入城後二週間ほど経った頃、食べ物が乏しくなり、十数人の若い女の子たちで少し離れた畑に野菜を採りに行きました。南京ではそのころ娘は隠れていて外には出ませんが、妹が熱を出していたので母は行けず、私が代わりに行きました。他の女性たちは蘇州から来た人で中央軍の奥さんや妹たちでしたので代わりに行く人がいなかったのです。

日本兵はだいたい朝八時すぎから行動を始めるので、私たちは日本兵がまだ出歩かない朝七時ごろ出かけました。野草を摘んで、日本兵がそろそろ来る時間だから早く帰ろうと畑から立ち上がると、もうすぐそこに十数人の日本兵が来ていました。怖くて飛び出して逃げましたが私を含め六人が逃げ遅れ日本兵に捕まりました。私はそのとき妊娠七か月でした。畑の近くに八十歳くらいのおばあさんがひとりで住んでいました。その家に連れ込んだのでおばあんは日本兵に「話にもならない！とんでもないことです」と怒って訴えました。言葉は通じないけれどおばあさんの顔の表情から察知した日本兵は、何か叫んで銃剣で刺し、その場で殺してしまいました。目の前で起きた惨事に、私たちはもう怖くて声も出ませんでした。

▲…来日し証言した陳文恵（左）と松岡（2000年）

六人の中には十八歳くらいの未婚の少女が三人いました。三人のうち二人はそれぞれ二人の日本兵に、一人は三人の日本兵に輪姦されました。全員が強姦され日本兵が立ち去った後、どの娘も泣きながら衣服をつけ帰りました。未婚の少女の出血がひどくてズボンは血だらけでした。私も強姦されてしまい、防空壕に帰ってからずっと泣き続けました。母に日本兵から強姦されたことを話すと、「命が助かっただけでも良かった。このことは誰にも話してはいけないよ」と諭されました。だからその後ずっと母以外には話していません。夫にも、大人になった息子にも家族にも話していません。こんな忌まわしい話は、思い出したくもないのです。でも今の日本の情勢を見ていると心配になって話すことを決心したのです。

●──媒炭港の集団虐殺やなぶり殺しを生き残りの人から聞く

まだあります。防空壕に入っているとき煤炭港で中国人を虐殺する機関銃の音が二時間くらい聞こえてきました。機関銃で集団虐殺が行われたことをその日の夜、幸運にも生き残った牛乳売りの男の人から聞くことができたのです。その人はいつも帽子を被って牛乳を売り歩いていましたので、頭に紐のラインが残っていました。頭に帽子の跡形をみつけられ、兵士と間違われて日本兵に捕まりました。和記洋行から大勢の男たちといっしょに連れ出されました。煤炭港で射殺されるとき、隙を見て長江の水の中に入り死体の下に隠れ、夜になって死体の中から抜け出し和記洋行の門をノックしました。父が門を開け中に入れ話を聞きました。連行された人の列は長い列で、五人ずつ並べ射撃し、そのあと銃剣で刺していったそうです。

南京も安定した頃、茶炉子〔湯を沸かして売る店〕のおじいさんの所へ何人かの日本兵が女を探しに来て、いなかったので宝塔橋からおじいさんを突き落とし上から石を投げつけ殺しました。父が近所のおじいさんなので死体処理をしました。私もその死体を見ましたが頭部はぐしゃぐしゃにつぶれていました。

入城後一か月くらいたった頃、海軍の軍人（軍服を着ていた）がやって来ました。和記洋行にたった一人残っていたイギリス人に金を支払って死体の処理を依頼しました。そこで工場の労働者の主任だった父は、七十人から八十人の男の人たちを連れて、揚子江岸の草鞋峡から宝塔橋や下関辺りに散らばる死体の処理に出かけました。二月から四月まで二か月かかって殺された死体の処理をしました。道端の死体は幕府山のふもとに埋葬しました。

長江河岸の死体は山ほどあり、金陵造船工場に大きな穴を掘って埋葬しました。穴がいっぱいになるとまた別の穴を掘り何十個も穴を掘りました。男女の死体もあり中央軍の兵士の死体もあり農民など服装もいろいろでした。長江の死体は腐っていてそのまま運べないので、スコップで板の上にのせ運びました。何万人の死体かわからないほどでした。海軍の軍人がイギリス人に金を支払い、イギリス人から一人につき一日一元二角の日当をもらいました。海軍は和記洋行の門の上にペンキで日の丸を書きました。

それから私も家に戻り出産しましたが、子供は育たず生まれて間もなく亡くなりました。多くの人を虐殺したことを認めない人が日本にいるなんてとんでもないことです。歴史を認識していない人を許せません。

2・4 葛道栄——日本兵に二人の叔父と伯父を殺され自分も突き刺された

一九二七年七月生まれ
当時いた場所：華僑路、南京大学

●——日本の鬼から逃げる

私が今から話すのは事実ですので、どうか腹を立てないでください。昔の侵略者と今の日本人は違うと、私は区別していますから。

一九三七年の十二月日本の鬼は、中山門、中華門、下関の三方から進入しました。その前から大砲の音は、私たちが住んでいた新街口の辺りまで聞こえてきました。私たちの住まいは、華僑路の後ろ側にある富家飯店二十二号で、父はもともと漢方医をしていました。漢方医と言っても患者も少なく細々とやっていたので、近所の貧しい人を診るだけでお金をもらうこともあまりせず、わずかな金がもらえるくらいで、つつましい生活をしていました。家が貧しいので一番目の兄は親戚にもらわれていました。当時の家族は父母、父の独身の弟、母の兄、二番目の姉、二番目の兄、自分、五歳の妹と二歳半くらいの弟の九人家族でした。殺された伯父と叔父の名前は紀念館の遭難者の壁に刻まれています。

当時は貧しいし、日本軍がどこから来るかの情報も知りませんでした。

一九三七年十二月の十四日十一時ごろ、母と私は二人でいつものように、華僑路でツーパ〔炒めた米が入った、油で揚げた軽食〕を路上で売っていました。すると、大勢の人が「まもなく日本の鬼が来る！」とこちらへ走ってくる。中には怪我をして綿入れが破れて、血を流している人もいました。どうしてみんながどこへ逃げて行くのかわかりません。私たちはもうびっくりして家に逃げ帰りました。逃げていくお金も無いが難民区に逃げることに決まりました。叔父の葛行燮は、自分はもう五十歳の老人だから逃げずに家を見張るので残ると言う。同じ院内〔中庭のある集合住宅〕の他の七軒の家族はもうみな親戚などを頼って揚子江の向こう岸とかへ逃げ出していました。昔は五十歳といえばもう老人ですので、何もされないだろうと思ったのです。ここでは私たちの家族一軒だけが残っていました。叔父だけを残して私たちは近くの金陵女子大と金陵神学院に逃げました。南京大学に近いです。アメリカ人が助けてくれました。その時は名前も知りませんでしたが、今になって、ヴォートリンやラーベが私たち中国人を助けてくれたのだと知りました。

難民区の大学に入ると大学の北苑は人が一杯で、仕方なく漢口路を挟んで南苑〔南京大学と推測される〕の二階建ての建物の一階に入り込みました。ここは大学のために植物などを準備する場所でした。なにやらたくさんの耕す道具がありました。大学では、北苑の教室の机や椅子などを片付けて南苑に運び込んでいたので、人は入るし荷物があるしで、とてもごった返していました。十五、六人が男女区別無く床にじかに暮らしました。便所は部屋の隅に木桶を二つ置いて便器にしていました。ひどく臭うし不潔でした。

逃げなかった叔父や食料探しに出かけた伯父も殺された

十四日の夜、暗くなってから、母は家の様子が気になるので見に行こうといいました。家は焼かれずにありました。伯父さんも大丈夫だといいました。せっかく自分の家に帰ったから、外も暗いし今夜は難民区に戻らず、泊まることになりました。八時ごろ寝ようとしたら、突然ワーと言う声が壁の向こうに聞こえました。後ろの壁が崩れてきました。壁に貼ってある紙を破って覗くと、三人の日本の鬼が見えました。母に知らせると母は起き上がりました。「早く逃げよう」と言っても、このときも叔父は逃げようとはしません。

日本兵に気づかれずに、自分たちは逃げたものの、母は次の夜はどうしても家の様子が気になって、また二人で家に戻りました。家のドアは開けっ放しで、部屋に入り灯油ランプにマッチで火をつけました。床に転がっている伯父が眼に入りました。顔は腫れ上がり、血だらけで、靴は片方だけで、眼も開けたままで死んでいました。日本兵は家に入り込んで壁を壊し罪のない一般人の叔父を殺しました。安倍首相は侵略ではないというが、人の国に入り込んで人を殺すのは侵略戦争ではないのか?と私はいつも思うのです。

配給のお粥をもらう時に、大きい人は一椀分、子どもは半椀でした。お腹がすいていたので十歳の私と一つ上の友達と植木の隙間から外へ出ていました。いつも食べ物を探しにでました。当時鼓楼辺りは野菜畑がたくさんありました。雨日以外は出かけ、路上で日本兵を見ると逃げるだけでした。何回も青菜をとりに行きました。外では鼓楼や漢口路、華僑路の鬼頭巷では死体を集めるところでたくさんの死体を見ました。男も女もいて市民の服を着ていて、死体の周りには血が流れていました。怖くてあまり近くには寄りませんでした。鬼頭巷は家から難民区への通り道なので固めておいてある死体は必ず目に付きました。十人くらいの人が片付けていました。ここには約一か月ほど住みました。

少し落ち着いてから、もうひとりの母の兄弟の潘兆祥は、下関では食べ物を手に入りやすいと人に聞き出かけていきました。当時は下関に出る城門〔挹江門〕は閉まって出られないはずです。何日たっても下関から帰らないので、母ともう一人のおばあさんの二人が探しに行きました。しかし下関の揚子江河岸や道路上にはあまりに死体が多くて探し出せませんでした。行方不明ということは、下関で殺されたに違いありません。伯父はまじめな人でしたが、食べ物も無く本当に貧乏な生活をしていて結婚もできなかったのです。

●――日本兵に足を銃剣で刺される

新暦の十二月十五〜二十日までの間だったと思います。日本兵は、兵士と一般の人を区別して引き出すために、大学に住む難民のすべてを北苑に集めました。大人だけで子供は行かなくてよかったのです。みんなあわてて集合するので、あたりに誰もいなくなりました。後で母から聞いたのですが、特に若い男は、日本兵に引き出されて「家族はいるか？　どこの誰か？」と聞いた。南京に家族がいない場合は兵とみなされて、トラックの乗せられてどこかへ連れて行かれたのだそうです。

▲…葛道栄「日本兵は子どもだった私の足を銃剣で刺した」(2016年)

南苑に残った人は、我々たった三人でした。冷たい北風は吹くし、慌てているのでその朝はお粥ももらえなかったし、誰一人として大人はいないのですから、子どもにとっては本当に心細いことでした。二人の銃剣を持った鬼がドアの外にいる私たちを見つけました。何を言っているのか全くわかりません。私は、五歳の小さい妹と弟に「怖くないよ怖くないよ」と耳元で囁きました。日本兵は近づいて銃剣で私の足を突きました。それでも妹たちを守っていたし、自分も怖かったので自分の足からが血がたくさん流れているのにも気づきませんでした。三人の子供は座ったままだったので刺されたようです。兵士は彼を挟んで立たせて子供だとわかっても、ビンタを張りました。痛くても自分は日本兵の前で泣きませんでした。

母たちが北苑から戻ってきて、私は母に泣いて話しました。貧乏なので薄いズボンが血で張り付いていました。姉ははさみでズボンを切り傷を拭いてくれましたが、薬が無くて傷が化膿しました。直るのに一か月かかりました。母はその後、大学から男たちを引き出す様子を話してくれました。若い男は引き出され、みんなの前で家族はいないかと尋ねられ、いれば引き取られるし、いないとどこかへ連行されました。母は五十歳くらいでしたので、一人の若い男を自分の息子だといって助けたそうです。その人は誰にも家族だと指名されなかったので、何とか助けて欲しいと頼まれたのです。あと、母はその人を南苑に連れて帰ってきて、若い男の人は母に命を助けてもらって深々とお礼をしていました。

日本兵が男性を引き出したその夜は日本兵が女の子を探しに来たのを見ました。また三、四人の外国人男性が女の子を捜す日本兵を追い返したりしました。日本兵士は余計なことをするなという態度をしていました。毎日二十人、三十人の女性が日本兵に連れて行かれるのを時には見ました。女性たちは泣く声や叫び声を出していました。長江路に昔は焼いた餅を作る釜があって、そのそばで殺された三人の死体も見ました。

もう一人、前妻の父が煤炭港で働いていた労働者だったが、その日は出勤していたので殺されてしまいました。私の血縁は三人も殺害されたのです。

日本兵は本当にたくさんの人を殺しました。歴史を忘れてはならないと私は強く思います。

2・5　王明——五台山小学校で良民証をもらいに行って捕まり男たちは殺されていった

一九一五年五月（農暦）生まれ

当時いた場所：漢中門附近、老虎橋、五台山難民区

私は十八歳の時に国民党軍に参加しました。一九三七年十二月、二十二歳の時は第七十八軍三十六師で、南京の挹江門を守っていました。当時はまだ結婚はしていなくて、日本軍がやってきたときも銃を撃ちまくって戦いました。日本軍の勢力が強くて、上部から撤退命令がでました。我々は、挹江門から沙州圩方面に撤退しました。その頃、部隊はもうバラバラになってしまいました。私たちは自分の武器や軍服を沙州圩にあった池に投げ捨て、市民がくれた平服に着替えました。私は、邵という名の師団長を守る衛兵で、排長〔小隊長〕でした。沙州圩では、私たち二十人くらいは一般市民にかくまわれ、何軒ずつかに分かれて二か月くらい隠れていました。他の隊の人々は三々五々に散らばり、日本軍に捕まった

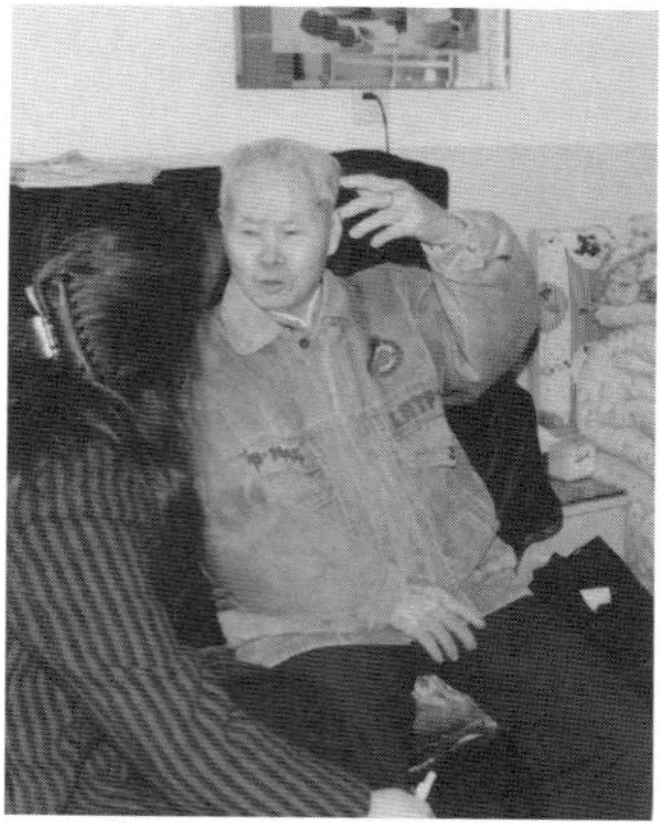

▲…王明「何度も捕まり、同胞は殺されていった」(2001年)

ものもあり、重慶に行った人もいます。日本軍がここにやってきて遂に師団長と私が引き出され、手にたこがあるか、頭に帽子の跡があるかを調べました。我々はぼろを着ていて農民のふりをしてやりすごしました。かなり落ち着いた頃、私は南京の女性と婚約しました。

良民証をもらいに五台山へ行き捕まった

ある日、短い期間のうちに良民証を発行する、それがないと生活できないと張り紙がしてありました。私は良民証をもらうために五台山に行きました。大きな広場に数万人以上の人々が集まっていました。日本軍は男たちを列に並ばせ一人一人検査しました。手にたこがある者はその中から引きずり出されて一か所に集められました。私は最初検査されたとき、私も最初は軍人と見なされ、引きずり出されました。トラックに乗せられて漢中門辺りの畑に集められたのです。周りは鉄条網が張られていました。テントが幾つもありました。一万人くらいがいました。ほとんどの人がその後殺されたのですが、私は苦力としてそのテントの中で一か月くらい働かされました。毎日その中から数十人単位で引きずり出されて銃殺されたのです。彼らは江東門近くの上新河にトラックで連行され、機関銃で虐殺されました。毎日、機関銃の音を聞きました。その様子は直接は見ていませんが、民衆から聞きました。こうした状況を聞いた従姉妹が助けに来てくれたのです。婚約者の従姉妹が「この子は私の弟です。生粋の南京市民で兵隊ではありません」と言ってくれて身元が保証されました。師団長も危なかったのですが、見知らぬある女性が、「この人は私の夫です」と証言してくれて助かりました。後に二人は本当に結婚したそうです。

鉄条網の囲いの中で毎日殺されていった者は、かなり年をとった人でした。若者は苦力として使われました。その後は老虎橋という所にある監獄に入れられ、そこでも苦力をさせられました。石山を切り開く仕事でした。その時は、ことあるごとに日本軍に殴られました。今も痛みます。挹江門では、日本軍と戦った後、飛行機からの空爆がとても激しかったので撤退したのです。捕まって苦力をさせられた時、昼には、腐りかけの粉で作った黒いマントウ二つと黄色い塩辛い大根が支給されました。お腹が空いていたのですが、とてもまずくて食べられない代物でした。二人一組で石を運びましたが我々の仕事が鈍いと、日本人は馬に使う〝鞭〟で殴ったり、軍靴で蹴ったりしました。

苦力をしていたのは春の頃です。朝の六時頃から働かされました。そこではいろんな仕事をさせられていました。飯炊きや水運びもみんな中国人でした。監督していた日本人は武装していました。捕虜は、足に鎖（足枷）をかけられている人もいました。何か問題を犯した人でしょう。殴り殺されることもしょっちゅうでしたし、銃剣でも刺し殺されたのです。銃床で殴り殺された人もいます。漢奸で張という奴は極悪人でした。日本人の手下として容赦なく中国人をなぶり殺していました。

●――強姦された女性はあまりにも悲惨だった

日本軍の入城後二か月たった頃のことでした。五台山で難民区にいたお産直後の蔡さんという女性を二人の日本兵が強姦するところを直接見ました。女性に覆い被さってやっている時、日本兵が銃を壁に立てかけていたのですが、その女性の夫と弟が怒ってその銃剣で日本兵を背後から刺し殺しました。大変なことです。二人はすぐに逃げました。翌日、日本兵の一団が、帰ってこない日本兵の捜索にやって来て、辺り一面を焼き払いました。数百軒は焼かれたでしょう。被災者はこの蔡さんのせいでこうなったんだと恨んでいたようです。強姦のことを言えばきりがありません。

殺人も日常茶飯事でした。ある時、日本人がいる家の壁で立ち小便をしていた子どもが刀で殺されるのを直接見ています。

またこんなこともありました。まだ、十七歳の女性だったのですよ。日本兵に強姦されて殺され素っ裸で転がされていました。陰部に国民党の旗の棒を差し込まれていました。日本人にはもう我慢できない（王明さんは、体を何度もがたがたと揺すり、拳を振るわせておられた。もう聞き取りを中止しなければと思った）。

こんなことを話していると、当時のことを思い出して、腹立ちが収まらない！　血圧が上がって何日も調子が悪くなります。

私たち中国人は日本人捕虜に対しても寛大に接し、決して殺さなかったのです。にもかかわらず、日本人は中国人を片っ端から殺しました。中国人と日本人は同じアジア人だから仲良くすべきです。日本民衆は軍国主義者に騙されてはいけません、戦争は双方民衆にとって悲惨です。一九四五年の日本が投降した時のことでした。ある日本人捕虜は私に家族の写真を見せながら命乞いをしました。彼も戦争に行きたくなかったのです。こんなことは二度とあってはなりません。

2・6　戎秀英——強姦を逃れるため母は死のうとして水に飛び込み、祖父母、父も撃ち殺された

一九二五年十月生まれ
当時いた場所：東関頭（南京城内南部の河辺）

●——父の殺害と妹の死

当時私の一家は、祖父母と両親、二人の弟と生まれたばかりの妹、そして私の八人家族でした。私はあの時十二歳でした。一家は父の給料で生計を建てていました。日本軍が来た時、金持ちたちはすでに避難し、私の家はお金がなくて遠くへは逃げられないので、船員をしていた祖父の船の中に隠れていました。午後になって、日本兵は橋から私たちの船に向かって銃を撃ち始めました。河にいる十隻ぐらいの船の中から、私たちが乗っていた船が動いているのを見とがめたのです。銃の音とバシッバシッと弾が船に当たる音がしていました。船には弾の穴がいっぱいでき、祖母は流れ弾に当りすぐ倒れ死んでしまいました。それでも私たちは怖くて動けませんでした。夜になってやっと岸まで船を動かしました。

翌日の朝、二十人ぐらいの日本兵が長い銃を肩にかけ、ある者は短い銃（怖くてはっきりは見てない）を持って近くに固まっている十隻ぐらいの船に同時に上がってきました。どの船からも食料を盗っていきました。私たちの食べ物もすっ

かり持ち出され、母はお産の後なのでお見舞いに貰った飴と果物がちょっとあったのですが、それも全部持って行かれました。それればかりかまた船の男達をむりやり船から降ろし強制連行し（後から聞いたけど重労働させたそうだ）、女性は自分の船から引き出され一隻の船に追いやられました。私は二人の弟と母と一緒の船に押し込まれました。

夜になって、日本兵は再び刀を持って船に上がって刀を柱につき刺し脅した後、女性を捕まえて強姦しようとしました。母は生まれたばかりの妹を抱いて河に飛び込みました。私も母が飛び込んだので自分も飛び込んでしまって、河の中で一生懸命に父の名前を呼びました。岸辺で働かされている父とほかの男性たちは、私の叫び声を聞き河に飛び込み、私と母を救いに来ました。私はすぐ岸に上がりましたが、母はなかなか上がりたがらなくて、河の中で死ぬと泣いていました。「お前が死んでしまってはこの子たちはどうなるのだ？　死んではいけない」と父の懸命の説得でやっと河から上がりました。しかし、生後間もない妹は、水に浸かっていたので、すでに溺死していました。思い通りにいかなかった日本兵は怒って男の人たちを全員一つの船に押し込めました。その中には父もいました。その後、一人ずつ刺し殺して、河の中に抛りこんだ後、死んだか死んでないか刀で突りながら確認したことをあとで、他の人から聞きました。私は近くの船に隠れていたので、一人の男性が「昨日あなたの服を洗濯したのに、なぜ殺すのですか」と大きな声で叫んでいるのが確実に聞きとれました。翌日、河の中は殺された男の人たちの死体ばかりが浮かんでいました。

▲…戎秀英（前列中央）「父を殺され、苦労をなめてきた」（2002年）

●――母の自殺未遂と祖父の死体発見

父が殺され赤ちゃんを亡くしてから母は悲しみのあまり、首を括って自殺しようとしました。自分の首に紐をかけ、私と弟にも紐を捜し、それを首に巻いて引っ張りなさいと言いました。母の言う通りやったけど、痛くてもう引っ張れなくなった時、母の泣き声が聞こえ、私と二人の弟は母の所に行って、「お母さん、死なないで！」とお願いしました。その時、一人の日本兵が懐中電灯をかざしながら私たちの所に来て、何も言わずに紐を奪って帰ったのを覚えています。翌日朝、日本兵はまた私たちの船に来て、弟たちを連れて遊びに行こうとすると、母は弟を抱きしめて行かせまいとしました。私は大勢の死体が河に浮いているのを見ました。中には祖父の死体も混じっていました。翌日になっても男の人は誰一人生きて帰って来なかったので、皆死んだと思われます。

家に帰ってみたいと思って母は私たちを連れて河を渡ろうとしましたが、船の操作ができないため全然進みません。以前は全部父が操作していたからです。悩んでいた時、前方から船が来るのを見かけ、一生懸命に手を振り、助けを求めました。船には四十代の女性がいて、日本兵にやられたのか体にけがをしていました。私たちは彼女の船に乗って、やっと家に戻れましたが、家はすでに焼かれて、物も全部持って行かれて、物入れも引き出しも、当時冬だったので日本人の薪になってしまいました。とても住めない状態なので、祖父と父の知り合いに頼んで、その人の船で生活するようになりました。しかし、人に頼って船での生活も不便でしたので、難民区に避難しようと決意し、祖父の知り合いといっしょに難民区に行きました。途中は死体ばかりで、ほとんどが市民の死体で、中には女性の死体もありました。道端で一人の男の子がおなかが空いているのか路上の泥水を飲んでいるのを見かけました。難民区で暮らすにはお金がかかると思って、最初の頃は行きませんでした。実際に行って私たちの都合を言ったらお金もいらず、すぐ金陵女子大学に避難できました。学校はとても大きかったのですが、人が余りにも多くてとても狭く感じ、運動場にも人が寝泊まりしとても混んでいました。人波の中でやっと父方の伯母さんに会え、父が日本兵に殺されたことを言ったら伯母さんはとても悲しがっていました。伯母さんの家が難民区の中にあったので、伯母さんの家で一緒に暮らすようになりました。

安定した後、自分の家に戻って暮らそうと思ったけど、家が焼かれていたために、人が戻ってこない空家に入って住みました。そこで母はタバコを売ったり、他人の服を洗濯したりしながら生計を立てようとしましたが、それでも難しいため、私は家を助けるため、童養媳〔小さい頃から男性の家に行って、育ててもらって、大きくなったらその人の妻になる〕になろうと決心しました。私が家にいなかったら母と弟たちの食料が増えると思って、自分より八歳年上の人の所へ行きました。当時私は十四歳で、夫の家もとても貧しかったです。

その後、私は七人の子供を産み、一生苦労しながら、今まで生き残っていたんです。母は生活のため再婚し、上の弟は十八歳の時病気で死に、下の弟は軍隊に入隊し、去年死にました。私たち一家八人、三世代は幸せに暮らすはずだったのに日本人の侵略によって、祖父母二人、父、妹の四人も殺されとても悲惨な目に合わなければならなかった。私は今でも、日本の軍国主義をとても憎んでいるし許せないのです。

2・7　郭秀蘭——防空壕に機関銃掃射され、目の前で父母妹が撃ち殺された

一九三二年十月生まれ
当時いた場所：中華門西街

私の家族は、父方の祖父（四十歳代後半）、祖父の母、私の父母、私と妹二人の七人家族でした。父は野菜を売って暮らしを立てていましたが貧しい暮らしでした。思い出すと、私は病気もちだったので梨を食べさせればよいと聞き、食べさせられたのがいやだったことを覚えています。父は背が高い人で、母はかわいがってくれて大事にされたことを覚えています。

一九三七年十二月、日本軍が南京に迫り、空爆が毎日ありました。私は五歳でしたが警報の音がすると我が家からおよそ百メートル離れた所にある防空壕にみんなで入りました。防空壕は大変大きく奥に長く続いていました。百人や二百人は入れそうな大きさでした。

空襲警報のサイレンが鳴ると、昼は防空壕に入り、夜になると家に帰るのを何回か繰り返していました。

●——日本軍がすぐ防空壕の中に機関銃掃射

その後、日本軍が南京城に入ってきたと大人たちがしきりに慄いて言っていました。この日は、父母と私と二人の妹の

五人が防空壕に避難していました。

子どもの泣き声がして、それに気づいた三人の日本兵が防空壕の入り口に近づいて来ました。防空壕の中から見ると、日本兵は帽子をかぶっていました。彼らは、防空壕の中を覗き、たくさんの人が隠れていることを知りました。外は明るいので、私は、日本兵の顔がはっきり見えました。両親は八か月の乳飲み子をあやして世話をしていました。私は父母とは少し離れて他の大人の側にいました。三人の日本兵は防空壕の中に入ってこないで、入口のところで機関銃を撃ち始めました。物凄い大きな銃の音がすると大人たちは、さっと壁際に張り付き、銃弾を避けようとしました。でもみんな弾に当たって殺されてしまいました。日本兵は、三十分ほど撃っていたように思いました。掃射が止むと、あとは物音もせず静かになりました。私が恐る恐るあたりを見ると、父母が目の前で血まみれになって倒れ殺されていたのです。八か月の妹も母のそばで動きませんでした。家族三人も殺されていました。

日本軍はしばらくたって暗くなり帰ろうとしました。入口の近くにいた七十〜八十歳くらいの纏足のお婆さんが生きているらしく日本兵に銃剣で何度も突き刺されていました。

その日、お祖父さんは防空壕に入っていなかったので、近所の人が知らせにきました。「大変だ。あんたの家族が日本兵の機関銃でみな殺された。探しに行きなさい」と聞いた祖父は、すぐ飛びだして防空壕に来たそうです。「大巧《ダーチャオ》、二《アル》巧《チャオ》」と私たち姉妹の名前を呼んでいました。「こっちにいるよ」と私は返事をしました。そばで父母は血まみれで死んでいました。薄暗がりの中でも私の周りは死体でいっぱいだと分かりました。

お祖父さんは私たちを壕の外にだっこして連れ出すと、「ここに待っておいで、もう一度行って、生きている人を探すからね」といいました。祖父は防空壕に入って行き、お隣に住んでいた賀少年と母親を出してきました。賀少年は全身血だらけで声も出せないで、おののいてガタガタと震えているだけでした。祖父は再度中に入り、両足を撃たれてけがをしている人を助け出しました。賀少年は私と同じように年をとってからもあの時のショックのためか、口を効けなくなり、何か独り言を言うことが多くなりました。今は日常のこともできずに、目は虚ろで「あの時は怖かった、怖かった」とつぶやいています（松岡も賀さんを取材したが、昔の恐ろしい体験の独り言だけが聞き取れた）。

お祖父さんたちは、壕の近くにある李さんの家に、けが人や助かった人たちを運びこみました。藁を敷いた上に寝かせて、家の人におかゆを作ってもらったりして、生き残った人々に勧めていました。

もうすっかり暗くなっていましたが、みんなは日本兵がまたやって来ると怖がって路上にうずくまって物陰に隠れていました。

あくる朝七時か八時頃、三人の日本兵が壕の前にやってきました。一人の兵は、手には緑色のバケツを持っていました。全員が銃剣の着いた銃を持っていました。壕の中にバケツの中の物をかけて火をつけました。火がワーと勢いよく燃え上がりました。

私は隠れ家の門のそばで見ていましたら、大人から「日本兵がいるのにむちゃな子だ、家に入りなさい」と言われました。防空壕の中の死体は二、三日燃えて黒い煙でくすぶり、やがて防空壕は天井から崩れ落ちました。

●——祖父は日本軍につかまり苦力にされた

▲…毎年、郭秀蘭（左）を見舞う（2016年）

日本軍に機関銃掃射を受けた後は、「寺へ行けば安全だ」と、祖父は私たちを大廟へ連れて行きました。そんな祖父も日本軍に捕まってなん度か苦力にされました。日本軍は食べ物を百姓から奪って駐屯地へ運ばすのです。その間私たちは近くのお婆さんに預けられました。私は大人しくしていましたが、まだ小さい妹の二巧はよく泣くのでおばあさんは困り切って「あんたは、よく泣くからいらないわ」と言われていました。日本兵は、祖父を水西門、三叉河、仙人塘などへ物を運ばせて連れて行き、日本軍のために仕事をさせました。

お祖父さんは物運びのあと、日本兵の駐屯地で水運びやふろのお湯沸かしをさせられました。

私は助け出されたあと、時々殺された父母や妹の血だらけの姿やその時の場面を思い出しては泣き、お祖父さんも妹も三人で泣いていました。まもなくお祖父さんの体が悪くなり、私は六歳、妹は三歳で隣の胡さんの家の童養媳に出されました。お祖父さんは、生きているうちに私たちが他人の家に預けられたので、もう死んでも安心だと言っていました。

童養媳のお礼は四個のお菓子と子どもの衣服をもらい、いい日を選んでもらわれていきました。嫁ぎ先は農家なので野菜を拾ったり草ひき、脱穀もしました。その家の二人の子供の世話をしたり子守りもしました。大家族なので粥も自分の番になるとすくうほどなく、食べ物も十分もらえず、近所のお祖父さんの家に行っては泣いていました。

嫁ぎ先の家は貧しく、食べさせてもらうことすらない時もありました。私は学校にも行ったことがありませんでした。大人になっても老人になった今も文字は読めません。日本軍に父母を殺されたために、お祖父さんも私たちを育てることができなくなり、私の一生は苦労の連続でした。

第3章…国際安全区内やその他での性暴力
——元兵士七名、被害者八名

1・1 寺本重平——天野中隊長は「強姦、強盗、放火、殺人、何でもやれ！」と言った

一九一三年九月生まれ
南京戦当時　第十六師団歩兵第三十三聯隊二大隊
当時いた場所：農村、句容附近、国際安全区

●——日中戦争勃発、召集を受け河北から南京へ

わしの親は漁師をしていて、酒ばかり飲んでいる親やった。わしも漁師をしていてな、もう嫁をもろうてた。支那事変が始まって、予備役で召集された。機関銃の分隊でわしは射手を命じられたんや。軽機関銃分隊は、八人で一個分隊となってる。北支の大沽に上陸後、しばらくして分隊長と上の人が戦死したんや。わしが死んだら家が跡絶えると心配したな。大沽へ上がり前の師団と交替して舟艇で河を上っていった。わしらは一番早かった。二番目に後からついてきた人らは、やられて全滅やった。上陸したその日に攻撃されてな、晩になると敵が攻撃をかけてくるんや。そ

こで、軽機関銃でダーとなでまくって応戦する。その日に将校とわしら兵十人で将校斥候に出たらな、河の両側が堤防になっていてそのそばを前進や。闇の中で何やら中国語で叫んでいる。「来来!」〔来い〕と言ったら兵が一人出てきた。怪我してるみたいやったので捕まえた。小隊長が「殺したれ」と言うた。けどな、初めての人はなかなかだれもようしやせんの。わしは満州で人を殺したりしたので慣れとるわな、銃剣をつけてブスッと突き殺したんや。

兵が足らんので、北支戦が終わったら、兵隊を中支に移動したんやな。わしそう思うわ。今度は南京戦のために、大連に戻って、御用船に乗って上海上流の白茆口から敵前上陸したわ。御用船から舟艇に移って上陸するんやが、もうドンドンドンと艦砲射撃やら飛行機の爆撃で歩兵の上陸地点をたたいていた。わしらはドーンと上陸した時には敵はもうおらんかったけどな、それから、常熟、無錫、南京へと向かったんや。敵は逃げ腰でどんどん逃げて行く。こちらも急追撃するけど、落伍してほっておかれたら死ぬか捕虜になるしかないからな。自分は軽機関銃の射手やから墓とか窪みの隠れる所がある時しか撃たんかった。こちらから撃つと相手から必ず撃って来られるわ。前進しても撃たへんで。

●──朝香宮を護衛の最中に部隊でクーニャンの徴発

南京の手前の句容というところに朝香宮さんが来られたので、わしら一個小隊は、中隊長とともに夜中に護衛についたで。南京─句容は、何十キロも離れていて大砲の音もせん所や。戦線の後ろで隠れていても、「朝香宮さんは第一線を視察　大本営発表」と新聞に書く。中隊長の天野郷三中尉は、野田大佐〔聯隊長〕の言うことを聞かんのや。宮さんの警護というこんな時でも女の子を抱いて寝ていたんやから。ここにいる時、天野はわしら兵隊に「強盗、強姦、放火、殺人、何でもやれ」と言ったんやで。

句容での夜、分隊のみんなはクーニャン捜しにでかけた。わしは「そんなアホらしいことはでけへん」と思って出かけなかった。すると、叉銃してあった銃が、何かの拍子に倒れ、その音を聞きつけた天野が「貴様あ」と叫んで近づいてきた。わしがクーニャンを捜しに行かんから天野が向かっ腹立ててる。そんなん言うんやったら突き殺したるぞ、と思っていたら、向こうから兵隊が「おったおった。クーニャンおった!」。叫び声を聞いた途端、天野は上機嫌になり、怒るのを止め、「なに、おった、うん」とたちまち機嫌をなおした。嫌がる女の子を連れてくるとな、「取り調べるなにがある」と兵隊の前でうまい作りごとを言って、自分は女を抱いて寝ているわけだ。天野は、毎晩違う女を捕まえさせた。若いのもおれば、お母さんのような人も捕まえ、抱いた後は女の子を放してやったけどな。

一個分隊は、南京に入ってからも、クーニャン捜しをさせられたらしいで。十六師団が南京を離れる時、分隊全員が足止めをくって調べられたそうや。天野は、それで軍法会議に問われたと思う。南京を離れる時、中隊長であった天野の姿は見なかったもん。隣村の一分隊の友達が、日本に帰ってからも東京に呼び出しを受けて取り調べられてな、いっさいを否認したので責任を免れたと聞いてるで。

●――クジ引きで女の子を輪姦

南京では、暇でほかに何もすることないから、女の子を強姦した。部隊の兵隊が、勝手に出ていって、クーニャン徴発していると知っていても、将校は何も言わず黙認やった。男だったら、半年も一年も女の子と寝てないと我慢できないわな。男やったら当たりまえや、そりゃ人間やもの女の子と寝たいもんや。家に入るとな、女の子はいろいろなところに隠れてるんやで。家の中におったり、畑で隠れているのもいた。たいていの女の子は、鍋墨で顔を黒く塗ってたな。支那の女の子は風呂にもはいらんので汚いが、南京のような都会の娘はきれいにしている娘が多かったな。「ピー、カンカン〔性器を見せろという意味で兵隊が使う中国語〕」と言うと、たいがい、どの娘も服を捲って、おとなしく見せてくれた。国際赤十字の旗が立っている所に、南京の女の子はみんな逃げ込んでいたな。町の中には女の子はいないので、女の子捜しは、たいがい郊外へ掃蕩などに行くと見つけられる。点々とつながっている部落で悪いことをしたんや。

クーニャン捜しは分隊や数人で行くことが多いな。見つけるとな、分隊の何人もで押さえつけたんや。それで、女の子を強姦する順番をくじで決めた。一番のくじを引いた者が、墨を塗っている女の子の顔をきれいに拭いてからやった。交替で五人も六人も押さえつけてやったら、そらもう、泡を吹いているで。兵隊もかつえ〔飢え〕ている。女の子は殺される恐ろしさでぶるぶる震えている。南京で、二、三人でクーニャン捜しに行った時、きれいな中国服を着た、国民党の偉

▲…岩本重平「どこの部隊も強姦をしていた」(2005 年)

いさんの奥さんと思うが家の中で隠れていた。「ピーカンカン」と言うと、殺されるのが恐いから全然抵抗せんで、大人しく裾を持ち上げたので、わしらはさせてもらった。終わった後、ええことをさせてもらったので、「ありがとう、ありがとう」とその奥さんに握手をして帰ってきたで。兵隊は若いから、俺は明日死ぬという気持ちがあるから、女の子と寝たい気持ちが強いんや。人間の本当の気持ちと思うわ。みんなは内緒で悪いことをしていた。女の人を抱きたいのは誰でもやりたいことや。偉い人が、これでは兵隊がかわいそうやと、朝鮮人でもパンパン〔ママ。当時はこの言葉はない〕でも連れてきて抱かせなあかんと考えたもんやとわしは、思うておる。

　女の子をやって口封じをしたと聞いたことがある。支那人の男女に交わらせて喜んでいる部隊もあったという。

　十九や二十の娘を引っ張り出すと、親がついてきて頭を地面にぶつけてな、助けてくれという仕種をするんや。助けてくれと言われても、兵隊はみんなかつえてるから、だれも親の言うことを聞かん。まだ男と寝たことのない女の子を、三人も五人もで押さえ込んだら泡を吹いて気失うとるで。親がやめて！　と言っても、やらな仕方ない。わしもしたけど、こんなんしても何もええことなかった。日本中の兵隊がこんなことをいっぱいしてきた。言うか言わんだけのことや、男やもの、分隊十人のうちみんなやっとる。戦争が長引くから女の子が恋しくて、他の部隊も同じことをやっていたんや。人間やったらみんな同じことをやる。

　現役の兵隊は、あまり経験がないからおとなしいけどな。召集兵ほどひどかった。妻帯して女を知っとるから、寝たいんや。赤紙一枚で天皇陛下の御ために、騙されてみな戦争に行ったわけや。

●――揚子江の河岸で集団虐殺を見た

南京陥落後、二日たって、(朝香)宮さんといっしょに城内へ入った。護衛の任務を解かれて部隊復帰で、本隊を追求して、南京に入ってまた悪いこともたくさんしたわ。

南京を守っていた中国の兵隊は一杯おってな、捕虜になった兵隊は、みんないなくなったんや。そりゃそうやで、中国の兵隊は捕虜になって殺すのは当たり前やんか。捕虜に飯食わすのは、もったいないさかい。「南京を守っておった兵隊はどこへいったんや」と嘘を言ったって、実際いたのを全部殺してしまったんやから。南京大虐殺はあった。ワシはこの眼で見たんや。わしらはどういうわけで戦争しているのかわからんで、一銭五厘で召集されて「チャンコウなんて殺してしまえ」と言っていたんやから。あの時は、中国人をなめてかかっていたな。

揚子江の港、下関に行った時やった。港とは名ばかりでな、河に桟橋がつき出ていた。捕虜を収容している倉庫のような建物から、五十人くらいの捕虜を引っ張り出し、幅があまりない桟橋に並ばせてた。そこを重機関銃でドルルルーと水平になでていた。やられた中国人はみんなそのまま河に落ちよった。河のそば、桟橋があるところにわしは行ってのぞいて見たんや、河底からすぐ足下の岸まで人間が積み重なっていた。大きな船の着く桟橋や、そうとう深いのと違うやろか。ちょうど河に浮いているボラの死体のようにぷかぷか浮いて流れて行った。始末することはないわな。

南京大虐殺はあった。自分がこの眼で見てきたことや。今から振り返ってみても、南京での虐殺については、中国人をチャンコウといって下に見ていた。そんなのに自分の戦友や村の者がやられて死んでいったのを見て、かーとなって、殺して当たり前と考えていたんやな。強姦についてはな、男やから二年も女の人に接していなかったなら我慢できないもんや。それは仕方ないことや。自分の部隊も、となりの部隊もみんなやっていた。兵隊はみんなやっていた。それを人に言うか言わんだけのことや。

＊天野中尉(歩兵題三十三聯隊第八中隊長)強姦事件について

天野郷三の名前は『歩兵第三十三聯隊第十二中隊従軍記』無錫東方地区戦闘参加将校人名表に記載されている。第八中隊長の天野郷三は南京において、強盗、強姦、殺人などの南京大虐殺にみられる日本軍の暴行の典型的な行いをした、と南京戦に参加した元兵士何人からも証言を得ている。天野中尉は、戦死した田沢第八中隊長の後、一九三七年十一月一日（同中隊兵士の日記より）に八中隊長となった。天野中隊長の人となりは、南京戦に参加した元兵士の証言を読んでもらえばわかるだろう。

天野中尉は南京陥落前後、またその後も、自分の部下を使って中国女性を捕まえて強姦したり、銀行の金庫を爆破して金を奪ったり、暴行を行ったりした。南京陥落後一月半もたっているのに、南京城内外では強姦や殺人が、日本軍の将兵によって頻繁に起こされていた。天野による強姦、暴力事件が軍法会議にかけられたのは、南京中で起こされていた日本兵の犯罪のほんの一部である。偶然にも外国人の要求で憲兵隊が現場に出向き、現場を重要な人間に目撃された状況にあっただけにすぎない。『ラーベ日記』や上海派遣軍参謀長の『飯沼守日記』に天野事件について記されている。このような中国人を人間として見ない犯罪は部隊内や日本軍の中で黙認されていた。

天野が逮捕され軍法会議にかけられたのは、あまりにもおおっぴらに中隊長の権限で犯罪行為を行い、外国人に現場を見られた上暴力まで振るったためで、憲兵隊は逮捕せざるを得なかったようだ。

中国女性を強姦して憲兵隊に捕まった日本兵は、せいぜいびんたを張られるか「やめとけよ」と言われて見逃されたと元兵士の証言があり、『ラーベ日記』にも一言の注意で許されたと記されている。逃れることができず国際問題化しそうな事件であったため、軍法会議に送致されたのだといえるだろう。また南京では頻繁に強姦事件が起きていることを小川法務官も、陣中日記に記している。

【資料】

「飯沼守日記」『南京戦史資料集I』偕行社より。一八四頁〜一八六頁

一月二十六日　晴

本夕本郷少佐ノ報告。米人経営ノ農具店ニ二十四日夜十一時頃日本兵来リ、留守居ヲ銃剣ニテ脅シ女二人ヲ連行強姦ノ上二時間程シテ帰レリ、依テ訴エニ依リ其強姦サレタリト言ウ家ヲ確カメタルトコロ天野中隊長及兵十数名ノ宿

舎セル所ナルヲ以ッテ、其家屋内ヲ調査セントシタル米人二名亦入ラントシ、天野ハ兵ヲ武装集合セシメ逆ニ米人ヲ殴打シ追ヒ出セリ。其知ラセニ依リ本郷参謀現場ニ至リ、中隊長ノ部屋ニ入ラントシタルモ容易ニ入レス、隣室ニハ支那女三、四在リ強イテ天野ノ部屋ニ入レハ女ト同衾シアリシモノノ如ク、女モ寝台上ヨリ出テ来レリト、依リテ中隊長ヲ訊問シタルニ中隊長ハ其権限ヲ以ッテ交ル交ル女ヲ連レ来リ金ヲ与ヘテ兵ニモ姦淫セシメ居レリトノコト。依テ憲兵隊長小山中佐及33〔i〕第二大隊〔長〕ヲ呼ヒ明朝ノ出発ヲ延期セシメ大隊長ノ取調ニ引キ続キ憲兵ニテ調フルコトトセリ

一月二十九日　正午ヨリ雪、南京ハ再ビ銀世界トナル

小山憲兵隊長来リ天野中尉以下ノ件ニ就キ報告、事件送致ニ就キ軍ノ意向ヲ聞ク。依テ中尉以下同宿ノ者全部ヲ送致スヘキヲ希望シ、殿下ニモ報告セリ。〔中略〕

天野中尉出発ヲ差止メラレ何トカ穏便ノ取計ヒヲトテ来リシモ、男ラシク処理セヨト諭シテ帰ヘス。

一月三十日　曇リ

天野中尉以下十二名軍法会議ニ送致

『拉貝日記』（ラーベ日記中国語版より翻訳）五二四、五二五頁

一月二十四日二十三時、薄い青色の腕章を付けた二人の日本軍兵士が胡家菜園十一号にある農具店に侵入した。彼らは武器で店主を脅迫しながら、持ち物検査をした。そして彼の妻を無理やりに連れて行って、強姦して、二時間後にやっと放した。（この事件は家宅侵入、軍用武器での脅迫及び誘拐と強姦の罪にあたる）。門に貼ってあった日本布告は破られた。リッグス先生とベイツ博士は後から車で、被害にあった彼女を連れて強姦された現場を探しに行った。彼女が証言した場所は小粉橋三十二号の所だった。ここは日本憲兵区部隊が駐屯している所だった。ベイツ博士はアメリカ大使館に正式に日本憲兵隊に抗議をするよう提言した。なぜならば、この事件が起きた場所は金陵大学の敷地内である。一月二十六日の午後、二人の日本憲兵と一人の通訳、そして高玉がこの事件を調査するためにリッグスとアリソン先生と一緒に農具店と日本憲兵区部隊に行った。この女性は事情調査を受けるために日本大使館に呼ばれた。

しかし、彼女は大使館に二十八時間も拘留され、一月二十七日二十時三十分にやっと解放された。彼女によれば、彼女が話した一階と二階の間の階段数が間違ってる、そして当時現場に敷いてあった物、照明についても言い間違っていた。彼女は石油ランプを電灯と言ってしまったのだ。これ以外にも、連行された具体的な時間を（店で怒っていた目撃者が言った時間帯と彼女が言った時間帯が合わない。）はっきり言えなかった。だから、この部屋で強姦は起きなかったことが証明されるとされた。そして日本憲兵隊の担当区での行為でもなく、この期間、すでに処罰された一般兵士の行為であることが推定できるとされた、と。

この事件が日本憲兵区部隊で起きたのではないとすれば、この通報とアメリカ大使館に対する抗議は反日宣伝と見なされる。（平倉巷三号において、高玉氏と通訳は、ベイツ博士とリッグスに向って、この状況について証言した／リッグス、ベイツ）

（中略）

日本兵士の暴行

この期間、我々にまたも日本兵士の暴行について報告された。ここから、安全区内ばかりではなく区外でも、本当の秩序回復までは遥か遠いことが証明できる。励まされたことは、一月三十日のある案件の中で、一部の日本軍兵士が憲兵隊にただちに逮捕され拘留されたことだ。しかし、この事件の処罰に対して、今でも軽い体罰が加えられたに過ぎないか、事件を犯した兵士は叱られた後、敬礼するだけですんだ。

『ある軍法務官の日記』一九二頁　みすず書房

昭和十三年二月十五日　朝ヨリ降雨　殆ド降リ続ク

塚本法務官到着ス　南京方面ニ於ケル事件状況ニ付キ聴取ス　特ニ天×中尉強姦事件ニ付テハ相当詳細ノ報告ヲ受ク　強姦事実ヲ認ムルハ困難ナルガ如キモ憲兵伍長ニ対スル職務執行中ノ軍人ニ対スル脅迫ハ之ヲ認メ得ルガ如シ各方面ニ亘リ強姦事件頻発スルガ如シ之ヲ如何ニシテ防止スルカハ大イニ研究問題ナリ

1・2 徳田一太郎（仮名）――男性は引き出し銃殺、女性は捕まえ強姦

一九一四年六月生まれ
南京戦当時　第十六師団歩兵第三十三聯隊第二大隊
当時いた場所：金陵女子文理学院（金陵女子大学）正門附近

●――死体を下関まで引っ張ったり、男たちを引き出し銃殺した

太平門の警備が済んでから一、二日たってから金陵女子大学の警備に行って、近くの民家を占領して泊まりました。シャンデリアが付いた立派な家でしたな。近くにそんな家が何軒もありました。つまり高級住宅街でしたわ。わしらの中隊は二百人ぐらいいたので、分隊単位で分かれて泊り込んだんです。初めの頃は電線が切れて電気がなかったけど、後から電気が来たので、真冬に扇風機が回り出して寒くて逃げたこともありますわ。

当時金陵女子大学〔金陵女子文理学院。現在、南京師範大学がある〕は避難所になっていて、中へは通してくれなかった。そこには女も子どもも避難していて、アメリカ人が米を持って来ていました。正門の前にわしらが立って三交替で警備をしました。わしは付近の警備もしました。金陵女子大の付近に死体がいっぱい転がっておって自動車が通れないので死体の処理を命じられました。あちこちに電線に引っかかったり、砲弾に撃たれて死んだ死体がたくさんありました。死体を下関まで持って行くのは大変でしたよ。かなりの距離がありましたからな。重くて人の力では引っ張れないので、五、六体の死体の足を一度に電線で結び付けて、馬とか、軍用車輌に引っかけて、ずるずる引っ張って下関まで行きましたわ。わしらの中隊全員が処理作業に出ました。下関には死体が山積みでした。死体運搬車とかはあったと思うけれど、各中隊単位で分かれてやったので外の中隊がどうやったか分からないですな。でもわしらの中隊は馬や車で引っ張って下関まで運びましたんや。そこまで行ったら、また外の部隊がいて、どこの部隊かは分からないけれど、二十人ぐらいいて死

▲…女性ばかりが避難していた、金陵女子大学の教室

体を手で持ってポンポンと河の中に放り込んでましたな。死体は重かったですな。わしらは引っ張って来た死体を死体の山に置くだけでな。揚子江を死体がたくさん流れていくのをその場でよく見ました。死体をどんどん放り込んだので死体の濁流でいっぱいでしたよ。死体を運ぶ道でも死体がたくさん転がっておって、車が通れないぐらいいっぱいありましたよ。まるで死体の道で、その上を車が通るので道がカタカタになりました。本当に嘘みたいに多かった。女子大の近くから下関まで死体を引っ張るのに一日二回往復してね。交替制でやりましたよ。今日やった部隊は次の日には休んだんです。二回往復するのに朝から晩までかかりました。

　金陵女子大で警備する時、良民証を発行したことがありますな。朝九時から夕方暗くなるまで、冬だったので夕暮れが早く、だいたい四時頃までやったと思いますわ。門の内側に机を持ち出して、青空の下で、判を突いた布がたくさん用意してあった。良民証をもらいに来た人は、中にいる難民たちでした。それをもらえば家に帰れたんです。良民証は紙か布か分からないけれど名刺よりちょっと大きくて白かったです。その上に墨で「良民証」と書いてありましたわ。縦に書いてあったかな。部隊の名前らしいハンコも押してありました。「良民証をくれ」と大勢の難民たちがやって来るんです。良民証を持っていたら、日本人が警備する所を通れるし、家にも帰れるんです。良民証出す時、男は男で女は女で別々に並ばせてね。男だけは十人ぐらい並んでいる日本の兵隊の真ん中を通らせ、兵隊でないかどうかを調べるんです。兵隊やと思ったら引っ張り出して便衣を脱がして調べます。兵隊やと思ったら引っ張って行って殺さなければならんのやから。

　一日やるとだいたい八十~百人ぐらい出てくる。日が暮れたら分隊単位で引っ張って行って殺すんです。一人で六、七人連れて行く。わしも五人ほど引っ張って行って殺したことがありますな。味噌工場の前を通った時大きな桶があったので、その大きな桶の中に突き倒して上からポンポンと撃ったことがあります。その時は、早く始末して、早く風呂に入りたいなんて気持ちで殺してたな。二回ほどやったことがありますな。警備は二十四時間体制で三交替制でやりましたよ。わしは難民区の中に入って、女性を見に行ったり、引っ張り出したりしたことはないですよ。暫くして本当の憲兵が五、六人入って来ましたね。中の便所が山盛りで水洗もないし汚かった。「金陵女子大学」と書いてある看板が表にあったし、あそこでずっと警備していたので間違いないですよ。

●――よく女の子を捕まえに行った

南京では女の子は桶などに隠れていましたよ。日本の兵隊はよく女の子を引っ張ってきて強姦してましたね。わしはしていないけれど、女の子の悲鳴がよく聞こえましたな。また路上で拳銃で女の子を脅かしていた兵隊もいます。憲兵が入ってくる前はひどかったですな。憲兵が入ってきてから、ちょっとやかましくなったんです。警備している時、三交替なのでみんな暇で退屈だったので、よく女の子を捕まえに行きましたよ。兵隊の中でも後備役と予備役、現役の初年兵もいて、後備役たちの中には自分の娘と同じぐらいの女の子がいたりして「やめてやれや」と言っている人もいましたな。現役の初年兵は、(古兵の目が)怖くてやってませんよ。予備役たちは若いのでよく強姦してましたな。

南京では、八中隊の天野郷三中尉がその中隊が駐屯している所に慰安所を作ってましたよ。ひどい人間でしたな。憲兵が入って来たのは天野中尉を連れて行くためだったそうです。これは兵隊からの噂で聞いたことです。そして南京にいる間に軍法会議があったことを聞きました。そして天野中尉がどうなったかは分からないけれど、部下の軍曹は一等兵になって部隊に帰ってきたことを聞きましたよ。あの中隊は女郎屋をやっていると聞いたことがあるんです。あの中隊は当時朝香宮の護衛についていたので、皆が「朝香宮さんもえらい人に護衛についてもらっているね」と笑っていましたわ。

石家荘の時も慰安所がありましたよ。親方は皆朝鮮人で、女性たちを十二、十三人とトラックに乗せて移動するんです。慰安婦は兵隊用、将校用と分けていて、そんな切符を持って来たのを見たことがありますわ。わしが満州の奉天駅の傍にある倉庫で警備をしている時も、その側に慰安所があったね。朝鮮人の女の子ばかりでしたな。値段は高くないと思いましたよ。兵隊は金をたくさん持っていないが、兵隊は品物があったので支那人にメリケン粉などを横流しして、金を儲けてましたな。当時は軍票でした。日本円と同額でしたよ。木戸で払ったね。切符制でした。女の子は一日何十人もとらされたと思いますな。かわいそうやったね。今慰安婦の問題で日本政府がいろいろ言われているけれど、これは当たり前のことやと思うんです。日本軍がやったのは間違いないと思いますよ。今もテレビでよく見るけれど、皆お婆さんになってかわいそうやなと思いますわ。

1・3　出口権次郎——南京ではクーニャン探しばっかりやった

一九一四年七月生まれ
南京戦当時　第十六師団歩兵第三十三聯隊第三大隊
当時いた場所：下関、南京城内、南京国際安全区内の女子大学

▲…現役兵時代の出口権次郎（1936年）

●——掃蕩して強姦、徴発して強姦

（強姦は）そこら中でやっとった。つきものじゃ。そこら中で女担いどるのや、女を強姦しとるのを見たで。婆さんも見境なしじゃ。強姦して殺すんじゃ。もう無茶苦茶じゃ。

陥落して二日ばかりたったころじゃ。下関あたりに徴発に出たときじゃ。民家のあるとこに米や食べ物を徴発したんじゃ。そんな時に女も徴発するんじゃ。家の長持ちの蓋を開けると中に若い嫁さんが隠れとったんじゃ。纏足で速く逃げられんで、そいつを捕まえて、その場で服を脱がして強姦したんじゃ。ズボン一つでパンツみたいな物は穿いておらんで、すぐにできた。やった後、「やめたれ」て言うたんやけどな、銃で胸を撃って殺した。暗黙のうちの了解やな。後で憲兵隊が来て、ばれると罪になるから殺した

▲…出口権次郎（2009年）

んじゃ。それを知っとるさかい、やった後、殺すんじゃ。

だいぶたって治安がよくなるとな、部隊のみんなを並ばせて、憲兵隊が強姦された女を連れてきて、誰がやったと調べたこともあった。平時と違って罪にはならんかったが、「やめとけよ」と怒られる程度じゃった。罪にも何にもならへんかったけど、叱られたくらいじゃ。悪いことし放題やった。十人おって九人まで強姦しとらん者はおらん。自慢話にもなっとる。

慰安婦、慰安婦いうて、三十人くらいの女をたいがいの部隊では連れ歩いておった。ほとんど朝鮮人の女じゃった。わしらの部隊でも慰安所を作ったわな。中隊やなく、野田部隊の聯隊で作っておった。南京でも（駐屯していた）光華門の近くで作っておったで。

街の中でも女が隠れとる所を良く知っとるわ。若いもんも、お婆あも、みんなやった。それからばれたらまずいから殺すんじゃ。南京に入る前から、南京に入ったら女はやりたい放題、物はとりたい放題じゃ、と言われておった。「七十くらいのお婆あをやった。腰が軽うなった」と自慢しよる奴もおった。町中にも女はぎょうさん残っておった。大概穴の中に隠れておってね。慰安所作っても強姦は減らんわ。慰安所の女はだいたい朝鮮人やった。将校用、一般用と分かれておった。料金は一円か二円くらいやったかな。一般の兵隊の給料は八円くらいやった。わしは伍長で十五円くらいやった。わしの分隊はまだましやったけど、他の兵隊は無茶苦茶や。分隊の兵隊は、ほぼみんな（強姦を）やっとった。街に行ったら〝ただ〟やからな。

●――女ばかりの難民区にも行った

ほとんど女ばっかりの難民区〔おそらく金陵女子大〕にも行って、部屋に入ったらこれとこれ、指差して、女は選び放題やった。その場でやってしまうんや。わしの部隊でだれやったか、やってる最中に中国の敗残兵に頭を殴られたもんがあったので、見張りをつけて強姦やった。昼夜お構いなしじゃ。だいたい一個分隊で行った。十数回は行ったやろうかな。

各分隊がみんなそんなもんじゃった。仲間の兵隊に、「あっち見張れ」「こっち見張れ」言うてな。見られてても平気じゃった。「終わったか？　今度は俺の番じゃ……」てな具合じゃった。

兵隊が「スーラ、スーラ〔死了、死了〕」といって、連れ出すんじゃ。女も殺されるのが恐いんで、すぐにやらせた。顔に鍋の墨を塗ってるけど、すぐ分かるわ。何しろ毎日女ばっかり捕まえよった。恐いこともあったが、面白いこともずいぶんあった。

1・4　居付万亀男――金陵女子大から女の子がトラックで連れ去られた

一九一五年六月生まれ

南京戦当時　第十六師団歩兵第三十三聯隊第二大隊

当時いた場所：南京国際安全区、金陵女子文理学院（金陵女子大学）

●――映画館に閉じこめた中国人を毒ガスで殺す

紫金山から降りて、三、四時間歩いて、九師団の脇坂部隊が入った光華門の隣、中山門から南京城内に入った。南京陥落当日だと思う。中山門は、砲弾でやられて門と壁がだいぶ壊れてたぞ。わしら行った時はもう門は開いてたな。

午後三時か四時頃に中隊長の命令で城内に入った。わしらの中隊は、けがもせんと動けるものは百五十名くらいでな、入ってからすぐ大きな民家を占領した。城内に入って間なしと思うが、映画館に千人程の中国人を詰め込んで毒ガスを投げ込んで殺したと聞いたので、そこへ見に行った。立派な看板がかかっているかなり大きな映画館だった。町のまん中にあって、いい映画館だった。十六師団司令部がいる所と近かった。通りの人たちと捕虜たちを捕まえて映画館の地下に入れたんやな。毒ガスがあるので皆が危ないと言っていたので、本当かなと思い見に行った。戦闘中は防毒面は持っていて使用命令があったけど、南京までの戦闘では付けていなかった。近づこうとすると見張りの兵が「危ないから」と言って遮った。見物人はほとんど支那人やった。

　中山門に入って二、三日たってから下関に行った。たくさん人が死んでいてなあ、戦車が死体の上を走ってた。とにかく死体が多かった。下関へ行くまで道路の半分は死体で塞いだからね。埠頭まで死体が続いた。埠頭で逃げ遅れの人を引っ張り出して、機関銃で殺したことは聞いただけで見たことはないな。

　海軍の船は見たことがある。常識として海軍が無錫―丹陽―句陽の順で上がったことは知っている。日本は三方から攻めて来るから、中国人の逃げる所は下関しかない。わしが見たのは死体だけやった。わしらが入る前に殺されたと思う。下関へ何度か物盗みに行きましたな。十日がたっても死体はまだ全部片づけられてなかった。分隊に帰ってから「あの死体どうするんやろ」と皆で言い合ってました。城内は入城式のため、掃除してるけど、城外はまだ死体だらけだった。当時、死体はたぶん片づけられないと思った。

　下関から帰りに、ラーメン屋さんに寄った。立派ではないけど、繁華街の道端にあって、隣に支那料理屋さんもあってね、繁華街の建物は壊れてるのも見た。道路際にはひどい焼け跡がいっぱいあったな。

▲…中国戦線時代の居付万亀男

●――金陵女子大学で警備、女性を連れて行くのを目撃

　南京陥落後、金陵女子大学の警備に入った。警備に入ったら十人で一週間交替制やった。女子大学は女の人の避難所や。そこに日本の将校たちがよく来て「ちょっと入るで」と言って、女子大の構内に入って行っては女の子を連れて出て行った。将校たちはむちゃくちゃで、女の子を連れて行って強姦した。将校といったら中隊長以下の小隊長ぐらいの軍人や。わしらは警備といっても、将校たちが女の子を連れて行っても上官なので、見てるだけや。よく出入りする部隊は三十三聯隊だけではなく、それ以外の九師団と十六師

団の三十旅団もいた。あの人らはトラックで来た。昼間はあまり来ない。一日だいたい二、三台ぐらい来るな。将校を含め兵隊四、五人で来て三人は銃を持っている。一日五、六台来る時もある。一台に二十人ぐらいの女の子を乗せて連れて行くこともあり、嫌がって泣く子もいた。トラックの荷台に引き上げられ、上からシートをかけるとおとなしくなった。送り返されてくる娘は少なかったな。慰安所のことは聞いたこともないし、行ったこともない。たぶんわしらの中隊が出てからできたと思う。

当時、憲兵もいた。でも憲兵も将校たちの女狩りを止めることができなかった。憲兵といっても補助憲兵が多かったでな。各中隊から一、二人ぐらい借りて補助憲兵にするんや。本当の憲兵は少ないし、実際問題になると、命令ばかりして、補助憲兵にやらせた。そして、憲兵は民間人（中国人）との接触が多くて、民間人にやられることもあったので、皆この仕事を嫌がったし、怖がっていた仕事やった。そして兵隊たちに止めと命令しても、だれも補助憲兵の言うことは聞かないし、逆に自分の身が危ない時が多かったぞ。

陥落直後は女の人への暴行は激しかった。宣撫班が入ってから少なくなったけどな。アメリカ領事館が難民保護のために米を送ってくるのを見た。日本軍は、中国の捕虜たちをあんまり大事にしない。当時日本人は人間として上だと思って、中国人たちを人間として扱っていない。下等人間だと思った。わしももちろんそう思った。ほとんどの人がこう思っていた。今思ったら当時の中国人はかわいそうだったと思うわ。

●――裁判にかけられた中隊長

天野郷三中尉は野田三十三聯隊長と陸大の同期で、成績優秀で恩賜の軍刀を拝領した人と聞いている。だから例え相手が野田聯隊長であっても、言うことを聞かなかったという噂でもちきりだった。天野中隊長が軍法会議にかけられたことは、中隊の皆が噂をしてたし、中隊長が南京を離れる時、部隊にいなかったので分かったけど、具体的な罪状や判決文については分からない。どういうことでなったかもわしらには分からんな。

天野中尉は、いつも専属女性を連れて歩いたことは聞いたことがある。天野中尉は大ぴらに何でもやり放題だった。いつも隣に彼の当番がついていて中隊長の言う通り女探しも強盗もやっていたな。強盗罪といえば、位を落とし、給料を最低にした。確かにわしらは南京を出る時、中隊全員が足止めをくったし、天野中隊長はもういなかった。中隊には戻らなかった。どこへ行ったか分からない。上海で裁判にかけられて有罪判決を受けたらしいで。天野中尉は、二等兵まで落ちたと聞いている。当番兵も二等兵まで落ちた。中隊には帰ってきていないけど、他の所に配置されて、地位を上げたと思う〔当時の軍隊では、一兵卒が中隊長の去就を知る由もない〕。

●——南京掃蕩戦は金庫やぶりやった

南京の手前で中隊長が「南京に入ったら、強盗、強姦、殺人を許す」と命令を出したのを聞いたので、わしの中隊が入城して荷物を降ろし、ぐずぐずしてると「何してる、早く盗りに行かんかい」と兵隊に言われた。皆早く実施しなければならない気持ちですぐ掃蕩に入った。わしは銀行に行くのが一番良いと思って、三人一組で行った。金庫を見つけると叩いても開かず、金庫は下の腹が一番弱いで、金庫の足に手榴弾をくくりつけ、手榴弾の安全ピンに紐を付けて、紐を引っ張って金庫の底を爆破させて金庫を開けた。手榴弾は中国製も日本製もあった〔日本製は使っていけない時期があった〕。戦争なのでその場その場にある物を使った。中に入ってた金の輪を盗った。昔の目方で二百〜三百匁ぐらい取った。札は盗らん。

▲…居付万亀男（1999年）

その後、大連に行った。掃蕩した金も持って行った。大連の日本人民間人の家に泊まり、その場で日本の身内に盗った物を送った人もいたし、民間人に頼んでお金を送った人もいた。私は部隊の監視する者に預けたが、その後、他の所に行き、半時後に帰ってきたら、もうなくなっていた。盗られたんや。荷物の見張りがついている所だったけどやられてしまった。悪いことをする奴もいるもんや。

＊「金田猛日記」より

居付万亀男さんと同じ中隊の、金田猛さんの日記には、南京に入ってからは連日のように徴発と称する略奪の様子が記述されている。毎日の出来事を短文で書き記しているが、貧しい難民からの毛布や菜っ葉の略奪、疲弊した農民からの家畜の略奪は中国人にとってどのような生活を強いるのか想像がつくだろう。文章には簡単に「死体数百あり」「下関……屍の山を踏みこへて」と書かれているが、証言が事実であることを証明している。日記の筆者と同じ中隊の居付さんや寺本さんの証言を読み、当時の状況を思い浮かべていただきたい。

十一月一日　晴天
〔略〕（天野）中隊長、補充兵到着　　注：田沢博前中隊長は九月二十一日戦死の為
十二月七日　晴天
〔略〕午後三時　師団命令を拝す　軍司令部の護衛となる
十二月十四日　快晴
朝三時頃銃声す　八時出発、十時敵残兵二三百人現る　交戦　死体二十　友軍戦死二名　負傷七名　敵捕虜百二十名ナリ　南京中山門より二時入城　歓喜の絶頂だ
堅固なる城壁に驚く　難民多々有　六時宿舎入　洋酒沢山酔ふ
十二月十五日
××君と徴発に出る　ピアノ等ある立派なる邸なり　オペラバック　サンドボクス　シシューあり　大劇場に米沢山　洋服ズボン沢山あり
十二月十六日
炊事当番としておきる　床屋分隊に来る　耳掃除さす　避難民街見学　混雑して哀れなり　毛布なっぱもらふ

十二月十七日
大食堂へ徴発　食器沢山　南京入城式〔略〕
十八日
初めて小雪あり　酔ひて頭いたし　午後難民区に豚取りにゆく　手袋××新品、玉子砂糖あり
十二月十九日
朝　米、豚徴発にゆく　久しぶりの書幹……手紙はうれし
十二月二十日
手紙を書く　豚料理　屠殺り準備　小さきハモニカ徴発　玩具沢山あり
十二月二十一日
下関へ移動　衛兵上番　分隊より三人　兵器廠衛兵　死体数百あり　兵器弾薬山積しあり
十二月二十二日
仮眠より覚める　手紙書く　兵器廠の広大さに驚く　交代兵三時半来る、五時中山路宿舎に帰る　夜八時より下関へ移動す　屍の山を踏みこへてゆく　十一時ねる
〔以下毎日、日記を記述している。中には徴発や朝香宮の護衛、揚子江での捕虜の処分目撃などあるが省略する〕

1・5　上田熊次郎――女の子を引っ張って中隊の私設慰安所に

一九一五年一月生まれ
南京戦当時　第九師団歩兵第三十六聯隊第三大隊本部
当時いた場所：光華門附近、淳化鎮駐屯地

▲…営門を出る第36聯隊(1935年、「光華脇坂部隊」より)

支那事変が始まった時、わしは三大隊本部付やった。わしら上海に行ったけど、上海付近の戦闘は、わしらの九師団が十三師団の後から上陸でした。戦闘態勢に入って南京に十六師団が北支に回ってきまして、十三師団がおって九師団がおって、杭州湾から第十軍の柳川ですね。三十六聯隊は九月に上海から入った。上海での戦闘がかなり膠着状態になってた。まず、黄浦口に上陸、それは軍用船で行ったんじゃ。わしらは初年兵で入って、一年程おって、十二年の九月の十日ぐらいやったかな、召集になってそのまま支那に行った。支那事変始まってすぐの戦闘は上海からやった。上海の戦闘は大したことなかった。敵はすぐに逃げてしもて、ちっとは何したけど、ドイツの軍人のフォン・ゼークトが要塞作っておった。

わしも本部におった。右側にトーチカがあって、最初はトーチカ攻めてもなかなか落ちない時があった。脇坂部隊は上海では第一線やった。そこで、戦死はたくさんありました。

わしは大隊本部で将軍の手助け、世話、命令授与をやっとった。つく人は決まってへんかった。大隊長が出した命令を書いた。大隊長は清水円。兵隊の世話なんかもした。大隊本部まで、弾が飛んでくることもあった。迫撃砲なんかが落ちて来たりした。本部も急追撃に行きました。それもやっぱり命令が師団からきた。大隊本部でも武装して歩いて行った。大隊長だけ馬で移動する。

光華門までが一か月、途中戦闘しながら。南京までの戦闘では敵が逃げ腰で相手にならへんわな。南京着いたのは、十二月の中頃やったかな。光華門には急いで行ったんやけど、荷物は重いし、糧秣はついてこんし。二、三日やったら米もっとるから食べれるけど一週間から十日ぐらいこんかった。そんときは現地調達しよった。現地調達する者は兵隊。中国人の農家とか入っても人おらへん。逃げとる。でも、女の子なんかはおったわな。住民はおとなしいもんで無抵抗やった。

息してる者は捕まえてすぐ銃で処分

光華門まで、一番乗りやったから、かなりまだ中国兵が残っとって、相当激戦しました。光華門に着いたのは夕方やって、軍司令部は「これから攻撃するから無駄な抵抗はやめて降伏せい」というビラを飛行機からまいたわな。軍司令官は松井石根やな。それから空港を爆破して南京城にいったのが夕方ぐらいやったかな。それから二日ばかり動かんと、じっとしとった。その二日間にむこうからの攻撃はようけ無かったな。降伏せんと聞いて、攻撃せにゃしゃあないわな。朝になって海軍も陸軍も全部飛行機に乗って飛んできた。飛行機で爆破。三大隊は予備隊。一大隊が攻撃してるのを見てる。

わしら本部は、光華門入らずやが、三十六聯隊の多くは、光華門を落として、陥落した日に城内掃蕩してる。門には土嚢が積んであって、あけられへん。工兵が光華門の横を爆破して崩してしもて入ったんや。門の内には数え切れんほど死体があって、外にもあった。息しててうろうろしてるもんは捕まえた。兵隊がおったら必ず捕まえて、すぐに城内で銃で処分した。家の中開けたら逃げ遅れた人がおった。捕まえて集めてどっか収容所に連れていくんやろな。わしらは渡すだけ。掃蕩戦は分隊行動で動いてたな。大隊には捕虜を捕まえてあーせいこーせという命令はでやんかったな。とにかく、南京の城内では、日本軍の人数が多いから、わしらも城内には、なかなか駐屯させてもらえんかった。九師団とかは上から言われて。うちらは、入城式に出られたのは一個中隊だけやったから、わしは行かへんかって、その時は淳化鎮におったな。淳化鎮は南京の郊外やけど、三大隊だけやった。淳化鎮でも掃蕩はあった。大隊本部のわしらはそんなことせんでな、命令出すだけ。農家の掃蕩いうても、食べ物を頂戴するしかしゃーないわな。鉄砲で撃ち合いとかはないわな。光華門の方には武器とか一杯ほかしてた。小銃や機関銃が落ちてた。服はおちてなかった。駐屯は一週間くらいやったな。

食料調達に行ったらクーニャン調達

クーニャン徴発もやったな。農家に娘が天井に上ってな、隠れとるんやわ。家のそこらにある道具見てたら、娘がおるかどうか分かるわ。食料調達に行くってゆうたら、食料とクーニャン探しやわな。言葉なんか分からんやろうが、もう

▲…上田熊次郎「食糧とクーニャンを調達」（2001 年）

抵抗もせんな。女の子は震えてる。それは分隊ごとに行く。女の子を引っぱってきて、私設の慰安所を作ってるところもある。だいたい、一個大隊にクーニャンは十人ぐらいおるかな。それは、軍が管理してる。女の子をどこから引っ張ってきてるかは分からんかったけど、朝鮮人も多かったな。淳化鎮では、女の子はもっぱら徴発やって捕まえたから、慰安所こしらえたりすることはなかったわな。淳化鎮では、徴発に行って、女の子を強姦してしまうということもあった。

揚子江岸で死体は実際に見た。水の中に入って膨れてる死体を見た。わしら、聯隊本部から、何回も下関には行った。下関でいつもたくさんの死体を見た。そこで捕虜の処分を大分やったって話やな。輜重兵も特務兵も暇やから、徴発にいって残虐なこともしとったと当時聞いた。実際残虐なことしよるとこ見たことないけど、その後のやられた死体とかは見た。揚子江へは、行った。わしが聞いた話は海軍の船に乗せて、ほり捨てに行った。たくさんの死体の載った写真を見てもいい気はせんわな。なんでこんなことするかいなと思う。でも、徐州戦の時は部落の人を全部寄せて機関銃で撃ったわな。陥落して帰ってきて、陥落してうちらの中隊が支那兵に遭うて、馬から車から兵隊から全部殺されたんや。徐州作戦が終わって、敵が逃げるところあらへんから大分暴れたんや。一部隊が全滅してしもた。その後戦場掃除といって、そこらずっと片付けて帰ってくるんや。中国兵の死体はいっぱいあっても放っておくんや。

あの戦争は軍隊の横暴と思う。軍人が権力を握り陸軍大臣や総理大臣になった。自衛のための戦争と言っていたが、馬鹿なことをしたと思っている。軍隊はないほうがよい、こしらえても殺し合いをするからよくない。

わしは、私的制裁が苦痛だった。古年兵が気に食わないことがあると集合させられてボカボカ殴られたり、相互びんたをやられたんや。軍隊はひどいところやった。ないほうがよい。

1・6　伊藤睦郎——女の子を何人姦ったかわからん

一九一三年十月生まれ
南京戦当時　第十六師団歩兵第三十三聯隊第一大隊
当時いた場所：南京城内と城外

私の両親は百姓をしていて男三人女三人の六人兄弟でした。支那事変の最初からずうっと戦争に行ってました。久居三十三聯隊に現役で昭和十年の一月に入隊、（昭和）九年兵です。

戦争が始まって、北支に行き、南京のほうに行きました。上海の近くで御用船から下りるとき敵前上陸で、縄梯子で下りました。

南京では、陥落して万歳したことを覚えてます。

南京が陥落した時、私らはすぐに入ったもんやで、毎日、何回も掃蕩しました。捕虜はドンとおるもの、一軒一軒はめんどうで敗残兵をどんどん捕まえました。分隊ごとにかたまってダーと進んでいく、敗残兵はいっぱい出てきて日本軍に武器を取られて何も持っとらん。えろう殺さんけど捕まえた。武器は小銃だけで結構間に合った。

●——食べ物をとるついでにクーニャンをつかまえる

城壁の中をくるくるまわった。徴発って、そこで何やかや盗ってくるんや。盗ったのはろくでない物やった。仲間同士数人でよく出かけていった。ひとりではそりゃあ危ないので絶対行かない。敗残兵がようけ普通の服装しておりました。徴発する日本兵がいっぱいおりました。私らの分隊は、床のない家のような所に駐屯して地べたに布団しいて寝ました。分隊でみんな勝手に食べ物も普段使うものもみんな徴発しました。米は倉庫から徴発でどっとありました。おかずも何も

▲…南京では略奪、放火が日常茶飯事だった（侵華日軍南京大屠殺遇難同胞紀念館提供）

みんなたくさんありました。鶏もおかずもみんな盗りました。

徴発に行くと、食べ物を盗るついでに、クーニャンを捕まえる者もおりました。家の中に隠れているので探してきて連れてくるねん。どこかここか、町の中に敗残兵がうろうろしている、探しているとクーニャンも家の中なんかに隠れている。捕まえて強姦してしまう。分隊の仲間が強姦しているのを見たことがあるが、家の中やったりが多い。家の人が助けてと言っても、兵隊は頭を張って無理やり女の子を引っ張ってくるんや。娘は抵抗するのもあればおとなしいのもいる。たいがいその場で強姦するのが多い。娘は泣いていてかわいそうなもんや。中には顔を黒く塗ってる女の子もいた。汚く見せていても若い女の子はわかる。兵隊は暇やから、悪いことする人が多かったです。

自分は行軍中疲れると、いらんもんはほった。防毒面もほった。百姓してたから、体は丈夫やった。

●――引っ張って来た娘を互いに強姦しあう

南京には慰安所があって、順番を待って兵隊がずらっと並んでいた。慰安所といってもやるだけやって、あとどうするんか金も払わん。民家に女性を入れてやるのもあった。兵隊同士引っぱってきた女の子を互いに強姦したこともあった。城外でも徴発にいってよくやった。たいがいの子はおとなしかったが、うるさいので口封じのため殺してしまうのがたまにあったわなあ。聞いてるよ。分隊では徴発に行って女探しするんやけど、一人では絶対行かない。見張りをかならず立ててやった。南京で女の子を何人やったか数はわかりません。二十人くらいかな。クーニャン探しには「いこか」といってそれが主な目的で出かけていった。ただし、日本の女の人にやったらあかんな。敵の国の女やからできた。年寄りでもやってるのもおる。小さいのは十五、六ぐらいの子や。小さい子というても、諦めがよい。怖いのかな泣きもせんでじっとしてる。うっぷんばらしができた。

揚子江には、陥落後徴発に行った。河岸では死体がうようよ浮かんでいました。岸にも河にも折り重なってありました。水の中には死体がどっとあってゆっくり流れていました。捕虜を処分したんだと思いますな。

南京では、徴発に行って、出すとこまでいかんわ。物を出せと言う前に殴ったり突き飛ばして、みんなでけって、立派な人間をずいぶんなぶり殺しました。

今から考えると野蛮なことや、戦友がやられて気が立ってるから、人を殺す。今やったら一人の死体を見てもびっくりする。戦争なんて野蛮なことや。

あれは侵略戦争や。気がたって戦闘中も戦闘が終わってからも、何でもかんでも敵やと考え殺してしまった。人間のすることやない。

1・7 田所耕太（仮名）——強姦はし放題、分隊でクーニャンを飼ったな

一九一六年三月生まれ

南京戦当時　第十六師団歩兵第三十八聯隊第一大隊

当時いた場所：南京の手前農村部、南京北郊外の駐屯地

●——三十三聯隊が撃った死体が揚子江を流れてきてた

私は昭和十一年に徴兵検査で甲種合格になったさかい、昭和十二年四月十日に奈良の聯隊に入隊したんや。（昭和）十一年兵です。三十八聯隊に入って一期の検閲が終わり二期になってきたら中隊も大きなりますんや。それで滋賀県の饗庭野まで半月がかりで行ってました。奈良から行軍で行きました。中隊の練習をしました。それが終わって二等兵から一

▲…奈良駅前に集合する第38聯隊（元兵士・吉岡氏提供）

等兵に進級しました。八十六人の同年兵がおったうち、（一期の検閲後に）十六人が一等兵になったんです。それから帰ってしばらくしたら、戦時編成に入り私らは詳しいことはわかりませんが、支那事変の準備をして演習なんかなしで準備ばっかりでした。

昭和十二年八月二十四日、動員で支那の大沽という遠浅の所に、九月十三日敵陣上陸し、十四日から二十七日まで子牙河付近の戦闘に参加しました。私らは三重〔伊勢〕の三十三聯隊の掃蕩みたいに、後を攻撃しもって追いましたんや。三十三聯隊は石家荘止まりでしたが、私らはその先まで行きました。それ行くまで鶏やら食べ物を盗って悪いこともしもって行きましたんや。みんな現地で調達しました。食料は聯隊本部までは来るけれど、先に進む部隊までは離れているから来ません。

戦闘になると弾の音で狙われているかどうかわかりますんや。ピューン、ピューンと上を通るのはいいけれどスー、スーとあんまり音がないときは体の近くを通ったり、自分の前で土煙をたてる弾は怖かったですよ。

南京城に近づくとどこの門やったかな、門は開いてて銃を持ってどーと入って行った。死体は気いつかへんかったが、弾は撃ってこんかったな。城内に入ったときは城内の住民なんて見たことなかった。

十二月十三日かなあ。揚子江まで行った。揚子江にはずーと死体が流れていて三十メートル以上むこうまで河の水が見えんかった。ごつかったんやで。いっしょに流れてくる中には生きてる人もいたから、わしらは小銃やったから、軽機関銃でみな撃ちましたよ。部隊の重機関銃はその時分まだ南京に着いてなかった。三十三聯隊が撃った死体が流れてきてた。昼ごろから二、三時間撃ってた。河岸は三十八聯隊の兵隊でいっぱいやった。下関ではクリークの中に入り込んで逃げていた人たちも撃った。土民みたいな黒い綿入りの服装の人で、もう正規軍みたいな服装はしてなかったな。女の人は見んかったな。男ばっかりやった。南京城内の住民ではなくて逃げてきた兵隊やと思う。一個聯隊〔戦時は三千人程度〕くらいの人が楽に入っていたなあ。戦闘のなかで「クリークの人を撃て」なんて命令はない。みんな自分の思いで行動しとった。殺されるか、殺すかやったからなあ。弾の音で自分の命を守るために戦うんや。命令なんて聞いとったら一発で死んでしまう。南京から揚子江の外〔下流〕に五、六キロメートルも離れたところに駐屯した。場所としてはええとこやった。

●――駐屯したところへ女を見つけてきて分隊で飼う

十二月十五日まで攻略戦、十六日から一月三十一日まで南京付近の警備についた。南京郊外の駐屯地にも慰安所ができた。とうもろこしの皮で編んだアンペラ小屋で寝台が置いてあるだけの狭いとこだった。女の子は十五人か十六人位おったなあ。みんな朝鮮の女の子やった。兵隊はみんな外まで並んで待っとった。私は下士官だった〔ママ。南京戦当時はまだ兵だったと思われる〕から兵隊が帰ってから行った。一円五十銭位から二円くらいしたなあ。軍票で払った。日本の金なんてひとつもなかった。分隊で訓練しているときは駐屯したところへ女を見つけてきて分隊で飼うとんや。一週間か二週間したらもう帰して替わりを捕りに行くんや。寺へ行ったらなんぼでもおるんや。寺は大きな家やから逃げて来てるんや。行ったらおるんや。民家でも二階を探したら隠れとる。二階に置いてあるわらの中なんかに隠して女の子の親が食べ物を運んでるんや。

分隊の駐屯は民家を使っていた。三人くらいそこへ連れて来て飯を食わせていた。飽きてきたら替える。泣くのは最初だけや。分隊に連れてきて飯食わせたら諦める。行軍中は（南京に行くまで）見つけたらやってしまう。背嚢を横にやってその場でやってしまうんや。若い子から五十歳位の人まで。農家の人や。親は隠れとらん。納屋の上とか寺が多かったなあ。進軍しとったら自分の気持ちは荒れてしもうてるからなあ……。（やった相手は）そりゃあもう五十人ではきかへんなあ。今想えば人間のすることと違うねんなあ。自分にとっても死ぬか生きるかだった。ほんまの畜生になっとったと思うけどなあ。上官は注意することはなかった。自分もいい思いしとったからなあ。憲兵も来んかった。中国にいたときは一度も会わんかった。自分はやってしまったら殺すということはせん。人からもそんな話はせんからわからん。でも上海、南京間ではしょっちゅう女の人の死体を見たなあ。北支でもあった。裸にしてなあ。北支が多かったなあ。南京攻略、徐州攻略は戦争が忙しかったからあんまりやってる暇がなかった。食べることが先決や。にわとりや卵を探して盗りにいくことが必死やった。私は隊長の世話が忙しいからあんまり盗りに行かんかった。

北支〔石家荘のあたり〕で銃剣で刺す訓練させられた。初年兵が八十二、三名おって、あれはなあ、十二、三名ずつに分かれて二年兵が初年兵の教育係しとって突きにいくんやけど、相手も必死や。相手が銃剣を持ってしまうから抜けんで足で蹴った。気合が入ってないと怒られるし大変やった。一日、一日人を殺すことに慣れて何とも思わんようになった。慣れっこになると弾が飛んでこようが戦争は怖くない。

二年兵で上等兵になって中隊本部付のとき軍曹と二人命令を受け、清書して中隊長に命令伝授に行ったとき、弾に当たって左頬が火傷するほど熱かった。大別山でのことや。大別山は灌木の草原の山で身を隠すところがなかった。大別山の下の川まで下りたら山の稜線が真っ赤に燃えていた。残りの人は突撃して大方死んでしまい百八十七名のうち二十八名しか生き残らんかった。激しい戦いだった。勲章はその時もらった。〔功績の書かれた軍隊手帳を開く〕軍隊手帳は部隊でみんな焼いて帰った。「焼け」という命令が司令部からでてた。私は司令部付けだったから持って帰れた。

危ないとこ〔戦地〕ばっかり渡ってきたけど大別山で負傷したときはうれしかった。命拾いした。うれしいなあ。神仏のお蔭かなあとつくづく思った。亡くなったり怪我した人にとっては言葉に出せんけど。あの戦争は侵略戦争だ。私はそう思う。はっきりと。盧溝橋で収めておくべきだった。天皇陛下よりやっぱり自分の身が大切だった。天皇陛下万歳なんて言って死ぬ人おらん。天皇陛下なんて関係ない。

2・1　丁栄声――隠れている目の前で強姦が行われ金陵女子大へ逃げた

一九二〇年一月生まれ
当時いた場所：漢中路、金陵女子大学

●――日本兵が若い女性を探している

一九三七年の八月十五日ごろから南京に空爆が始まりました。日本軍の飛行機が絶え間なくやってきて爆弾を落としました。十一月くらいになって日本軍が南京に攻めてくるとの噂で持ちきりでした、私たちは城内の賑やかなところに住んでいましたので、もうここは危ないということで市内から家を空けて、中山陵のところまで逃げ出しました。あそこでは親戚がいましたので、そこで一か月ちょっとの生活をしました。しかし、だんだん戦争が近づいてくるので、農村であってもきっと日本軍が南京へ攻め込んでくる道筋なので、そこは安全ではないと、また城内に戻ってきました。十二月十二日に、自分の家族だけではなく、叔父の家族、叔母の家族も一緒に大勢で戻ってきました。最初はもとの家の近くにいましたが、その後、漢中路のすぐ北側に空いている家があったのでそこにいきました。しかし狭いので、なかなか全員で生活ができず、若い女性は後ろの部屋で、地面に藁を敷いてベッドのようなものを作って一晩過ごしました。翌日、夜が明けると母方の叔父が起きて、外の様子を見るために外へ出ました。夜が明けたばかりの時で、叔父の叫び声がして、「しまった、日本兵が至る所で若い女性を探している」と言い、あわてていました。

その当時、自分の判断では、漢中路を境にして、北の方が安全区になり、その建物は安全区に属していたのですが、いつも日本軍の革靴の音が聞こえていました。また、おじが言っていたように日本兵が若い娘たちを探しているということでしたので、怖くて、若い娘たち（一番年長が二十二歳、私は十七歳）は隠れようとしました。その時いた家は後ろの部屋の屋根がまだ完全にできていないので、一緒に壁の底のところに座り、隠れるところがないですから、壁の底のところに座って、おじが外から板とかシーツとか藁とか探してきて、簡単な隠れる所を作りました。午前中は革靴の音とかは聞こえましたが、家にまで入ってこず、わりと安全でした。まだ、私たちは発見されませんでした。昼になると、外で飴を売っているお婆さんが来て、そのお婆さんの家の嫁を一緒に隠してくれないかと頼みにやってきました。しかし、自分の家族のところだけでも人数が多いので、おじはその頼みを拒否しました。

そのお嫁さんは一人の赤ちゃんを抱いて、歩くことができるくらいの子どもも連れていました。子どもの泣き声で日本兵に発見されやすいこともあって断ったのです。その飴屋さんは外で待っていました。すると正午前、十一時ぐらいに、遂に我が家にも日本兵が七人やってきたのです。木などで隠しているすき間から、外は多少見えました。そして、日本兵が来る前には、若い娘が壁のところに隠れていて、年老いた母がそのすぐそばに椅子を持って見守るようにしていました。日本兵はすごく近いところに日本兵がやってきますと、母は弾かれたように部屋から飛び出して逃げてしまいました。日本兵はやってきてその母が座っていた椅子に座りました。隠れているところからその日本兵の顔まで見ることができました。長い髭を生やし、軍服を着て、銃剣のついた長い銃を持っていました。幸い、七人の日本兵は娘たちの隠れている場所を発見することはできませんでした。しかし、外で待っていた飴屋さんのお嫁さんは、すぐ隣の部屋まで連れていかれ、強姦されました。物音や日本兵の気味悪い笑い声が聞こえていました。私たちは、息を詰めて見つかりませんようにと祈るだけでした。日本兵がやって来たのは十一時ぐらいで、強姦がすんで帰っていったのは午後二時ぐらいでした。

●——安全なところを求めて金陵女子大へ

日本兵がどこかへ帰って行った後、ここも安全でないということで、もっと安全なところに移動することになり、夜に金陵女子大〔一九三〇年に金陵女子文理学院と改称されたが、市民は旧称で呼んだ〕までやってきました。なぜすぐに金陵女子大までこなかったかというと、その頃みんなが言っていましたが、日が暮れるまでは日本兵が外で活動していて、夕方からは少しは安全になる。ということで、漢中路の住処から、金陵女子大のある寧海路まで歩いてきました。着いた時はすっかり暗くなっていました。しかし門番が「中は避難している人でもういっぱいだから、他の難民区にいってほしい」と入らせてくれませんでした。叔母はひざまずいて頭を地面にこすりつけて中に入れてくれと懇願しました。その時、一台の車がやってきてクラクションを鳴らしました。車が来たので、門番が、みんなを立ち上がらせて門を開けました。そこで一家は車が入る前に、走って金陵女子大の敷地の中まで入ったのです。年寄りも、男性も全員入ったので、中で大学の人から「男性と年寄りは入ってはいけない」と言われました。それで仕方なく、母方の祖父母も父母も、若い娘たちが入れればいいというわけで、金陵女子大から出ました。若い女ばかり十二人で、門から歩いて芝生のところまで来ました。すっかり暗くなっていたし、保護してくれる大人がおらず、住むところもあるかどうかわからず、怖くて、二十二歳の義理の姉は泣き出しました。その当時、漢中路から逃げ出して来た時は、一人ずつふとん一枚をかついできていました。真っ暗になっていましたから、大学の百号棟と二百号棟の間の回廊に、ふとんを地面に敷きました。不安と寒さで、その十二人で一夜を座ってすごしました。

　私たち十二人だけでなく、住むところがなくて外で一夜を過ごした人も多く、夜が明けると、職員が来ました。そして、みんなが「華小姐」とよんでいるヴォートリン〔ミニー・ヴォートリン。当時、同大学の教員兼教務主任〕さんが「こんなに多くの難民が外で過ごしていて可哀想です。二〇〇号教室の二階にある机や椅子などを取りだして、収容できる場所を作りましょう」と職員さんに指示したそうです。職員が仕事をしながら、机と椅子を全部取りだして外に運んでくれました。掃除などをしていましたが、終わった後に、私たちの女ばかりの家族十二人も二階に上がって居場所を確保しました。その当時おそらく二百人ぐらいの難民が、二〇〇号室の二階に入りました。私たち身内女性の一団は、その日から一年ちょっとこの二階で生活をしました。

▲…金陵女子大に避難した女性たち（侵華日軍南京大屠殺遇難同胞紀念館提供）

　ある日、日本兵がたくさん金陵女子大にやって来て、難民登録をするので教室から出ろといいました。その当時は日本兵に会うと歩けないほど怖かったのですが、仕方なく出ました。歩いていると、日本兵が棒ではありませんが、木の枝で私の頭をなぐりました。そ

▲…南京師範大学（旧・金陵女子大）で証言する丁栄声

の時、芝生のところに行列になって並んで、難民登録をしなくてはなりませんでした。登録の仕事をしているのは中国人ですが、日本兵がそばで見守っているのです。私は日本兵が怖いということと、また寒いということがあって、震えているとなぐられたのです。そこには机が三つぐらいあって、一人一回の登録ではすまないんです。二回、三回ぐらいの登録をする必要がありますけれど、私は日本兵の近くに行くのが怖くて、結局登録はやめました。何しろ日本兵は、華小姐に追い払われても、塀を乗り越えて女子大に入り込んで女性を強姦しましたから怖くてたまりませんでした。できるだけ若い女性は門を出ないようにしていました。しかし、中の食事はおかゆぐらいで、お腹がすきます。あるとき若い女性が玄関を出て、多分食べ物を買いに出たところ、日本兵がやって来て、女性たちを追ってついてきました。女性たちが門から入ったところ、日本兵もついてきて、門の中に入ってしまった。それでヴォートリンさんは仕方がなく、日本兵たちの見学の案内をするということをしました。日本兵たちが帰った後、ヴォートリンさんは外に出た女性たちをものすごく怒りました。「外に出ないように」といつも繰り返していたのに出たということで怒ったのです。本当に、一般の人は日本兵を「鬼子《クイズ》」とか「日本鬼子《リーベンクイズ》」と呼んでいて、とても怖がっていました。

それで、私たちもずっと女子大の中にいて、毎日、おかゆの供給をうけましたが、一年ちょっと過ぎますと、おかゆの供給がなくなり、だんだん難民も家に帰っていくようになりましたので、私も家に帰ることにしました。なぜ一年以上生活していたかというと、早く帰った難民もいましたが、やはり怖い、怖いと、外のことを怖がっていましたので、帰りたくなかったのです。しかしだんだんもう日本兵は民家までは行かなくなっているということを聞いて、家まで帰ったわけです。

それで、金陵女子大を離れて、漢中路のところに戻ったのですが、その当時の部屋はつぶれてしまっていました。塀とかは残っていました。話では、寒い冬で、日本兵が自分の身を暖めるために、家の木や竹などを取って焼いてしまったということです。それでようやくまた別のところを探して生活をしたわけですが、お母さんが、もともとのところへ帰りたいと言って、大府園というところですが、そこへ戻って今現在までそこにいたわけです。

女性への強姦の一つの例だけをあげます。大府園に帰ってきますと、みんなが言っていました。隣近所の家で布屋さんの娘さんがいて、日本兵が南京へやってくると安全のため、親が娘さんを結婚させた。それは日本兵が入る前ですが、それで、また日本兵が近づいてくると揚子江の北にあります六合県まで逃げていったのです。そこでも日本兵がやってきまして、また、みんな逃げようとしたわけですけれども、その女性が最後になってしまい、便所の大きな瓶の中に飛び込んで隠れました。しかし、日本兵が他の中国人に命令して、糞尿まみれの女性を引き取りだして、その女性の体を洗わせました。素っ裸で洗わせた後から強姦しようとしたと。そこまでが聞いていることです。日本軍のしたことは絶対に許せないことです。

2・2　石秀英（三番目の娘）——父も兄も殺され、母も亡くなり、私たちは孤児になった

一九二六年四月生まれ

当時いた場所：七家湾、五台山附近の難民区

●——父も兄も帰ってこなかった

日本の鬼が南京にやって来た時、私の家には父母、兄嫁、十九歳の兄、二番目の十五歳の姉、十一歳の私、九歳の弟、妹はまだ五歳だった。私たちは南京の七家湾に住んでいました。そこは朝天宮が近くにあり、回族〔中国の回教徒〕がたくさん住んでいました。（日本の）鬼が来ると聞いて私たちは、家族七人でとにかく安全なところへと逃げ出しました。今の南京師範大学の手前の上海路まで逃げると、そこは外国人の家がたくさんあり、安心だと思ったのです。しかしたく

さんの難民が既に家々の中に入っていて、人で一杯でした。仕方なく五台山の近くの小高い丘にいき、父は外からぼろの廃材などを拾ってきて筵をかけてあんぺら小屋を作りました。

十二月十四日、二番目の姉は十五歳でしたので、日本兵に最も襲われる危険性がありました。父は心配して、既に難民区に入っていた父の姉のところへ預けに行くことにしました。伯母さんは、父にご飯を食べる時に味噌がほしいと言いました。帰宅後、父は姉が待っているからとそれを今から届けると言います。母は食事をしてゆけばと押しとどめましたが、父は味噌を持って出かけて行きました。それきり父は帰って来ませんでした。

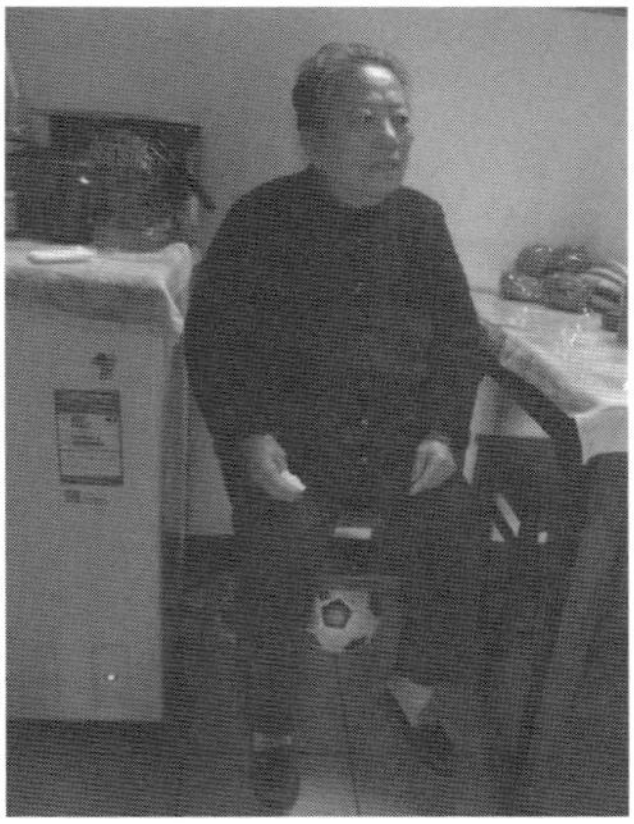

▲…石秀英（３番目の娘）「父母が死んで乞食になった」

母は私の手を引き、心配して泣きながら周辺のあちらこちらを歩き父を探していましたが、周りは死体ばかりがあまりにも多くて、父を見つけ出すことはできませんでした。

その何日か後に、十九歳の兄は弟と一緒に沸かしたお湯をとりに行きました。しかし、弟一人がお湯をもって家に帰ってきました。日本軍が兄を捕らえてどこかに連れてゆき、弟には帰れと言ったことを母に泣きじゃくって伝えました。それからいつまで待っても兄も帰って来ませんでした。

男手がいなくなって、三人の子を育てなくてはならない母は私たち子どもを連れて、毎日七家湾やその周りに倒れている死体を見ては父や兄ではないかと探しました。私たちの住んでいる小屋あたりだけでも死体が一杯転がっていました。頭のないのやら手のない死体やら、傷だらけで惨い光景でした。池の中にも死体はたくさんありました。

かなり後になって、既に結婚していた姉の家の甥が偶然、水西門の近くの街中で日本兵に父が三回も突かれて殺されたのを見ていました。世の中が落ち着いて半年ばかりもたってから家にやって来て、私たちは聞かされました。日本兵に連れて行かれた後すぐに殺されたのだとわかりました。

働き手の父や兄がいなくなり、お金も乏しく食べ物は何もなかったので、五台山のふもとの上海路にある学校でアメリカ人がお粥を配ってくれたのをもらいました。お金が要らないのでバケツをいつも持って行きました。家族の人数によって大人はお椀に一杯と計って入れてくれました。赤十字の腕章をつけていた人だったように記憶しています。

母は暮らしていくために、よその家の洗濯をしたり、月二角〔〇・二元〕しかもらえない便所掃除を手伝っていました。安い賃金だったので全く食べられず、私たちはいつもお腹をすかしていました。子どもを育て生きていくのに苦労ばかりして、父が殺されて五年後、母は胃を悪くして五十三歳で死んでしまいました。

●——母も亡くなり乞食となる

母が亡くなると、私たちは全く孤児になってしまいました。他人の施しで生きるしか道はありませんでした。妹は童養媳になり、弟は子どもの労働者〔童工〕になりました。私は金持ちの子のために学校へ弁当を届けて、少しのお駄賃を稼ぎました。二番目の姉は靴下のつま先と本体を縫う内職をしていました。出来上がったものを私が親方に届けたのです。まだ姉のような若い娘が外に出ると危険な世の中でした。家がぼろぼろで壁が壊れてきましたが、子どもだけではどうしようもなく廃墟に住むしかありませんでした。食べ物は人の残り物をもらって飢えをしのいでいました。私も姉も弟もずっと学校に行ったこともなく文字を知りません。

私は日本を憎んでいます。去年は日本に行って市民の前で話しましたが、市民が大変同情してくれました。戦争は絶対反対です。次の世代が同じ体験するのは私の世代で終わらせたいです。

＊二人の石秀英

二〇一四年十二月十四日『金陵晩報』に「石秀英さんは、七家湾で父と兄を殺害された」と短い取材記事が載っていた。私は毎年十二月十三日には幸存者の新聞記事に注意を払っている。

私は二十年前から集中的に南京大虐殺の幸存者の聞き取り調査を行っているが、三人の優秀な通訳がいる。通訳

▲…二人の石秀英

というより共同調査者と言っても過言ではない。先日三日間は盛卯弟さんに同行してもらったが、今日は南京記念館を退職した常嬿さんに通訳をしてもらう。車は南京民間抗日戦争博物館から協力して頂いている。

南京の中心部の古い共同住宅を訪ねると、戸口から出てきたおばあさんは元気な声でにこやかに私を迎えてくれた。家には娘たち（みな六十歳前後）四人が一緒にいた。九十一歳のおばあさんは、長女の体調が悪いので、料理をしたり身の回りの世話をしている。お婆さんは、少し足の関節が悪く杖をついているのだが、バスにも一人で乗って外にもよく出るそうだ。背筋が伸びて体の動きも頭の回転も早く朗らかだ。とても九十一歳に見えない活発で小柄なおばあさんだ。

非常に鮮明な記憶の証言（前掲）を聞いた後、「ご姉妹はお元気なの？」と聞く。「この近くに元気で住んでいるよ」と石おばあさんも娘さんも声をそろえて言う。

当時十五歳の姉が今も九十五歳で元気に暮らしていると聞き、「もう絶対、お姉さんからも聞かせてほしい」と、我々の車に同乗してもらい早速家を訪れることにした。家族に囲まれて安定した暮らしをしているとのことだ。小柄でほっそりしたおばあさんが迎えてくれた。耳が遠いので声がものすごく大きいが、話の筋道は定かだし、こちらも大声で質問すると直ちに返答が返って来る。女兄弟の三人とも名前は「石秀英」だそうだ。区別の仕方は、生年月日の違いと個人ナンバーの違いだ。当時家の中では、父も母も二番目の娘、三番目の娘と呼んでいたそうだ。昔は娘に名前のない人もけっこういて、ただ、丫頭《ヤートウ》（娘の意味）と呼ばれていたとも聞く。姉妹が同じ名前なんてこともあるんだとびっくり。

2・3　石秀英（二番目の娘）――日本兵が怖くてずうっと草庵に隠れていた

一九二三年三月生まれ

当時いた場所：七家湾、五台山附近の難民区

●――怖くて絶対外に出られなかった

南京大虐殺当時は数えの十五歳で、下の妹は十一歳、弟は九歳、妹は五歳でした。

私たちは七家湾に住んでいました。

十九歳の兄がいました。私たち一家は日本軍が来るので逃げ出し難民区へ行きました。父は朱江路にある現在は大きな児童病院の近くにある小高い丘に草葺の小屋を作りました。小屋と言ってもわらで編んだ筵を屋根にしてかけているだけで、人の背の高さもないくらいで、中では家族が身を寄せ合って入っていました。私は十五歳の娘だから（日本軍に強姦されるので）大変危ないと、父はわざわざ父方の伯母がいる難民区へ連れて行きました。父は、伯母さんたちに頼まれた味噌を渡して帰る途中で水西門で日本軍に捕まって殺されたと思います。伯母はこんな若い娘を預かると責任が重いと言って、次の日には私を自分の家族のいる掘っ立て小屋に帰してしまったのです。父は伯母の要求で味噌を届けたために殺されてしまったのです。だから、私は今も伯母さんを恨んでいます。その後十九歳の兄も捕まって殺されました。その当時は（頼りになるものが殺され）今のように救済金もなく、お腹がすいてたまりませんでした。

▲…石秀英（2番目の娘）「日本兵が怖くてずっと外に出なかった」

難民区から家の小屋に帰るとそれは大変でした。身にぼろをまとって頭

にぼろ布を巻き、老人のようなカッコウをして中に隠れていました。母は小屋の前でいつも斧を手にして柴を切るしぐさをして日本兵が来るのを見張っていました。私は怖くて絶対外には出られません。たった数人が横になれるだけの小さな小屋の隅に縮こまっていました。母は妹や弟を連れて毎日、父や兄を探していました。下関には死体が山ほどありますよと人から聞いては探しに行ったり、五台山には機関銃で殺された人が一杯だと聞くと、母は夢中で探してたくさんの死体を見たことを私に詳しく話してくれた。冬の南京は零度以下になります。着るものもなく、食べ物はなく、もし父の残してくれた少しのお金がなかったら、私たちは餓死していたでしょう。

●――家にこもって内職

世の中が少し安定してから七家湾の家に戻りました。そのあとも日本軍がよくやって来ました。それは、家の近くにある朝天宮に日本軍の駐屯地があったので、ひっきりなしに日本兵があたりの民家へ出入りしていました。「鬼がきたぞ」のおばあさんの声がして、とっさに私は家と家の壁の狭い隙間に隠れました。あまりに怖くて身動きできなかったです。日本兵が去ってから外へ出ましたが、小屋に潜ってずっと家の外には出ていませんでした。正月が過ぎ日本軍がめったやたらに人を殺さないと聞いても、外には出ませんでした。

私は家の中で靴下の先と本体を縫う内職をしました。できた品物は妹が親方のところへ持って行ってくれた。本当に苦労をしました。

今は、子どもも孫もひ孫もいて幸せに暮らしていますが、二度とあのような辛いことは体験したくありません。

2・4 張秀紅――日本兵はお爺さんの腕から私を奪い取って……

一九二六年五月生まれ

当時いた場所：南京城外南西の沙州圩、郊外の趙家苑

当時住んでいたのは南京の西、中和埂〔埂というのは堤、堤防の内側に住んでいた〕です。日本兵が初めて来たのは一九三七年旧暦の十一月でした。日にちは覚えていませんが日本兵が双閘の方からやってきて、十数人がいきなり家に入ってきました。父の襟首をつかんで「お前は支那軍だ！」と言いました。父は額にすじ（帽子の跡形）があり、手にはタコができていました。家には私と二人の妹がいました。私は妹と急いで野良仕事の鍬を持ってきて「父は野良仕事で手にタコがあります。いつも麦藁帽子をかぶっているから筋があります」と一生懸命ひざまずいて説明しました。日本兵は何を言っているのかわからない言葉でしたが、通じたのか父は助かりました。

私の家族は両親と姉妹三人に生まれたばかりの男の子、祖父の七人でしたが男の子（長男）を重視し、両親は長男を連れてすぐに逃げました。祖父が残された私たち三人姉妹（三つずつの年の差）の世話をしてくれました。

その後、家が日本兵に焼かれたので住むところがなくなり、家の近くの水田のクリークの中に身を隠しました。

▲…張秀紅（2005年）

●——隠れていても、何度も来る日本兵に女性は強姦された

旧正月がまもなくやってきました。旧正月の十五日以降だったと思います。十八歳の母方の叔母さんがいました。西善橋からやってきたひとりの日本兵がおばさんを強姦しようと裏の庭まで連れていきました。裏庭には地面に大きな甕を埋めた野つぼに大小便をためていました。上には竹で編んだ蓋を被せてありました。おばさんはどうせ殺されるなら一生懸命抵抗しようと野つぼの側でもみ合っていたら、日本兵が野つぼに足を滑らせて落ちました。おばさんは殺されるか殺すかで、日本兵を棒で殴って野つぼの中で殺しました。夕方、西善橋に駐屯していた日本軍が一人の帰らない日本兵を探しに来ましたが見つから

なかったので戻っていきました。村でみんなが「日本兵が見つからなかったからきっと明日は村へ殺しに来るぞ」と言っているので怖くなって、逃げることにしました。西善橋の東「趙家苑」に逃げました。家は沙州圩でしたがそこから西へ七～八キロメートル離れています〔西善橋と双閘の真ん中あたり〕。ここは、沼地なので水が多く隠れやすいからです。日本兵は水を怖がると聞いたので、水の多いところに逃げました。私たちの村の中で逃げなかった人は翌日みんな殺されました。

趙家苑に逃げるとき、ふとんや米を持っていきました。冬なのでクリークの中は水が少なく、そこに隠れていました。夜になるとごはんを作り、布の袋に入れておき昼にお腹がすくとその袋の中から出して食べ、のどが渇くとクリークの水を手ですくって飲みました。クリークの中で十日間以上いました。その期間中に二～三回日本兵が若い娘を強姦するのをこの目で見ました。クリークから出て見ると大きな広場に、鍋底の墨を顔に塗り、古い綿入れの服を着た数十人の若い娘を並べ、日本兵がきれいな顔をした娘数人を選んで顔を洗わせ別の場所に連れていきました。残った娘はその場で機関銃で撃ち殺されました。

もうひとつクリークから見た日本兵の暴行があります。三～四人の一歳にも満たない赤ちゃんを日本兵が面白がってお尻から銃剣をさしこんで持ち上げました。空中で振り回し赤ちゃんが泣き叫ぶと別の見学していた十数人の日本兵たちが笑い、拍手していました。赤ちゃんが（死んで）泣き止むと、放り投げて捨てました。また、他の赤ちゃんを刺し貫き持ち上げて遊んでいました。こういうことを三～四人の赤ちゃんにつづけてやりました。

●――日本兵は子どもの私を輪姦した

しばらくすると村のみんなから沙州圩の方が安全になったと聞いて、村の人たちと一緒に戻りました。ある日突然日本兵が家にやってきました。私はまだ子供ですからおじいさんが私を守るために私を抱きしめ日本兵に渡すまいと抵抗しました。日本兵はおじいさんの背中を銃剣で突付きました。「もう離して、離さないと二人とも殺される」。私は子供だからおじいさんが殺されたら私も生きていけない、助かるわけがない、ふたりとも殺されるなら一人のほうがまだましだから……と思い、私は日本兵にとなりの空き家になっている部屋に連れて行かれました。日本兵は私をベットに倒すと服を脱がせました。日本兵は無理やり股（性器）を強く開きました。苦痛でした。私は気絶し強姦されました。日本兵が去って行ったのも知りませんでした。とおじいさんは血がいっぱい出ている私の足を閉じて縄で股をしっかりしばり、お腹をさすって揉んでいてくれました。意識が戻ってくるとおじいさんは、私を抱きしめてこんな被害を受けて、と泣きながら一生懸命言ってくれました。長い間足は全然動けない状態でした。七十年も経っても天気の悪い日には後遺症が出て痛みます。座っていると立ち上がれません。まだあの時は十一歳でしたから、あまりにも傷が大きかったのです。

そんなことがあって、昼は家の中は危険なので、おじいさんが藁の山の中に身を隠してくれました。ある日、日本兵はいくつかの藁山を若い娘がどこに隠れているのか探すために銃剣で突き刺していきました。私の左指が半分斬られ、痛かったけれど、私と同じような目にあった女性が痛くて泣いたため、日本兵がその藁山に火をつけ、焼き殺されたという話を聞いていたので、痛くても右手で押さえ藁山の中でじっと我慢していました。

そのうち日本兵は、来ると藁山にいつも火をつけるようになっていたので危険になりました。近くの大きな湖の中に島があり部屋が四つくらいの広さでした。島の周りには葦が群生しているので身を隠すことができます。朝、村の人が小舟で四十数人を送っていき、昼はその葦の中に身を隠していました。

ある日、隠れているのを日本兵に見つかってしまい、日本兵は対岸から機関銃で撃ってきました。私と近くにいた三人はすぐに水に飛び込み葦を掴んで鼻と口だけを水面に出し水の中にもぐりました。二月でとても寒かったです。三十分くらいして水から出て周囲を見ると四十数人中三人だけが生き残っていました。隠れるところもすべてなくなってしまいました。

村の中では十数人が強姦されました。中には強姦されたあと性器に銃剣を突き刺され殺された人もいます。私は見ました。隠れるところもなくどうしようもなくなって髪を切って男に見えるようにしました。それでも日本兵が来て「お前クーニャンか？　サイコー、サイコー（性交）」と声をかけてきます。「よく見てください、私は男ですよ」と言っていました。

いつも日本兵は村までやってきて飼っている豚や鶏を奪っていきます。私は男の子になりきっていたので日本兵が奪ったものを運ぶ仕事を何回もさせられました。天秤棒で大きな豚の肉を担がせ、こちらが疲れて歩かないと殺されます。村の男たちは子供から老人までいつも運ばされました。家から中華門まで重いものを担いで運ばされました。西善橋からも日本兵がやってきて食料を奪って運ばされたと村の人から聞かされました。

私たちは日本人でも中国人でも兄弟ですよ。前の日本軍のような悪いことをしないようにお願いしますよ。中日が友好に協力していきたいです。若い人には国家も団結し、勉強をして、仕事もして、平和な国家を築いていってほしいです。悪いことをしないようにお願いします。

2・5　周成英——連行された父の後を追うと漢中門まで死体がいっぱいだった

一九二二年十月生まれ
当時いた場所：難民区漢中路の空き家

結婚してから今住んでいるこちらに移りました。日本軍が南京に入ってきた当時、家はちょうど難民区の中にあり、家族で漢中路の空き家になっている家に避難しました。母親は既に亡くなっていて、家族は弟と私、父親の三人でした。姉は既に結婚し、近くに嫁いでいました。父は野菜を作っていました。

●——父が連行される

日本軍は南門〔中華門〕から列を組んで入城して来ました。みんな歩兵です。その頃には砲撃はなくなっていました。それ以前は、雨花台には中央軍の陣地があったので、そこに向けた日本軍の砲撃は実に強烈でした。ドーンドーンと地響きを立てていつ家が壊れるかと思いました。しかし入城当時は、砲弾の爆発する音も止み、余り恐くはありませんでした。

子どもだったので何も知らず、仲間たちと一緒に日本軍を見に行きました。日本軍は革靴を履いて、銃を担いでいました。この時が最初に日本人を見た場面です。

入城して数日後、日本兵が走り回ってあちこちで銃の音がしていました。とうとう三人の日本兵が私たちの家のドアを乱暴に開けて入って来ました。日本兵は「食料はあるか」「花姑娘を出せ」と言ったのですが、父親が「いない」というと、父親を捕まえ、連行していきました。その日の午後、ちょうど家に戻っていた姉と私は必死に追いすがりましたが、日本兵に追い払われ全く相手にされませんでした。私たちは漢西門まで追いすがりました。夢中で父を追いかけてきた大通りは死体だらけでした。漢西門付近にはたくさんの防空壕があったのですが、その入り口付近に死体がたくさんありました。中央軍の制服を着ている者や、私服の者がいました。みんな男のようでした。銃殺されたものと思います。死体の皮膚が赤く変色していました。それ以上は恐くて見られませんでした。漢西門には父以外にも多くの若者が連行され銃を持った日本兵が監視していました。日本兵は彼らの手や頭を検査し、中央軍と思われたものは他所に連行していきました。たくさんの無惨な死体が転がっていたので、帰りは恐くて大通りは通らず、裏道を通って帰りました。

私たちは隠れながらようやく家までたどり着きました。私は当時、安全のために男の格好をしていました。髪を上げ、頭には男性用の帽子をかぶり、男のズボンをはいていました。帰る途中で道の向こうから日本兵がやって来て私たちを見つけ走ってきました。私は細い路地を駆け抜け家の間に滑り込み一軒の家に逃げ込みました。その家の老婆が息を切らせている私を匿って助けてくれました。姉とはもう離れればなれになりました。その後は恐ろしくてその家を出られず、夜になってようやく家に帰りました。

▲…周成英「目の前で若い女性が強姦された」(1999年)

●──いきなり侵入した日本兵に女性が立て続けに輪姦されていた

日本軍の入城後半月くらいしてからのことでした。これまで使っていなかった目覚まし時計をいじっているといきなりベルが鳴りだしました。その音を聞きつけて外を歩いていた日本兵が避難していた我が家にドカドカと靴音を鳴らして入ってきたのです。日本兵は三人いました。日本兵は私たちの部屋の中を見回して、その時、隣の部屋に二人の姉妹がいるのを発見しました。すぐにその部屋に入って、ちょうどおまるで用を足していた姉の方につかつかと歩み寄りました。いきなり姉の方を担ぎ上げ、押さえつけて強姦しようとしました。その時の彼女は十八歳くらいでした。その家には姉妹の母親と兄もいました。二人は跪いて「やめてください。許してください」と床に頭を何度もこすりつけ、許しを請うたのですが、全く相手にされず追い払われました。その女性は、家族の前で代わる代わる三人の日本の鬼に輪姦され続けられました。その三人の日本兵が去った後すぐ、また別の日本兵が自転車に乗って来て、家の前に止めました。私たちは逃げる間もありませんでした。その日本兵も部屋に入り込んで、横たわっていた彼女を強姦しました。立て続けに四人から輪姦されたその人は口から血の泡を吹き出して気を失ってしまいました。その後、その家族はどこかに引っ越していきました。その一家もここに避難してきた人たちでしたから、名前などは知りません。家の持ち主は許さんという人でしたが、強姦された娘の家族は、他所から避難してきてそこを借りて住んでいたのです。

私の姉はまだ若いので身の安全のため難民区に避難しました。私は父親と一緒にいました。日本兵が来るとわかると、すぐに壁の裏に隠れました。日本軍が来ることが分かっていたので、私たちは前もって米を買って備蓄していました。それを隠して保存していたので、その後どうにか食いつないでいくことができました。日本兵が来て家捜しをしたこともありましたが、米は見つけられませんでした。日本兵はほとんど毎日のように来ました。大体が昼でした。日本軍の入城後二十日間くらいは大混乱でした。日本兵は勝手気ままに民家に侵入し、花姑娘を物色しました。いつも数人単位で連れ立ってきました。

旧正月を過ぎた頃から少し世間が落ち着いてきました。暖かくなる頃「紅卍字会の埋葬隊」がこの辺りにやって来て町中の死体の回収を始めました。多くの男の人たちが働いていました。殺されてからかなり時間を経過していたので、死体は既に腐乱し、形を成さない状態で、悪臭を放っていました。それらの死体をスコップですくいあげるようにして回収していました。木の荷車のようなものに死体を積み込んでどこかへ運んでいきました。

今、日本では南京大虐殺を否定する人がいると聞いています。本当に酷いことです。史実を消し去ることは決してできません。特に日本の若者たちは自分のお爺さんたちが何をやってきたことを直視し、二度とこうしたことをしないよう願っています。

2・6 夏瑞栄——五台山小学校の運動場に並ばされた男たちは集団虐殺された

一九二二年八月生まれ
当時いた場所：長江路、難民区の五台山小学校

●——日本兵に祖父が殺されても息をひそめ、街中は死体ばかりだった

私たち一家は、六人家族で、長江路の総統府の近くの国府駅の南側に住んでいました。私は満十五歳でした。

一九三七年十二月十三日、この日は、これまで聞こえていた大砲の音がしなくなり、遠くから銃声が聞こえてきました。そのうちにカッカカッカと革靴の音が聞こえてきて、お祖父さんは、何が起きるのだろうと家の門の外へ様子を見に出かけました。しばらくしてお祖父さんは駆け足で門の所へ戻ってきましたが、後ろから三人の日本兵がバタバタと駆けよりお祖父さんを銃で撃ちました。門の隙間から見えるお祖父さんは血を流し私の父の名前を叫びました。私は反射的に部屋の扉を閉めて、隙間から見ていると、門の前でお祖父さんはさらに日本兵に刺し殺され、動かなくなりました。この日初めて日本兵を見たのです。父母と兄、自分と妹の五人は、隙間から殺されたお祖父さんを見るだけで、恐くて外に出る勇気がありませんでした。お祖父さんの死体を埋葬することもできずそのままにして、食事も作れず煙を出すと日本兵がやってくるので、息を潜めて家の中に隠れていました。

日本兵が南京に入って三日目の十五日、数人の日本兵が一人の漢奸を連れてやって来ました。漢奸は「みんな、五台山の難民区へ行け」と言い、日本兵に銃で脅され、すぐ家から立ち去らなくてはならなりませんでした。家族五人と隣の人

▲…夏瑞栄「避難先から男たちが連行されていった」

たちも一緒に三キロほど離れた上海路の五台山小学校に避難しました。我が家は南京の中心街にあり、日本軍の入城式のじゃまになるから追い出されたのだと後で人から聞きました。

我が家から難民区に行く途中は、至るところ死体ばかりでした。真冬の寒空で服を剥ぎとられ裸の女性は、腹を割かれ腸が飛び出していたし、お腹の大きい女性も裸で死んでいました。何十人と死体を見ました。それが路に点々と続いていました。珠江路では、黒焦げの焼き殺された死体をたくさん見ました。ガソリンの匂いが鼻をつき、道端の家々は延々と焼けていて、火の粉が飛んできました。夕方に難民区の五台山小学校へ到着しました。教室も廊下も男女が入り混じり身動きできないくらい難民が押し寄せていて、横になることもできませんでした。この学校はアメリカのキリスト教会が経営している学校で今も同じ場所に残っています。

●――小学校から若者を手当り次第に剔出し、連れ去る

翌日十六日、十数人の日本兵が教室に入ってきて、二十～三十代の男を部屋から引き出し兵隊の容疑の検査を始めました。私も十六歳だったので取り出され、若者たちと一緒に帽子の跡がないか、手にタコがないかと一人ひとり調べられました。私は帽子の跡形がないので助かったのです。銃で脅し運動場に並ばされた男たちは、トラック二、三台の荷台に立ったままぎゅうぎゅう詰めに詰め込まれました。荷台には日本兵が三人ほど銃剣を付けた銃で武装して乗り込んでいました。満杯になったらトラックは出発しました。どこへ連れ出されたのかはわからないが、機関銃で殺されたのだろうとみんなは噂しあっていました。

次の日の十七日も日本兵はやってきて、昨日と同じように若者を引き出し、銃で脅しトラックに乗せて走り去りました。私は教室から運動場の様子を見ていましたが、連れ去られた男たちの誰一人として戻ってきませんでした。

この事件の後、背が高くて髪の黄色いキリスト教会のアメリカ女性がやってきました。日本兵の暴行に抗議するためだと中国人たちは言っていました。この後、五台山小学校での日本兵の暴行が少なくなったのを覚えています。

ここでは食べ物がなく、近くの永慶寺のお坊さんが、一日に粥を二食作ってくれるので、寺まで行って施しを受けました。紅十字会がお金を出していると聞いていました。寒くて、食事も満足にできないためか母は体が弱り病気になってこの難民区で死んでしまいました。

●――女性の連れ去りと性暴力

五台山小学校に入ってから、五日程続けて、毎日女性が日本兵に拉致されるのを見ました。日本兵が四、五人ジープなどで運動場に乗り付けると、二階建ての教室一つ一つに入り込み廊下でも若い娘を見つけると引き出して車に数人の女の人を連れ込んでいました。あるときには午前中来て、午後にまた来たこともあります。大概小型の車でやって来ました。日本兵は、若い娘を狙っていました。戻ってこない娘が多く、自分で逃げ帰ってきた娘は少なかったが、恥ずかしさのあまり押し黙って泣いていました。アメリカ人は、時々監視に来てはいましたが、日本兵に効き目はありませんでした。私は子どもだったから危害は加えられないので、この眼で見ていました。私たちは二階建ての教室の中に住んでいましたが、十いくつの教室も廊下も多くの人が隙間ないくらいぎゅうぎゅうづめになって、寝るどころではありませんでした。

難民区に十数日いて、家に帰ったその日は大雪が降り積もっていました。日本軍が南京に押し入ってから半月程たち、世の中が少しだけ安定し始めたので難民区から家に帰りました。家の門の前でお祖父さんは殺されたときのままの姿で雪をかぶって横たわっていました。紅十字会〔赤十字〕の人たちが家の近所の死体を片づけていました。白地に十字、下に何か字が書いてあるのを印刷した布の腕章をつけていました。紅十字会の人たちが、腕章をつけていない一般の人々を指導して死体を片づけさせていました。死体は二人一組で大八車に積みこんでいました。ござで包むのもあればそのままの死体もありました。焼き殺された人や焼けこげた服の掃除をしていました。死体はどこへ運んでいったかわかりません。

近所の人も少しずつ戻り始めました。この辺りは鉄道員の宿舎が多くて、隣には、親兄弟はどうなったかわからないが二十歳くらいの高という未婚の娘が一人だけ戻っていました。ある日の午後、一人の日本兵が酔っ払ってふらふら歩いてきました。大通りに面した隣の家の門から入って行きました。日本兵が女性の腕を引っ張り外に連れ出そうとしました。女性は抵抗して倒れると、日本兵はそれでもずるずると引き摺って、更に隣の夜勤労働者の誰もいないベッドに引きずりこみました。自分の家の窓から見ていたので物音はあまり聞こえなかったが、十数分して日本兵は表の門から出ていきました。裏の門から出てきた女性の髪の毛は乱れ、ボタンは外れ、泣いていました。次の日からは外へも出ず、ずっと家に引きこもったままでした。

私はその後街に出た時、日本兵に捕まって子どもなのに苦力にされてしまいました。太平南路の科巷という所の駐屯所で、普段は食事作りや掃除をさせられました。この辺り太平路には日本兵がたくさん駐屯し、慰安所もありました。ある日、一人の日本兵が軍刀を腰に下げ、私を一緒に連れて女を探しに出かけました。科巷の駐屯地の近くで一軒一軒女を探し回っていました。ある一軒の家でやっと四十歳代の女性と男が二人いたので、日本兵は「花姑娘」と言い、男二人を家に閉じ込め出られないように門を針金で縛って、女性を隣の空き家に連れ込みました。日本兵は恐ろしいので、女性は捕まるともう言いなりになっていました。私は空き家の外で待つようにと命令されました。中の物音も聞こえなかったのですが、十分ほどしてから日本兵はズボンのベルトを締めながら出てきました。この頃は憲兵も見回っているので女性を殺しはしなかったが、強姦し終わるとまた日本兵について行かされました。

●——列車で運びこまれ、死体になって運び出された中国人たち

一九三八年の後半ごろ、私は鉄道員になっていました。北京東路と成賢街に交わる所に日本軍の軍用駅があり、ここでたくさんの中国人たちが貨物列車から下りると、近くの日本軍がやっている病院に入っていきました。そこは高い塀に鉄条網が張り巡らされ、中には高い煙突が立っていました。中を覗くことはできなかったが、鉄道員なので中国人たちが病院に入るのや、医療器具のような銀色の筒を持ち白衣を着た日本人が頻繁に出入りしているのを見かけました。一、三日して病院から大八車で毎日毎日死体が運び出されるのを見ました。噂では人体実験をして殺した死体を焼いているのを見

たと言う人もあり、入った人の数より運び出された死体の方がうんと少なかったのです。

日本軍に捕まっていた時、明の故宮で苦力として爆弾を運ばされたことがありました。爆発する危険がありおまけに重いのでやりたくなくて地面におくと、日本兵にいきなり足を斬りつけられました。出血がひどく同仁病院に運び込まれましたが、九死に一生を得ました。戦後、中国でのBC級裁判で日本軍の戦争犯罪を裁く時、証人として出廷しました。

あなたが学校の先生をしているなら、子どもたちに正しい歴史を必ず伝えてくださいよ。これからの日中友好は若い人たちが互いに理解して手を取り合っていってほしいのです。

私は、日本軍に家族を奪われました。数え切れないほどの同胞を目の当たりに殺され、死体を乗り越え逃げ、いつ殺されるかわからない恐怖、悲惨な体験をしました。日本人の中にも侵略戦争の事実を認めようとしない人がいるのは許せないことです。

2・7　楊明貞——私を助け瀕死の重傷を負った父の前で私と母は凌辱された

一九三〇年二月生まれ

当時いた場所：中華門北東にある文思巷

私は一九三〇年二月生まれです。もう七十歳以上の年寄りです。

ここ数年日本では南京大虐殺を否定する勢力が大きくなっていると新聞に出ていますが、一般の日本人は南京大虐殺を認めていないんですか？　私自身が辛酸をなめ尽くしています。身をもって南京大虐殺を体験しているのです。両親を殺され、私自身もわずか七歳で人には言えないようなひどい目（性暴力）に遭っています。そのために尿道が傷つき、今でもおしっこが漏れて普通に小便ができないのです。どうか真実を日本の人たちに知らせてください。

日本兵が乱入し発砲して人を殺し、父は腕を撃たれた

一九三七年当時、家族は南京城の南、通済門に近い東文思巷というところに住んでいました。私はまだ七歳でした。父は五十三歳、母は五十一歳でした。両親が年をとってからの子どもでしたので大変かわいがられて大きくなりました。父は竹細工の仕事をしていました。日本軍が攻めてくると聞いて、近所の人たちは次々と遠くへ避難していきました。でも父親は、いくら日本軍が悪いと言っても、年寄りや子どもに危害は加えないだろうと思って家に残りました。周りでもこうして残る人が多かったのです。

十二月十三日の朝、三、四人の日本軍が初めてわが家の門から銃を乱射して入ってきました。この家には三家族が住んでいて、まずいきなり家主のお婆さんと管理人のお爺さんが撃たれ即死でした。そして父が左腕を撃たれて倒れ、大量の血が流れ出ました。日本兵が行ってしまってから、母は必死になって父の腕に布をまき血を止めていました。

午後になってまた二人の日本兵が入ってきました。わが家は避難するために、その資金としてお金（銀塊）を懐に隠し持っていました。日本兵は、家にあった布団を奪うと共に、母の綿入れを銃剣で引き裂きました。その拍子にお金が落ちました。日本軍はそれを奪い、母がしていたイヤリングも引きちぎって奪って行きました。

この日の真夜中を過ぎた十四日の午前二時か三時頃、父の傷も深いので近くの避難所に逃げようとしました。外に出て少し進んだ所、大中橋の手前で多くの日本兵に銃で遮られて家へ帰されました。その日の昼まで何もありませんでした。

首を斬られた父の眼前で母娘は二人の日本兵に強姦された

真冬で寒く暖房もなかったので、庭に出て日だまりで陽に当っていると、二人の日本兵が馬に乗ってやって来ました。馬から下りて髭の生えた日本兵が私に近づいてきました。私をひょいと抱き上げズボンに手をかけぬがそうとしました。手を差し入れてきたので、激しく抵抗して泣く私に父は傷ついた体で、私に近寄り、「泣かないで、泣かないで」と言いながら私のズボンを引き上げようとしました。私を取り戻そうとしている父の様子を見ていたもう一人の日本兵が父を地

面になぎ倒し、顔を何度も殴りました。そしてその場で馬乗りになり、父の首を三度も斬りつけました。血が止まらず血だまりの中で父は動かなくなりました。母は必死になって父をベッドの所に運ぼうとしました。日本兵は長い髭を生やし、とても恐ろしい様相でした。今でも恐ろしくて、日本兵が出るテレビ番組を見ることができません。

次の日の十五日のことです。午後、台所の下で母と私が横になっているところへ、再び二人の日本兵がやって来ました。父は衰弱して横たわっているだけでした。日本兵はまず、父の所へ近づき父の目を指で開き、刀を口の中に差し込みました。父は意識はあったのですが動くこともできませんでした。日本兵は、そんな父を見て中国語で「死了！　死了！〔死んでる死んでる〕」といいました。日本兵はまず母親に近づき、ズボンをずり下げました。母は顔に塗っていた煤を日本兵に手で擦り取られたので、日本兵の手をかみました。怒った日本兵は母を何度も殴ってから、強姦しました。その後、日本兵はお構いなしに母親の性器に銃身をねじ込んで弄びました。母は何度も許してくださいと泣いていました。母の下半身からたくさんの血が流れ出しました。その時母親は顔に墨を塗りたくっていましたので、日本兵は〝汚い〟と思って銃身で母親をいたぶったんだと思います。もう一人の日本兵は、私のズボンをずり下げ、指でまだ固い性器をこじ開けながら弄びました。何しろまだ六、七歳の未熟な性器です。私は痛さで泣き喚きました。それでもその日本兵は強引に私を強姦しました。奴らは畜生です。二人は交代して私と母を続けて強姦しました。大量の血が流れ、痛さで歩くことさえできないほどでした。母は倒れていましたので、私は性器に布を自分で当てて、手当をしました。

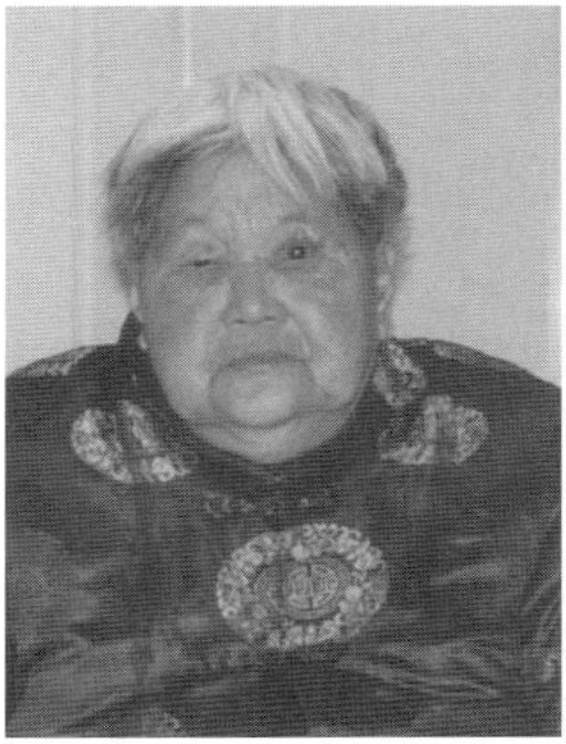
▲…楊明貞（2000年）

●——父母は相次いで亡くなり、傷は癒えないまま孤児となってしまった

性器が腫れ、血が流れ出ました。おしっこも知らないうちに流れ出し、傷にしみて痛くてたまりませんでした。父が亡くなり、母も精神的におかしくなりやがて父の後を追うように死んでしまいました。両親を失っていたのでその時に痛めた泌尿器を治療することもできませんでした。それから今日までずっと失禁に悩まされ、普通に小便をすることができません。今になっても、おむつ

を離すことができません。その時、父親がどうしてもっと早く避難しなかったのか、恨みに思うことがありました。しかし、その両親も殺され、墓を作ってあげることもできません。ただ空き地で焼いただけでした。

数日後、私の近所に住んでいた十五、六歳歳になる童養媳の娘も、私の世話をしてくれて家に一緒にいるときに三人の日本兵に強姦されました。後で戻ってきた夫は、彼女に「日本兵と寝た女」と言って、彼女をひどく責め立てて殴りました。彼女はその後、絶望して近くの池に入水自殺しています。

この後も日本兵は再三家にやってきました。私のぼろぼろのズボンを引き下げ強姦しようとしましたが、下半身が腫れ上がっているのを見て強姦するのをやめて出て行きました。しかし、分からない言葉で私をののしって殴ったりしました。

両親を失った私はその後、街で油条《ヨウティアオ》〔油で揚げたパンのようなもの〕やお茶を売って生き永らえました。人の紹介で十数歳も年上の人と結婚したのですが、私が「親なし子」だというので、夫や、夫の姉からひどい仕打ちを受けました。毎日のように殴られ、罵られました。本当に辛い毎日でした。これもみんな日本軍に両親を殺されたためです。

日本人をいくら恨んでも恨み切れません。日本人は本当に残酷で、人でなしの畜生です。私は今まで自分のこと（被害）を子どもたちにさえ言ってはいませんでした。言えなかったのです。私だけじゃない、大勢の中国人が私と同じような被害に遭っています。日本で南京大虐殺を認めようとしない人たちがいると聞いていますが、本当に信じられないことです。私は生き証人です。私自身の被害ばかりでなく、日本兵が多くの中国人を殺すところを見ています。街中が死体だらけでした。日本兵は女性を見れば強姦し、男を見れば殺していました。どうして南京大虐殺がなかったなどと言えるのでしょうか？

2・8 張秀英——村に攻め込んだ日本兵に強姦され、その間生後数か月の娘が焼き殺された

一九一四年四月生まれ

当時いた場所：浦口烏衣、浦口薪炭場

一九三七年十二月、日本軍が南京にやってきた時、私は二十三歳でした。もともとは山東省の出身で貧しくて南京方面にやってきたのでした。その時はすでに結婚していて夫は李春田と言いました。三歳になる息子と生まれて三か月の娘の四人家族で暮らしていました。夫は、陶さんという名の地主の作男のような仕事をし、私も地主の家の手伝いと子守をしていました。私たちの住んでいる安徽省烏衣の村〔浦口から数十キロの距離〕にも「日本鬼子《リーベンクィズ》」が攻めて来るという噂が流れ、お金持ちの人たちはどこか安全なところへ逃げていきました。夫も地主の奥さんをもっと安全な村へ送って行かなければならないので、家にいませんでした。私たち一家はこんな貧しい生活をしていましたので、日本軍がやってくると聞いても、逃げることなどはできませんでした。私たちの住んでいる村は三百人くらいの人が住んでいる小さな村でした。

●――日本兵は家を焼き、村人を殺し、私を犯した

はっきりした日にちは覚えていませんが、冬の寒い日でした。日本軍がついにやってきました。私は地主の家の手伝いをしにいって、生まれて三か月になる娘は家に寝かせていました。門の傍らに子どもをあやしながら座っていると、日本兵が近づいて来るなり村人を突き殺していました。私はびっくりしてしまって、逃げることすらできませんでした。私を含め村の女性四、五十人が捕まり、広場に連行されました。日本兵は「逃げなければ殺さない」と言いました。何をされるか心配しながら私たちはそこに行きました。日本兵は私たちに銃剣を突きつけながら、下着一枚になるように言いました。もう言うとおりしなくてはなりませんでした。上はシャツ一枚下はパンツだけになり広場をぐるぐる走らされました。私たちが恐怖と屈辱で泣きながら駆けているのを三十人ほどの日本兵が手を叩いて喜んでいました。「なんて奴らだ日本鬼子は」と思いましたよ。それが終わると、三歳の男の子を抱いている私についてくるよう言いました。どうしようとおろおろしていると地主の家の陶小母さんが、「ついて行きなさい。でないと剣で突き殺されるよ。子どもをよこしなさい」と教えてくれました。私は子どもをそこにおいて日本鬼子について行きました。日本兵は陶さんの家の中に私を連れ込み私を強姦したのです。もう恥ずかしくて後は言えません。私は泣き続けました。日本鬼子はあちらこちらの家に火を付けていました。自分の家の方にも煙が上がっていました。

私は心配で、やっとのことで自分の家に帰り着くと、我が家はすっかり焼け落ちていました。私が強姦されている間に、哀れにも三か月の娘は焼き殺されたのです。住むところも娘も、衣服もみんな焼き尽くされてしまったのです。

▲…張秀英。亡くなるひと月前（2007年）

●——逃げる山中でも日本兵に見つかり切りつけられた

夫も留守でしたので、私は三歳の息子の手を引いて村の人と共に山の方へ逃げました。雪が降り氷の張り付いた寒い時期でした。食べ物もあまりなくお金は全くなく、山の中の廟に寝泊まりしていました。何日か経ったある夜、一人の日本鬼子が扉を開けて入ってきました。しゃべる言葉は分かりませんでしたが、私を押さえつけて犯そうとしました。下着に手をかけてから、私が生理中だとわかりました。その鬼子はいきなり何かわめいて、私の顔を平手打ちしました。そして銃で部屋の中の棚を壊し、さらに、ポケットからナイフをとりだしました。日本兵は「お前、死ね死ね」と片言の中国語で怒鳴りながらナイフで刺してきました。私は左手でかばいました。指が一寸ほど切れ骨が見えました。泣いている私の体の上から銃の台尻を振り下ろしました。日本兵は怒って出て行きましたので、助かりましたが、もう少しのところで殺されそうになったので私は怖くて泣いていました。ここにいては危ないので、もっと山の中に逃げました。

山の上では雪がまだ降っていました。食べ物もなく、坑に隠れていました。最も寒い真冬に外を逃げ回っていたので、私は悪寒と震えと発熱に悩まされました。この病状が何日も続き息子の世話もできませんでした。いっしょに隠れていた人に、「稲草の焼いた熱い灰の固まりをへその上にかぶせて、繰り返し暖めたらよい」と教えてもらいました。そうしているうちに少しずつ良くなってきました。

浦口で暮らしても日本兵に襲われた

この後、私は、夫を探し、やっと家族三人で助け合って浦口で暮らせるようになりました。世の中が落ち着いてからですが、夫は駐屯している日本軍に苦力として連行されました。揚子江岸辺の船着き場で積み荷の上げ下ろしや、老江口で散らばっている石炭拾いをさせられました。わずかな賃金は貰えても食事は出ないので、私は毎日、昼ご飯（飯の上に汁をかけたりおかずを乗せただけの質素な食事）を夫の作業現場に届けていました。ある日、私はご飯を持って浦口の九号船着き場に向かっていました。四号船着き場を通り過ごしたとき、運悪く日本兵の見張り兵に見つかってしまいました。兵隊は、中国語で良民証を検査すると言って、私の良民証を取り上げたきり返してくれません。これがないと夫の所へも行けませんし生活できなくなりますので、私は「どうか、返してください」と何度も頼みました。この日本兵は一時間以上も私に絡み行かせてくれません。そして、挙げ句の果てには、「お前は俺の嫁さんだ。俺はお前の亭主だ」と言いだし、「サイコ、サイコ、お前と寝たい」とわめいて、私の腕を掴んで放しませんでした。私は抵抗して夫や子どもの名を呼び続け泣き叫びました。それでも日本兵は力任せに河岸に私を引きずっていき、「お前は死ぬんだ」と言って河に落とそうとしました。その時、他の見張りの日本兵がこちらを見ていました。それに気づいたこの男は、やっと私を放し、今回私を蹂躙することはできませんでした。それ以降、私は恐ろしくて敢えて船着き場には行かなくなりました。

▲…浦口の自宅で張秀英を取材（2000 年）

日本軍が揚子江の北側の浦口に攻め込んでから、岸辺には至る所に死体がありました。どこかから逃げてきて身寄りのない人の死体だったのでしょう。誰も埋葬しないので放置されていました。私たちは敢えてそれを見ようとはしませんでした。日本兵は町の至る所で勝手なことをしていました。自分の思い通りにならない中国人がいれば、苦力を連れてきてその人をムシロの袋に入れて揚子江に投げ込み溺死させました。また、軍犬をけしかけて中国人に噛みつかせました。犬は大変残酷に訓練されていて、のどや腿に食いつきかみちぎりました。苦力は重い荷物を担いで細い踏み板を渡って舟に積み下ろしをします。ちょっと作業が遅いと監視の日本兵に鞭で打たれたり、あまりの重さに踏み板でよろけたりすると、揚子江に転落しました。揚子江に落ちると命をなくす者がたくさんいました。必死で泳ぎ着いて岸に上がっても、損害を与えたということで死ぬほど殴られたり、もう一度重しをつけられて河に放り込まれて溺死させられる人も見ました。日本兵は中国人を人間として見ない。ほんとに、無駄死にでした。

南京大虐殺の時、私は二十三歳でした。頭は丸坊主にして、顔に灰を塗り汚くして極寒の山中を逃げ回りました。人間の暮らしではなく、私は本当に死ぬ思いをしました。日本兵は村に入ってから村人に出会えば殺しました。地主である陶家の次男と三男はあぜ道で日本兵に見つかり腹這いになったところを銃で撃ち抜かれました。地主の長男も逃げるところを殺されました。これは私が自分の目で見たことです。決して嘘を話しているのではありません。日本では、南京大虐殺を嘘だという人々や政治家がいると聞いていますが、私はこんなひどい目にあって娘まで焼き殺されたのです。娘は生きていたら六十三歳〔聞き取り当時〕になっています。そして、刺された指は曲り、銃の台尻で殴られたお陰で腕は六十年以上も上がりませんし、生活に苦労しています。日本人は、これでも南京大虐殺は嘘だと言い張るのでしょうか。

第4章…南京大虐殺下の性暴力
――被害者と加害兵士の証言から見る

1　はじめに

筆者が初めて南京を訪れたのは一九八八年であった。日本社会全般や教育の世界でも、教科書問題と中曽根首相の靖国神社公式参拝から間もない時期だった。日本の教科書では近現代の戦争の記述は簡単であるが、原爆被害と空襲は詳しく記載されている。しかし、それ等の被害に至る前提としての、長期にわたる中国全土への侵略やアジアへの侵略が的確に書かれていなかった。そこで筆者は子供たちが社会や道徳の時間を使って戦争と平和を学ぶには、副読本が必要だと理解した。まず、人命、資源面に甚大な被害を与えた隣国・中国の南京と北京、上海などにある戦争資料館見学と、戦争被害者の聞き取りを記録しようとしたのが始まりだった。初めてお会いした南京大虐殺の生存者は、李秀英という老女性だった。南京になだれ込んだ日本兵士が次々に人々を銃剣で突き殺すのを地下室の窓から見ていた。兵士の家探しで自身も強姦されそうになり、抵抗したところを顔

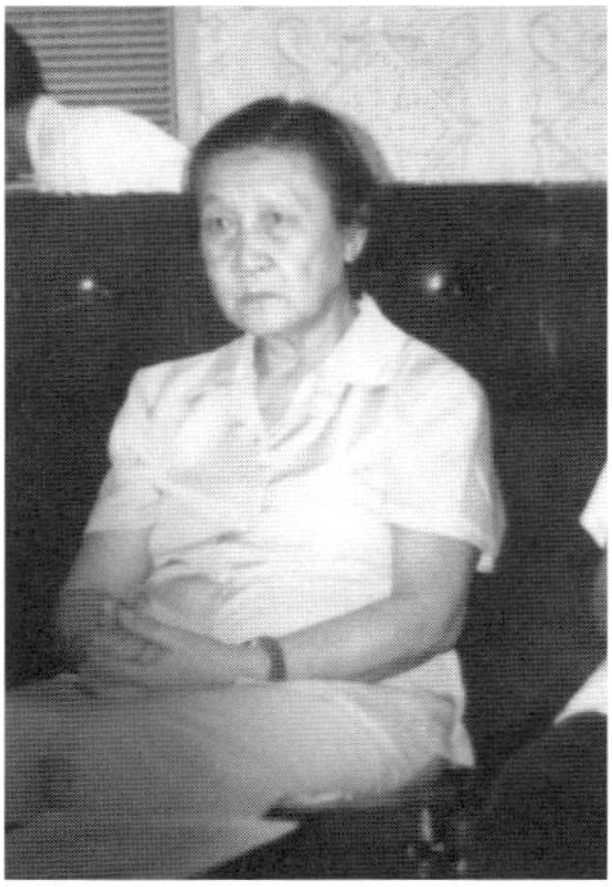
▲…李秀英

や腹をめった突きにされ家族からも死んだと思われた女性だった。それでも彼女は辛い話の結びとして「悪いのは一部軍国主義者であり、民衆や我々生存者は同じ民衆同士で戦争の被害者です。仲良くしましょう」と言われた。このころは外国人に南京大虐殺の悲惨な話をしてから終わるスタイルは、このように「民衆同士の友好」と決まっていた。しかし彼女はさらに小さな声でこういった。「私は今でも日本人を見ると気分が悪い」。

この言葉を聞いて身体が凍り付いた。この人たちの痛みを日本の若者たちに伝えなくてはならないと思い、毎年南京へ聞き取りに行くようになった。そして記録を日本の人々に知らせるべく、毎回五百～一千冊の報告集を作成し市民に配布した。教員の仕事面では、同僚と共に平和学習の副教材を作成し子供たちの学びの一助とした。

数年後に活動としてできたことは、ニューヨークの中国人画家たちが描いた南京大虐殺絵画展覧会の開催だった。大阪を皮切りに沖縄、神戸、京都、大阪、東京、岡山等と会場を増やしていった。更にその後も全国に散らばる戦争責任をテーマに活動する友人たちと話し合い協力して、正しい歴史認識活動を広める活動を開始した。それは南京大虐殺の証言者を日本に招請して証言集会を各地で開催することだった。その活動は毎年十二月に開催し、二〇一四年の年まで全国七か所で開催した。

証言集会開始の同時期の一九九七年には、南京攻略戦に参戦した元兵士の情報を集めるための『南京大虐殺情報ホットライン』を、全国六か所に電話ステーションを設置して情報を集めた。元兵士からの情報や地方の図書館にある資料を手掛かりにして、その時から日本兵士の調査が始まった。結果的には日本兵士の調査は十年以上の年月をかけ二百五十名の記録（動画、音声、写真、日記やメモなど）を収集することができた。また、日本兵士の調査と並行して南京大虐殺の被害者の集中的な調査も同時に始め、日本兵士の調査と同じように十数年の歳月を費やして記録に残すことができた。

元兵士から託され入手した資料を基にして、筆者は加害兵士の証言集『南京戦――閉ざされた記憶を尋ねて』や『南京戦――切り裂かれた受難者の魂』、『戦場の街南京――松村伍長の日記と程瑞芳日記』を出版することができた。更に五十八枚の写真パネル『南京大虐殺』を制作し全国四十会場で写真展を開催し、若い世代へ近現代の歴史認識を深める活動を展開した。

五年ほど前から、筆者は監督としてドキュメンタリー映画制作に携わっている。一作目の『南京 引き裂かれた記憶』

や二作目の『南京の松村伍長』は映画館、市民運動、組合など五十数か所で上映され、少しずつではあるが市民の間で広がりを見せている。

私たちの歴史認識活動は、宣伝規模も財力も小さく、各地の市民と連携して手作りで形成されている。その歴史認識活動は「戦争で被害を被った人の痛みを知り、いかにして平和な世界を築くか」を目標にしている。私たちの旗印は『前時不忘后事之師』である。先に起きた過ちを忘れず、後の教訓とするのは事物だけに関係したことではなく、被害を受けた弱い人の痛みを知ることが、二度と悲惨な行いをしないことにつながると考えている。

南京に通い始めた頃、筆者は、南京大学歴史系の南京大虐殺研究者である高興祖教授に虐殺跡地を案内して頂いたり、毎年一回以上の研究成果を私たち銘心会南京友好訪中団の団員に講演して頂いた。時も経ないうちに、同大学や南京師範大学、江蘇省社会科学院の歴史系の張連紅教授や経盛鴻教授、孫宅巍教授たちとの交流、更に在野研究者たちとの共同調査に発展した。また同時に侵華日軍南京大屠殺遇難同胞紀念館との研究交流も盛んになり、館長や研究員と共に南京市街地の虐殺跡地調査や証言者の聞き取りの合同調査などをし、筆者が企画する南京やそれ以外の市町村にある惨案の地での調査に南京大虐殺や現代史の研究者側が参加をすることもしばしばあった。筆者が中国現地で実施している調査は、一年に四〜六回、一度の日数は一週間から二週間を要したので、上記の人々だけでなく通訳をしてくれる長年の友人たちや、運転を買って出る友人たちが証言者探しの積極的な協力を惜しまないので、ありがたく励みになった。

日本においては、南京事件調査研究会に参加される先生方が、古くから南京大虐殺にかかわる研究と調査をしてこられた。洞富雄先生は、先駆者とも言われる方で一九九〇年病床におられた先生をお見舞いしたことが記憶に残っている。一度しかお会いできなかったが、『日中戦争資料』の南京編で膨大な資料を整理され、たくさんの著書を残された尊敬できる研究者である。藤原彰先生も既に鬼籍に入られたが、たくさんの書籍や論文を書かれ、筆者も先生には何度か講演を依頼、大阪まで来ていただいたことがあった。笠原十九司先生や吉田裕、井上久士先生たちも長年にわたって南京の研究をされた方である。他にも南京研には近現代歴史研究者がたくさんおられるが、基本的には学術資料を基にした研究は、筆者にとっては、資料調査の面では大変勉強になり参考になったと言えるだろう。

物故された藤原先生、そして笠原先生たちもよく言われていた。「南京事件は論理的には、まぼろし派や少数派には勝っ

▲…集団埋葬された墓群（侵華日軍南京大屠殺遇難同胞紀念館提供）

ていて、論議は終わっています」と。しかし、まぼろし派、少数派、虐殺なかった派、歴史修正主義と時代と共に名前が変わって、日本の侵略の歴史事実を否定する人々が次々に登場し、現代も出現し続けている。基本的に彼らは、日本のかつての侵略戦争を認めたくなく、あからさまな反中国、嫌中、嫌韓の姿勢を表している。過去の日本が軍事一辺倒で他民族や他国を侵略した政策が、自国のみの目先の利益を守る国家主義的な主張をする人々と重なる。彼らの出版する書籍や雑誌はマスメディアに乗って書店やコンビニで手軽に入手できるほど平積みされ蔓延している。彼らのＨＰや宣伝チラシ等ではこのように言っている。「南京事件や慰安婦問題は情報戦だ。国を守るためには、これに打ち勝たなくてはならん」。

しかし、心と体に痛みを抱えた日本の侵略戦争の被害者は、隣国やアジア各地に実在している。彼らの記憶は家人や村の人々、社会の人たちに引き継がれて行く。また数は少ないが元日本兵士の語る加害の歴史事実は、掘り起こす人たちの手で明らかにされつつある。日本は、悲惨な出来事を起こした加害者である事実を未来永劫まで覆い隠せることはできないだろう。日本側の政治的経済的な理由で、歴史事実をねじ曲げ被害者の痛みを更に増すことは許されないことである。

一九三七年七月七日に日本は中国大陸への全面侵略戦争を拡大した。十二月十三日、直前まで国民政府の首都であった南京へ侵攻した日本軍は徹底的に掃蕩を行い武器を捨てた元中国兵や無辜の市民を無差別に殺害した。加えて多くの日本軍将兵は、若い女性を中心にして、幼女から老年に至る女性まで性暴力を頻繁に行った。南京城内の路上や広場、家屋の中、果ては城外の農地や空き地、クリーク、林の中、揚子江岸とあらゆる場所で膨大な数の老若男女の死体を目にすることばかりだった、とこれまで聞き取りをした被害側の生存者と加害側の元兵士たちは、それぞれの具体的な体験を語っている。

南京大虐殺下で性暴力の被害にあった女性たちは、貞操を守れなかったという当時の道徳観念に縛られ、家族や夫、社会からも責任を問われた。被害女性たちは一般的な犯罪被害者のように訴えることもできず、ひたすら耐え、口を閉ざすか自死に至る道しかなかった。当時の日本でももちろん性暴力は親告罪であり、まして占領下の女性や親族からの訴えに聞く耳を持たなかった。

南京大虐殺下の性暴力被害女性たちは、証言や告発をすることによって、日本側の歴史認識と自身の人間性の回復を求めている。南京大虐殺下、非戦闘員である女性への性暴力、集団強姦は大規模に発生した。戦争の中で軍隊が組織的に女性や弱者への生命、人権、生活の破壊を行ったのである。性暴力被害者は、民族の差別を受けた上に、女性であることからも尊厳を傷つけられ、被害者であるのにも関わらず非難され、二重三重に抑圧を受けた。今もなお昔の観念が残り、性暴力被害を名乗り出にくくしている。

▲…中山門上で万歳をする第35聯隊の兵士（「支那事変写真帖」より）

2　南京掃蕩戦に関係した日本軍の状況

「支那事変」と称された日中戦争に参戦した部隊は中支那方面軍の部隊であり、九個師団と一個旅団から構成されていた。南京大虐殺に最も関係の深い部隊は、十二月十七日の南京入城式以降、南京警備の任に着いた第三十旅団（旅団長佐々木到一少将）直下の歩兵第三十三聯隊（三重）と歩兵第三十八聯隊（奈良）の部隊である。この部隊は南京城内と郊外に中国人たちの家屋や公共の建物を占拠して駐屯した。南京城内では敗残兵の掃蕩の目的で国際安全区や南京城内から中国兵と断定した若い男たちを引出し集団虐殺した。また城外や郊外でも広範囲にわたって、掃蕩作戦を何度も実施した。男であり不審と見れば少年から老人までその場で撃ち殺されるか、連行されてから集団虐殺される場合が多かった。

では南京警備とは実際にはどんなことをしたのだろうか。

▲…和平門内に詰め込まれた捕虜1000人以上が移送され、下関で殺された

佐々木到一少将私記[1]には掃蕩や殺戮の文字がそこかしこに書かれている。南京に到達してからの佐々木私記を拾い読むだけで、南京警備とは、敗残兵を引出して集団虐殺することが最も重要な目的であったと理解できるだろう。

十二月十三日「我が隊のみにて二万以上の敵は解決されている筈である」「その後俘虜ぞくぞく投降し来たり数千に達す。激昂する兵は上官の制止を肯かばこそ片はしより殺戮する」。

十二月十四日「両聯隊全部隷下に掌握、城内外の掃蕩を実施す。いたる所に潜伏している敗残兵を引き摺り出す」「抵抗するもの、従順の態度を失するものは容赦なく即座に殺戮した、終日各所に銃声が聞こえた」「太平門外の大きな外壕が死骸で埋められてゆく」。

十二月十六日「命に依り紫金山北側一帯を掃蕩す、獲物少しとは言え、両聯隊共に数百の敗兵を引き摺り出して処分した」。

十二月十七日　南京入城式の日「七万の鮮血が江南の田圃とクリークを彩っているのは云うまでもない」。

十二月二十一日「我師団は南京城を含む周囲地域を警備。余は南京地区西部（城内を包含）警備司令官を命ぜられ、城内警備に関しては派遣軍司令官の直轄となる」。

十二月二十二日「城内粛清委員長を命ぜられ、直に会議を開催す」。

十二月二十六日「城内の粛清は土民に混ぜる敗敵を摘出して不穏分子の陰謀を封殺……」。

一月五日「査問会打切、此日迄に城内より摘出せし敗兵約二千、旧外交部に収容」「城外近郊にあって不逞行為を続けつつある敗残兵も逐次捕縛、下関に於て処分せるもの数千に達す」。

以上の記述内容を拾い読むと佐々木到一の下で中国人男性たちの連行と集団虐殺が日常化している。第十六師団・第三十旅団配下の歩兵第三十三聯隊と歩兵第三十八聯隊は南京城内外に最も長く駐屯し、南京城内外に潜む男たちの引き出しと集団虐殺を請け負った。さらに掃蕩摘出の時に女性への性暴力が当然のように伴った。そして掃蕩がない日常でも、日本兵たちは当然のように性暴力を行った。佐々木到一私記だけでなく、また、調査した被害者と加害の側の元兵士の証言などから南京警備の仕事が、捕虜と決めつけられた男達の駆り出しと集団虐殺、性暴力に結びつくことは容易である。しかも加害被害の両面から検証すると、元兵士だったとの判定基準は実に曖昧であり、ほとんど査問も裁判もなかった。

3　当時南京に滞在した人々の視線

①　国際安全委員会委員長のラーベは、ドイツ本国への報告で、南京における日本軍の南京大虐殺の状況を述べている(2)。その中で「下は八歳から上は七十歳を越える女性が暴行され、多くは惨たらしく殺されました。局部にビール瓶や竹が突き刺されている女性の死体もありました。この目で見たのです」と記述している。また虐殺数に関して「われわれ外国人はおよそ五万から六万と見ています」「私が南京を去った二月二十二日には、三万の死体が埋葬できないまま、郊外の下関に放置されていたと言います」とも書いている(3)。彼の行動は日本軍に制限されていて主に国際安全区の中で活動したので、安全区以外の数十倍の広さのある城内や郊外農村部の状況は目にはしていない。しかし、彼は同メンバーがもたらす城外や城内の被害状況を集約できる立場にあった。

②　ラーベと同じくドイツ人外交官のローゼンは、ドイツ外務省へ一九三八年一月十五日付の南京ドイツ大使館分館の執務再開　南京の状況」〈日本兵の残虐行為〉を本国のドイツ外務省へ発信している。集団虐殺や略奪放火、個別殺人、婦女子への強姦を具体的に報告している。「日本軍による放火は、日本軍の占領からひと月以上も経過した今日に至るまで続いており、婦人や若い娘の拉致や強姦についても同様である」「いわゆる安全区のなかだけで、けだものじみた強姦は数百件も……異論の余地なく立証されている」(4)。

③　南京に残った国際安全区委員会のマイナー・ベイツは、東京裁判で「(ラーベのドイツ本国の報告より少し前)、

もっとずっと内輪に見積もり、安全区内の委員会の報告のみによって、強姦事件は、八千件と見積もったのである」と証言している(5)。

④　同委員会のジョン・マギーは強姦場面、あるいは強姦後の現場に駆けつけた。そのような中で、生命の危険を冒して撮影したマギーの映像が、一九九一年に日本の戦争責任を研究するアメリカ籍の華僑によって次男のデヴィッド・マギーの自宅から再発見された。このフィルムには、南京大虐殺下の南京城内外の状況や鼓楼病院の瀕死のけが人の治療の様子、強姦受傷した女性の姿や強姦の被害にあった若い女性の映像等が映されている(6)。

⑤　金陵女子文理学院（現南京師範大学）留守校の責任者であるミニー・ヴォートリンは婦女子の難民を受け入れ、若い中国女性の保護に力を注いだ。日本兵は連日、同校の竹の塀を乗り越えて一日に何度も押し入り女性を強姦したり拉致したりした。時には将兵が兵を連れて強姦目的で入り込んだと日記に記されている(7)。

▲…金陵大学南京収容所及遇難同胞紀念碑

⑥　⑤の同大学でミニー・ヴォートリンを助け留守校を守っていた教員の程瑞芳は、日本軍の目を盗んでリアルタイムで日記（中国人が書いた唯一の日記）を書いている(8)。彼女の日記には、日本兵が連日何度も、女性を求めて校舎に侵入し強姦したことや、強姦被害にあった女性たちも助けを求めて外から避難して来る様子を詳しく記している。たくさんの日本兵が入り込んで中国軍の元兵士を摘出連行したり、男性職員を連行する様子も連日にわたり書き綴られている。

⑦　南京大虐殺下、唯一外科手術のできる鼓楼病院で中国人のけがの治療にあたっていたロバート・ウィルソン医師の日記には、「日本兵はいきなり五、六人を殺し、二人はどうにか病院に辿り着いた。首の筋肉を切断されてショック状態の床屋の男性や、一般市民の殺害はぞっとするほどだ。強姦や想像を絶する蛮行について書こうとすれば、切りがない」という様子なども書かれている(9)。またマギーフィルムには、ウィルソンが病院で重傷者の治療をする様子や強姦を拒否して顔面と身体を刺され瀕死の重傷を負わされた女性(10)、輪姦されて性病を移された少女、強姦後首を斬られた女性が撮影されている。

⑧　国民党政府が日本の敗戦一年前から聞き取り調査を行っていた「敵人調査委員会」による膨大な調査表(11)には、日本軍が手を下した農民や市民への集団虐殺や個別殺害が記されている。その中に混じって女性への性暴力に関係する事件が数多く記録されている。B4大の用紙には被害者の氏名年齢、起きた場所、当時の職業のほかに被害状況が書かれている。「強姦後殺害」「強姦後陰部に竹竿挿入」「強姦銃殺」「強姦後刺殺」「強姦未遂銃剣で刺殺」「女性の徴発を要求し、いないので家人を殺害」など多くの似通った状況が記載されている。

以上、①〜⑦の裁判記録や日記の記述や残された映像は、国際安全区に滞在して日本兵からの危害の危険を避けながら中国市民を助けようとした欧米人や中国人の記録の一部分である。

4　実際に性暴力に関係した日本兵士の証言

中隊長から南京では好き放題にしてよいと言われた居付万亀男さん（第十六師団歩兵第三十三聯隊二大隊・死去）に「慰安所に行ったことは？」と聞くと、「そんなのワシらの部隊は誰も金を出して行かん。ワシは金ばっかり（盗る）やったけれど、強姦はよく見た」「自分の中隊は国際安全区の中にある金陵女子大付近で一か月間南京警備部隊となった。門で警備していると将校とか上官、他の部隊の将校も来て大学の中へ入っていった。女の子の叫び声はいつも聞こえた。女性をトラックに積み込んで連れ去られるのも何回か見た。荷台に五十人は積み込み、兵隊が乗り、上にシートをかぶせると女の子は大人しくなった。強姦は毎日あった」(12)。女性がトラックで連れ去られて性暴力を受けるというこれらの証言は女子大に避難していた女性たちの証言や教員のヴォートリンや程瑞芳の日記にも頻繁に見られる。

同聯隊第六中隊の徳田一太郎さん（仮名・死去）は、太平門で千三百人の集団虐殺に実際に手を下した人だ。太平門での大虐殺について始めから終りまで詳しく述べ「政府の言っていることは嘘だ。南京大虐殺は実際に自分がやってきたことだ」と言い切る。南京陥落数日後、金陵女子大の正門を警備していたが、「衛兵は三交替だから、みんな暇で女の

▲…太平門の内側（1955 年）

子を捕まえに行った。部隊の予備役は若い盛りだから女の子に手を出す。初年兵は上が怖くてできなかった。女性は桶の中などに隠れていたが探し出して強姦した。拳銃で脅かして道路でやっているのも見たし強姦の場面には多く出くわした。今になっては惨いと思うが、あのころは何とも思わなかったな」(13)と言う。

同聯隊第八中隊の寺本重平さん（死去）は、朝香宮の警護部隊になり本隊より数日遅れて南京に入城した。「中隊長は宮さんの護衛をしながら毎晩女の子を抱いて寝ていた。女の子はどこにでもいるわけではないが、藁の中とかベッドの下に隠れている。カンカン（看看）と言って娘を五人も六人もで押さえてやってしまうので女の子は泡を吹いていた。強姦は日本中のどこの部隊の兵隊もやっているし、言うか言わんだけのことや」とまで言い切る(14)。

同聯隊第一中隊の鬼頭久二さん（仮名・死去）は南京攻略の前では「草木も、犬も猫も生きている者は皆殺せ」と小隊長から命令されたと言う。「南京では女の人を何度も強姦しました。寝台の下とかカーテンの裏に隠れていてもどこにでもいるので、女性をやりたい放題だった。自分らは第一線なので憲兵に怒られたり止められることはなかった。誰もが強姦を目当てにしていた」という。分隊の者と二、三人で出かけ、「カンカン」と言うとみんな命が惜しいので大人しくなり抵抗はなかった。南京が落ち着くと難民区の中に入って女の人を探した」と、こともなげに話していた(15)。

同じく南京警備に着いた三十八聯隊一中隊の田所耕太さん（仮名・死去）は南京に「慰安所」があったかどうか尋ねると、部隊が設置した「慰安所」に行ったばかりでなく分隊でクーニャン徴発をしたと語った。「分隊でクーニャンを徴発に行って、主に寺などには女の子が隠れていました。南京の郊外で駐屯していて暇だから食べることと遊ぶことばかりでした。分隊で食べさして女の子に飽きたら、また別のクーニャンを飼いました。強姦もしましたが、南京へ行くまでがひどかったです」「（強姦した人は）五十人は下らんやろう。私らは第一線だったので、裸の死体や竹竿の刺し込まれた女性の死体をよく見た」と言う(16)。生きるか死ぬかの瀬戸際にいてむちゃくちゃな気持ちになっていたという。

多くの元兵士たちは、集団虐殺や掃蕩戦の時に中国の人々を殺して戦争だから仕方なかったと言う。しかし強姦したことを何と返答するのだろうかと、質問しながら、筆者はいつも考える。彼らは、「自分の部隊ではみんな強姦する」「勝ったら何でもやれる」と言う。日本社会では絶対やれない殺人も強姦も中国人に対してならやれるという意識が兵たちの間で蔓延していた。

天皇の軍隊組織の一員として命令されて行った殺人。命令はなくとも暗黙のうちの了解であった性暴力。歩兵第三十三聯隊十二中隊の大門俊雄さん（死去）は「隊長も男やからいらんことすんなよ～とクーニャン徴発に行く兵隊に言うだけや。軍医さんは、やる前に病気がないかどうか検査してやれよと言う位だった」と軽く語る(17)。上官からは叱られもせず、暗黙のうちの了解のもとで中国女性への性暴力や嬲り殺しは明らかに存在した。また監督し制止する立場の多くの中隊長小隊長までが同じように女性を囲っていたのでは、止めようがないと言える。

5　性暴力被害を受けた人々の証言

一九九七年の夏、南京市教育委員会の企画により高校生の夏の活動として「七十五歳以上の老人から南京大虐殺の体験を聞き取る」活動が行われた。筆者が主宰する「銘心会南京」は、日本人や日本に暮らす華僑の高校生を組織してその活動に合流した。その後、高校生たちが被害体験を聞き取る活動で訪問した五百三十名分の名簿を筆者は教育委員会から入手し、これまで名乗り出たことのなかった証言を取材するために何度も南京に出向き、老人たちの家を尋ねることにした。また老人たちを訪問した時には南京大虐殺を体験した親戚や友人を紹介してほしいと必ずお願いした。こうして自力で南京大虐殺の被害者を探し記録する活動が始まった。

以下に象徴的な性暴力被害の証言を紹介しよう。

南京城のすぐ南郊外雨花台区に住む鄭桂英さん（一九二一年生れ）を訪ねた。この地区は第六師団と第百十四師団の侵攻ルートで集団虐殺や強姦が多発している。声をかけても彼女はいつまでも出てこない。不審に思って家人に聞くと

「日本人が来た」と聞いただけで、鄭さんは恐ろしくて便所に隠れて出てこれなかったのだという。「日本軍が攻めてきて、まず豚を奪って行きました。それで怖くなって湿地帯の沙州圩の中州に逃げました。ところが銃を持った日本兵が対岸でオーイオーイと叫ぶので仕方なく迎えに行きました。日本兵は中州に上がると若い女性だけを捕まえ空き家に連れ込みました。その女性は叫んでいました。日本兵が去ると女性は下半身は裸にされて泣いていました。私の家は焼かれ、ある日日本兵に捕まりましたが振りほどいて逃げました。焼け跡に住んでいた別の女性は逃げらず二人の日本兵に強姦されました(18)。

中華門の近く文思巷に住む楊明貞さん（一九三〇年生れ）は当時七歳だった。その日からの出来事は彼女のトラウマとなって脳裏から一生消えることはないだろう。「南京陥落と同時に日本兵が家にやって来て、まだ幼い私を抱き上げズボンを脱がそうとした。父は私を守ろうとして、刀で首を斬られ瀕死の重傷となった。次の日にまた別の二人の日本兵がやって来て、瀕死の父親の目の前で私と母を輪姦しました。母は何度も許してくださいと拝みましたが、日本兵は銃の先を母の下半身に差し込みました」(19)。「父は傷がひどくてすぐ亡くなり、母も泣き苦しんでまもなく亡くなりました」。

揚子江を隔てた対岸の浦口に住む張秀英さん（死去）は、当時のことを思い出すと、眉間にしわを寄せ険しい顔つきで話し出した。「寒い冬の時、日本兵が南の方からやってきて村に火をつけ男たちを銃剣でつき刺していました。女たちを広場に集めて上半身を裸にしてぐるぐる走らせました。数日後日本兵が私を見つけ腕をつかみました。私がやられている間に家で寝かしていた乳飲み子は焼け死にました。三歳の男の子を連れて真冬の山の中を逃げ回り、山の中でも日本兵に襲われて指を切られ銃の台尻で肩を殴りつけられました。その後腕が上がらなくなりました」(20)。

揚子江ほとりの下関にある英国人経営の食肉工場の和記洋行に避難していた陳文恵（仮名）さん（死去）は、避難していた少女たちと共に早朝に野菜つみに出かけて約十人の日本兵に襲われた。「私は妊娠していたのです。一緒に強姦された少女は下半身が血だらけでした。母はこのことは誰にも言うんじゃないよと言いました」(21)と恐怖の体験を語る陳文恵さんは、いつも訪問するたびに、苦しげに話していた。

南京城内に住んでいた陶秀英さん（一九二八年生れ）は、「十二月十三日、日本兵が自宅の染物工場になだれ込んで避難していた住民を虐殺するのを目の当たりにしました。その後、避難先の国際安全区内で叔母さんの子供を子守していたところを日本兵に押し倒されました」。「日本兵は子どもの母親を捜しているのだと思いました。まさか子どもの私がやられるとは思いませんでした。でも当時のことを本当は話したくない」(22)と語っている。

張秀紅さん(一九二六年生れ)は国際安全区内の空き家にお祖父さんといて、花姑娘を捜しに来た日本兵数人に犯された。「日本兵は私をベッドに押し倒し、『クーニャン、サイコサイコ〔性交性交〕』といいました。私は服を脱がされ……後は気を失いました。日本兵が立ち去った後、祖父はまだ幼い私の体を抱きしめ泣いていました」(23)と張秀紅さんは話している。彼女は、南京大虐殺を証言するために日本各地で講演をした。その時にはいつも十字を切り、神に祈っていた。

当時満年齢八歳だった張俊英(仮名・死去)さんは、中華門外の避難先で日本兵に犯された。「私は六十数年間、夫も娘にも誰にも言わずに苦しんできました」。日本で証言を終えた彼女は「自分と同じように犯した日本兵もこれまで苦しんできたのでしょうね。閉じ込めていた私の苦しみを日本のあなたたちが受け止めてくれました。私の心の中にあった氷のような塊が溶けてきたようです」(24)と言われた。彼女はいつも話し始めると、のどが苦しくなって体が小刻みに震えていた。

黄恵珍さん(死去)は、当時家族と一緒に難民区の陰陽営(金陵大学の西側)に避難していたが、家に踏み込んできた日本兵に捕まり、他の女性たちと共に強姦された。「夫は、私の被害を知っており、折に触れては責め、暴力をふるいました。夫の母親もことあるごとに汚い女だと罵ったことがつらかった」と黄恵珍さんは、夫に殴られた額の傷を見せながら話していた(25)。

先に名前を挙げた証言者のみなさんは、私たちが調査を進めていく中で出会ったり、探し出し、やっとお会いできた証言者たちだ。彼女たちの多くはトラウマを抱えていて、話を聞くたびに思い出し涙が止まらない人もいる。筆者が組織する銘心会南京は二〇〇一年から来日した証言者(四十余名)に「心のケア」活動を行っている。夏は日本から歴史認識の学習の旅に参加した団員と幸存者と家族たちとの食事交流会を開催し、お見舞金やお土産のプレゼントをしてねぎらっている。また春には、幸存者一人一人を見舞って、健康や生活の様子を伺い、お見舞金やお土産を手渡している。老境にある幸存者たちが少しでも安らかになってほしいと願っている。

6　日常的に頻発した性暴力の背景

筆者は、一九九七年から南京攻略戦に関係した日本兵士を取材し始めた。収集した貴重な証言資料は二〇〇二年に証言集(26)や写真パネル(27)にしてまとめた。その後も調査を続けて、結果的には二百五十名の元兵士を取材記録することができた。南京の街に飛び込み聞き取りをしていた被害者の証言は二〇〇三年に証言集(28)としてまとめ、その後も取材を継続し三百余名の記録を残した。更に二〇一一年には、ドキュメンタリー映画『南京引き裂かれた記憶』(29)を再修正し完成させた。私たちが取材した多くの兵士たちは、たくさんの中国人たちを虐殺した事実を話し、戦闘の合間や駐屯した時に「掃蕩や三交替の警備が終わったら、徴発に出かけたり、賭けをしたり遊んでばかりだった」「ただぶらぶらしておった」「徴発にはよく行った」と証言している。

歩兵第三十三聯隊第八中隊の居付万亀男さん（死去）は、中隊長から「南京に入ったら、強盗、強姦、殺人を許可す」と命令の下達があったと言う。南京城内に入ってすぐ後、上の者から「何をしてる、早く盗りに行かんかい」と言われている(30)。同聯隊の第十二中隊の豊田八郎さん（死去）の日記には「（十二月）十六日　晴　木曜日……午後我々は料秣（糧秣のこと）を徴発に行く」「十七日　晴　金曜日　午後七時半起床　午前中城内へ徴発　醤油等を　午後休養す」「二十四日　晴　金曜日　八時起床　九時頃より徴発　米フトン石油等を　正午帰る　南東へ」と書かれている。規則正しく行動する軍隊のはずだが、戦闘が終わると起床時刻は遅くまちまちだ。そして、南京滞在のほとんどは、食料や日用品を奪いに出かけている。豊田さんの部隊は十四日の師団単位での掃蕩が済むと、数日後には南京城の南方郊外の西善橋という小さな部落での警備が任務であった。ここでは連日徴発に出かけて午後休養と気ままな暮らしをしている(31)。二十四日は午後宿舎へ帰って後「南東へ」とあるが、何をしに行ったのだろう。南京城内の金陵女子大警備をした同聯隊第六中隊の徳田一太郎さん（仮名・死去）は、十三日の朝南京城門の一つの太平門で掃蕩し数日後は金陵女子大で警備につく。徳田さんの証言では、「十三日の朝に太平門から入り五百人ほどの男も女も子供も寄せ集め、地雷で爆死させ、油をかけて焼き、翌日生存者に止めを刺した」「女子大の警備が終わると暇だから、女の子を捕まえる兵隊をたくさんいた。強姦は路上でもよく見た。警備の任務は限られているので、後は暇だから、自分の部隊では、女性を捕まえに行く兵隊がほとんどだった」と話している(32)。

中支那方面軍司令官の松井石根大将の陣中日記には、十二月二十日には難民区に収容されている中国人は十二万余にたっし、米人宣教師たちや紅卍会の人たちが協力して保護していると記している。そして末尾に「尚聞く所城内残留内外人は一時不少恐怖の情なかりしか　我が軍の暫時落着くと共に漸く安堵し来たれり　一時我将兵により少数の掠奪行為(主として家具等なり)　強姦などもありし如く　多少は已むなき実情なり」(33)とあり、松井石根は、兵士の間に日常的に多発していた強姦略奪に関して、多少は已むをえない程度の認識としか捉えていないようだ。

日本軍が侵攻した当初は、食料品や家畜、日用品を奪われては暮らしが成り立たなくなるので人々は盗られまいとした。しかし無残に殺害されることを知り、土地を離れて逃げるか、されるがまましかなかった。大部分の貧しい人々は、逃げても金が尽きたり、暮らしが立たなくなり、家に戻るしかなかった。

日中戦争開始の頃は、いったん戦闘が終わり次の作戦まで羽を伸ばすことができたと多くの兵士が語る。「羽を伸ばすこと」には、物や女性を漁り奪うことが含まれていた。

南京大虐殺や性暴力を否定や矮小化する人々は、「規律の厳しい皇軍は、自由な時間がなく、憲兵隊も取り締まる中で犯罪が起きるはずがない。やったとしても一部の不心得者で少数である」と言い切る。しかし、日本軍将兵の日記や証言から大部分の兵士たちは南京の街中をうろつき好き放題に行動していた。(軍隊に対する)犯罪を取り締まるはずの憲兵が一九三七年十二月十七日の段階で、わずか十七名に過ぎなかった。広大な南京城内外において多発する掠奪放火殺人強姦を取り締まれるはずがなかった。

上述にもある歩兵第三十三聯隊第八中隊の居付万亀男さんは「憲兵はほとんど見なかった」「後になって中隊から出した補助憲兵の言うことは、だれも聞かなかった」と話す。同聯隊二中隊の田中次郎日記(34)には「一月四日、クーニャン徴発には皆元気だ。毎日の如く上司の達しは婦女子関係だ。南京に私設慰安所出来たという。桜と桃と」「一月二十日　分隊のもの今日は遂に連れ込んで来た。『乳児ある帰らしてくれ』と泣く」「一月二十二日　又して姑娘引っぱり込んで来る。一晩中騒ぎたてて寝られない」と記し、田中の部隊では、「クーニャン徴発」と称する性暴力が日常的だったことが覗い知れる。

H・J・ティンパリー編『戦争とは何か——中国における日本軍の暴虐』では、日本兵を取り締まらない憲兵や強姦未遂を起こした憲兵について報告されている（事例一七五）。「一月一日午後四時、三人の日本兵が漢口路十一号にある大学所属の建物の中で、十四歳の少女一人を強姦した。同じ部屋にいた一人の女性が大学の門へ走っていって憲兵を呼んだが、憲兵の行動は緩慢で、現場へ着いた時は手遅れだった」〔ベイツ〕(35)。

以上の点から、南京大虐殺下で性暴力が大規模に頻発したことは客観的に見ても事実と言える。その理由には以下のいくつかが考えられる。

①一九三七年八月十五日の「暴支膺懲」声明にも見られるように、日本人は中国人を蔑視し、敵の女は戦利品的に何をしてもよいという考えが、将兵の中に色濃く存在した。
②過酷な人権軽視の軍隊内で差別の連鎖として最下層の被占領民が殺人や強姦、掠奪の被害を受けた。日頃抑圧を受けている兵隊たちは、中国人を標的にして、その不満を解消した。
③各師団の上層部間で南京一番乗りをあおり立て、物資搬送を軽視して歩兵の先行が目立った。食量は現地調達に頼ることが多く、敵地での徴発は掠奪を意味し、当然のように女性を略奪した。
④憲兵隊の配備が少なく、勝てば官軍の無責任思考が蔓延し、将兵の不法を取り締まらなかった。

他には、軍隊内のモラルの低下などを大きな原因のように上げる人がいるようだが、一番大きな要因は中国人蔑視をもとにして女性であることの二重三重の人権侵害が、近代史上でも稀な大規模な性暴力事件を引き起こしたと言えるだろう。

7　おわりに

筆者は、一九九七年から加害側の元日本兵士と南京大虐殺被害者をそれぞれの家に個別訪問し、動画撮影、写真、音声を記録に残してきた。現地で取材する過程で、多くの中国人研究者から学び、交流した中で、重大なことを学び取った。それは、「南京大虐殺は日本の中国侵略の象徴的な出来事である」という概念である。日本軍が都市や村に侵攻する時だけでなく戦火が収まった後や残敵掃蕩を行った時にも、中国人の老若男女に関わらず殺しつくす、奪いつくす、犯しつくす行為を行った。その状況は、被害者だけでなく元兵士の証言や日記からも数多く得られたのである。

また南京以外の市町村で聞き取り調査を進めていくと、中国戦線が拡大するにつれ、南京だけでなくその他の都市でも惨案という残虐事件が頻発した。『侵華日軍暴行総録』（河北人民出版社）には、主に一九三一年の「満州事変」から日本の敗戦まで、日本軍による戦争被害が記載されている。この記録は、三十五年にわたる調査を経て、一四〇万字二二七二件の日本軍の暴行記録が収められている。日本軍が組織的に起こした残虐事件は、中国の各省、各市町村などで档案資料として残されている。

日本兵士が当然のように中国人を殺害した状況は、第十六師団歩兵第三十三聯隊（三重県久居市）の松村氏が、一九三七年十月河北での戦線の時に故郷の父親へ送った手紙にも書かれている。「米等は二日も三日も無い時がありました　而し鶏や豚や牛等何でも勝手に殺して食ふのですから　そんなに心配もないです　金銭の必要は全くありません　何しろ上陸以来一銭も買ふ処も無く買ふ物も無しですから　支那軍はドンドン退却して行きます　支那人は皆何処かへ逃げています　年寄りの人とか子供等が残っています　始めの間は之等も皆銃殺しましたが　今は殆ど平和に成って殺しません」。松村たち日本軍は、南京へ到達する前の河北では、携帯の食料は無くなるが、農民の家畜を取って殺して食べ、それを当然のように、何も心配ないと書く。その後に何気もなく農民の老人や子供を殺害していることを書き送っている。

歩兵第三十三聯隊のK氏の日記には、「（一九三七年）十月十四日　七日目三時起床　しるこする　夕方尭山着　七時着便衣隊捕ばくす　石材の大山あり雄大なり大城壁あり　便衣三名切る」と農民の服装をした男を捕まえて斬り殺している。

▲…和平門の中庭で捕虜の首を斬った

この聯隊の行程から推測すると河北の中部、おそらく石家荘あたりで日記を書いていると思われる。このように一般の下級兵士も南京へ行くまでに農民や一般の中国人を殺害している。二百五十人の元兵士を聞き取り調査していても、日本の軍隊では敵国人と見なした人々を殺すことは当たり前だった。同十六師団三十八聯隊（奈良県）の吉岡氏は南京陥落後、白旗を上げて和平門に投降して来た約千人の捕虜を捕まえ武装解除した。その中から五名を城門の付近に引き出して首を斬っている。彼は筆者の何度かの聞き取りに際し「松岡さん、中国人の首を斬るなんて、蚊やハエを殺すのと一緒ですよ」と両手を頭の上でぱちんとたたく動作をして説明した。

筆者が南京攻略戦に参戦した日本兵士と南京大虐殺下の被害者を集中的に調査し始めたのは一九九七年の秋からだった。その後、途切れることなく十数年間にわたり、二百五十名の元日本兵士の訪問調査と三百人以上の南京大虐殺に関わる被害者たちを何度も自宅まで訪問し聞き取り、記録してきた。その中でも、上記の彼女たちは、性暴力の被害に遇いＰＴＳＤの症状に苦しみながらも自力で生き抜き、記憶にとどめ、来日して日本の市民に南京大虐殺の史実と戦後半世紀以上たった暮らしをも話してくださった。南京大虐殺という歴史的な災禍を被りながらも自分の生き様を語る老人たちに、私は記録する立場にありながら、強い感銘をうけた。

南京大虐殺下では、南京城内や南京近郊に住む計り知れない数の女性たちが陵辱され殺された。筆者は、南京やその近郊に住む被害者から証言を聞き取って記録してきたが、そのほとんどの人々は、自身の虐殺や略奪放火をされた体験を語るだけでなく、肉親や親族も受けた暴行を語っている。東京裁判では、殺害された一般人と捕虜の総数は二十万人以上とし、占領後の一か月で性暴力の件数は、約二万件発生したと記されている[36]。日本軍「慰安婦」問題の研究者である上海師範大学の蘇智良教授は、研究過程で南京大虐殺下での性暴力被害の数は、約七万人と言われている。

このような南京レイプの体験は、当時南京にいた多くの女性たちや身近な人々の口から伝えられ、現在まで記憶が引き継がれてきた。

南京大虐殺は、その規模から被害者数は、膨大な数になり、それぞれの体験も異なる。それでも多くの被害者が、同じ時期に同じ場所で同じような状況で、日本兵から受けた様々な被害を語ってきた。それにもかかわらず、日本側研究家の多くが、中国人の「証言」は、南京大虐殺や南京性暴力の正確な事実として証拠にならないと退けてきたきらいがある。日本では、「証言は裏づけがなく時代を経て増幅されるもの」「感情がはいっていて客観性がない」と言う人がいる。侵略戦争を美化する勢力はもちろん、歴史研究関係の部門でも証言者の語る「証言」は、ほとんど取り上げられてはこなかった。

二〇〇一年十二月に南京大虐殺研究者たちの手によって発見された程瑞芳日記は、日本軍が金陵女子大学で起こしたさまざまな暴行を詳しく書き記している。南京大虐殺当時、程瑞芳は、毎日体験したことを夜間せっせと、時には深夜に及ぶまで記録として書き記していた。十二月十五日付日記には「昨晩、華小姐（ミニー・ヴォートリン）と私は、十二時になってやっと眠りに就いた」。十二月十七日付け日記には「今は十二時。寝なくて日記を書いているが、今日昼間、亡国の民を体験した」。金陵女子文理学院に避難していた多くの女性たちやその近くにいた多くの男性たち、さらにそこに駐屯していた元日本兵の証言と重ねあわす時、南京国際安全区や金陵女子文理学院（老人たちは以前からの名称で金陵女子大学と言う）でおきた南京性暴力の実態が如実に浮かび上がってくる。

南京レイプの加害や被害の証言が事実であったことをよりいっそう証明することができる。

筆者が記録した二百五十名の加害側兵士たちの多くは、「大虐殺はなかった」と言いながらも、自分の見た範囲の中で、中国人の集団虐殺の目撃や実際に手を下した状況、嬲り殺しや性暴力を語った。一つ一つに具体性があり事実であることが、複数の兵士の証言や被害者の証言の重なりから、事実であることが裏付けられる。しかし元兵士の中には、実名を名乗れなかったり、略奪や放火などの一部分しか話さない人もかなりいる。その理由は、日本国内では「南京大虐殺」や「慰安婦」を否定する歴史修正主義派勢力の攻撃が年々大きくなり、自分や家族に降りかかる圧力を強く感じるからである。

中国の被害者の証言や元日本兵の語る証言は歴史の重要な証拠である。生存者はどんどんすくなくなってはいくが、今後は南京大虐殺下での性暴力を記述した資料や加害の側の証言を整理し検証する必要が出てくるだろう。日本側はこれまで被害女性（男性も）の側に目を向けて南京大虐殺の歴史に取り組んではこなかった。戦時性暴力の鎖を断ち切るために、日本軍性暴力が暴発した一九三七年の南京に今一度目を向け、歴史事実を明らかにしていくことが必要である。それと同時に被害者たちの尊厳を取り戻すための心のケアを国の政策としてやる必要がある（連合国捕虜のケアと交流には国の施策として実施していると聞く）。

靖国参拝や中国敵視に見られるように、日本は、侵略戦争を捻じ曲げて世界中の顰蹙を買い、歴史認識の過ちを犯している。歴史の事実を認め、被害者への謝罪と補償を行うべきである。被害者は自己の尊厳を取り戻す権利を持っている。また日本は戦争責任に向かい合うことによりアジアからの人々の信頼を得て日本自体も尊厳を取り戻せるのだ。こんな簡単なことができないのは、戦争中からの大資本家やそれに結びついた政治家が戦争責任を免れ、敗戦後、アメリカの体制に組み込まれたまま年月を過ごしてきたからだ。日本は一九八〇〜九〇年代、経済的には発展した時期もあったが、日本はまだ真の意味で成熟した民主主義国家には到達していないと言えるだろう。

【補足】南京陥落当時の南京市の人口についての考察

「南京大虐殺がなかった」と都市の街頭宣伝やテレビのバラエティー番組で言う人々は、必ずと言っていいほど、以下のようなことを言う。「当時南京には二十万人しかいなかったのに、どうして三十万人殺せるのか？　幽霊でも殺したのか？　それは中国の宣伝に過ぎない」。

南京住民は二十万人という数字がどこから出たのか、彼らは具体的な資料を明かしたことがない。筆者が「二十万人マイナス三十万人＝十万の幽霊で真っ赤なウソ」を打ち砕く資料を見つけた時には、「南京大虐殺を否定する人たちは、こんな数字のマジックをやるんだ」と感心した。

「南京特務機関　南京班の報告」一九三七年十二月二十四日〜三月末日（遼寧省档案館）は、撫順戦犯管理所の金源所

長から友人の由木栄司さんを通して入手した資料である。「南京大虐殺にかかわった将兵は撫順戦犯管理所に収容されていなかったのでしょうか?」と筆者が来日された金源所長に質問したのがきっかけだった。金源所長によると、「太田寿男という元将校が揚子江の下関で安達という同僚と十万人の死体処理をした筆供原文(本人自筆の自白原文)がありますす」とのことだった。また南京大虐殺に関係する特務機関の極秘資料があると言われて、筆者は、ぜひにとお願いして南京関係の重要な二つの資料のコピーを入手した。『南京特務機関関係』南京班第一回報告№2には、「南京市ハ……今次事変前迄ハ人口約百六万ヲ擁シ国民政府ノ首都トシテ、其ノ建設ニ多大ノ苦心カ払ハレタリ」と書く。南京市の人口は、一九三七年七月七日の支那事変(日中全面戦争)の前までは人口が一〇六万だと記述している。

同№14「二月中の報告(一)南京自治委員会ノ成立」の項では、「入城当時ニ於ケル城内難民数ハ大約二十五万ト謂ハレ国際委員会ノ設定セル所謂難民区ニ蝟集シテ宛然乞食ノ都タルノ形観ヲ呈シ……」と書かれており、十二月十三日の日本軍の南京入城当時に於ける城内の難民数は大体二十五万人と言われ、国際委員会の設定している所謂難民区(南京城内の八分の一の面積)に寄り集まっているごみごみした不潔な乞食の都のような外観をしていると書き記している。

ではもう一冊の「南京市政概況　南京特務機関調整」(昭和十七年三月)を見てみよう。一三頁の五「(一)人口並ニ戸数」の項では「民国二十六年三月末首都警察庁調査ニ依レバ男女合計一〇一九六六七名」とあり、「(二)同戸数」では「二〇〇八一〇戸ニシテ南京ニ於ケル人口ノ最大記録ハ一一〇—一〇八萬ト称セラレテ居ル」。

さらに、「(三)尚事変前後ニ於ケル南京人口ノ増減数ヲ見ルニ次ノ如クデアル。

民国二十六年三月末　一〇一九六六七人

民国二十七年二月末　二〇〇〇〇〇人現在ノ第四区地区ニシテ通称難民区ト称シ外国権益区域ヲ主体トスル雑居地域(自治委員会及特務機関推定)」とある。

もう一冊の資料を書き記した南京特務機関の役割は、南京陥落直後前線部隊の直後に入り込み、国民党政府の資金や食料を押さえ、民衆を奴隷化する傀儡政権の設立工作に取り組み、敗残兵の摘出にも関わるのである。

その南京特務機関が作成した『南京市政概況』では、南京陥落前は一九三七年三月に行われた首都警察の資料を使い、南京の人口が一、〇一九、六六七名と詳しく記され、百万人以上の人口を要していたと記述している。そして南京の人口の増減を記すために一九三八年二月末の人口は二十万人と書いてはいる。しかし、それは、南京市全体の人口ではなく、上記南京特務機関の極秘文章と同じく、狭い面積の第四区の難民区の推定人口であるとはっきり書かれている。ここでも、広大な行政区南京市の人口調査はできていない。

つまり、南京大虐殺を否定する人たちの「南京の人口二十万人」説は、広大な郊外も含む南京市の面積に比べて何十分の一のわずかの面積の国際安全区内にいる推定人口を、南京の人口にすり替えているのである。

中国の研究者によれば、南京陥落直前の人口は、約五十～六十万人と言われている。陥落前、南京から流出する人の流れもあるが、日本軍に追われて城壁の中は安全だと考えて城内に流れ込んだ避難民もたくさんあったと、虐殺を免れた生存者たちは証言している。また十二月十二日から十三日には揚子江を渡ろうとした人たちが岸辺のあちこちで群がる。そこへ攻め込んだ日本兵が機関銃掃射をする。城内へ何とか逃げ帰ったと証言する人もいる。南京市民の中にも、南京防衛の中国兵がおよそ十万人いた。その数は日本軍側も中国軍側資料面で一致している。中国軍兵士は大部分が日本軍の掃蕩によって殺戮、また連行後処分されたと日本兵士の数々の証言や資料が物語っている。

南京市の行政区は、城外の東西南北の郊外、農村部含めて大変広大な面積を持つ。市民は南京城内（城壁に囲まれた内側）のたった八分の一に当たる狭い安全区だけに避難して、そのほかの場所には誰もいなかったのか？　南京大虐殺を否定する人たちは「国民党の厳しい命令により、国際安全区（難民区）にすべての南京市民は避難して、他の地域には全くいなかった」と言う。しかし、メディアが未発達な時代にこの論はあまりにも現実離れして稚拙である。筆者は南京大虐殺の被害者三百人を十年以上かけて調査した。南京城内のいたるところで多くの被害者の家族は、繰り返す掃蕩で見つけられその場で殺されるか連行後殺害された。「城門の近くでキャタピラの音がして、兵隊の隊列を出迎えたらいきなり突き殺された」「南京城の街中で仕事をしていたら、もう日本兵の姿を見てあわてて逃げたら発砲された」。安全区と言われる難民区内でも殺害や連行が行われた。農村部でも徴発や掃蕩で農民が殺された。中華門の南郊外に住む農民も「いきなり日本兵に腹を銃剣で突き刺された。腹の傷を押さえて必死で逃げた」。幸運にも生き残った男性が筆者にそう話してくれた。国際安全区以外の南京城内や郊外で明らかに多くの市民が隠れ暮らしていた事実があり、数多くの生き残った人々や日本兵士がその状況を証言している。

南京大虐殺を否定する人たちや論を述べる人たちは、当時の人口を「二十万人しかいなかった」と根拠も挙げずに言う。南京大虐殺後、特務機関と傀儡政権の調査でわずかな面積である国際安全区のみで人口調査をした結果、そこにおける推定人口「二十万人」をあたかも南京市全体の人口と置き換えることはやってはいけないすり替えである。その行いは研究とは程遠い行為であり、たとえ街頭の演説や政治家の応援演説であっても許される言動ではないと言えよう。

（1）『南京戦史資料集I』財団法人偕行社、二六五頁以下、佐々木到一少将私記
（2）『南京の真実』講談社、ジョン・ラーベ著、三一六頁、ヒトラーへの上申書
（3）同上、三二七頁
（4）『ドイツ外交官の見た南京事件』大月書店、石田勇治編集、六六頁
（5）『日中戦争資料8』河出書房新社、洞富雄著、五〇頁
　ちなみに東京裁判の証言時に、強姦の数を言う前に「ラーベは虐殺数を五万六万と言い、強姦を二万と言っている」と証言している。
（6）マギーが撮った日本軍の残虐映像は、一九三八年一月フィッチが上海に持ち出し、四月にアメリカに持ち帰って反戦活動の講演会で上映された。また五月十六日の『LIFE』誌に紹介され衝撃を与えた。一九九一年まで行方不明で、いわゆる「幻のマギーフィルム」と言われていた。このフィルムは、米国の華僑たちによってマギーの次男の家から再発見された。
（7）『南京事件の日々ミニー・ヴォートリン』大月書店、岡田良之助・井原陽子。ミニー・ボートリンによって命を助けられた中国女性たちは、彼女の事をファーシァオジエ（華小姐）と呼ぶ。私は南京の被害者三百人以上を聞き取り調査した。その中で金陵女子大に避難していた数十人の大部分の女性は、アメリカ人である彼女の名前を覚えていた。
（8）『戦場の街南京――松村伍長の手紙と程瑞芳日記』社会評論社、松岡環著　二一三頁以下。程瑞芳はヴォートリンと共に金陵女子大と中国女性を保護した。中国人の彼女の視点は、日本兵の非人間性や日本の外交官たちの無力さを鋭く突いている。そして民衆の命を何とか救おうと身を投げ出して奮闘している様子を毎晩記述していた。
（9）『南京難民区の百日』岩波書店、笠原十久司著　一七三頁

(10) 李秀英さん、当時十九歳で七か月の身重だった。五台山小学校の地下室で隠れていたところを日本兵に見つかり、強姦をされそうになり抵抗した。顔や体を三十七か所刺されて腹の児は死んでしまった。彼女は治療を受けている時にマギーが映像を撮りに来たことを覚えていると、証言の時に話していた。(一九八八、一九九一年聞き取り)。

(11) 南京第二歴史档案館にある「敵人調査委員会が作成した資料」は、国民政府が一九四四年日本軍の敗戦が濃くなり始めた頃から作成を始めている。中国民衆がどのような被害を受けたのかを用紙に記録している。中国全土となると膨大な量になる。

(12) 同様の証言は、本書一三二頁以下

(13) 同じく、一二七頁以下

(14) 同じく、一一八頁以下

(15) 同じく、『南京戦 閉ざされた記憶を訪ねて』二七二頁以下

(16) 同じく、本書一四三頁以下

(17) 同じく、『南京戦 閉ざされた記憶を訪ねて』二九五頁(仮名:大田俊夫)

(18) 同じく、『南京戦 切り裂かれた受難者の魂』二七二頁以下

(19) 同じく、本書一六六頁以下

(20) 同じく、一六九頁以下

(21) 同じく、一〇一頁以下

(22) 同じく、『南京戦 切り裂かれた受難者の魂』一四四頁以下

(23) 『銘心会南京訪中報告集』松岡環編集

(24) 同様の証言は、『南京戦 切り裂かれた受難者の魂』二一八頁以下

(25) 『銘心会南京訪中報告集』

(26) 『南京戦 閉ざされた記憶を訪ねて』社会評論社、松岡環編著 南京攻略戦に参戦した日本兵士一〇二名を選び出して、虐殺の内容や地域を分類して証言集を編集した。

(27) 『写真パネル―南京 閉ざされた記憶』松岡環編集 写真パネルA1版(九〇×六〇センチ)五八枚から構成する。上海戦から南京大虐殺、集団虐殺や強姦、生活の破壊、外国人記者の報道、被害者のその後の生活、死体埋葬、東京裁判、日本で否定する者の横行、未来に向けて若い世代に訴える(その他松岡環編集の南京大虐殺七枚のダイジェストパネルがある)。

(28) 『南京戦 切り裂かれた受難者の魂』社会評論社、松岡環編著 南京大虐殺を生き延びた一二〇人の体験者を聞き取る。虐殺

の内容（集団虐殺、強姦、放火略奪に大別する）や地域を分類して証言集を編集した。

(29) ドキュメンタリー映画『南京 引き裂かれた記憶』総監修：松岡環 二〇一〇年香港国際映画祭ドキュメンタリー部門招待作品、ニューヴァージョン『南京 引き裂かれた記憶』監督：松岡環 二〇一一年上海国際映画祭招待作品となる。

(30) 同様の証言は、『南京戦 閉ざされた記憶を訪ねて』一二九頁

(31) 本書九一頁

(32) 同様の証言は、本書六九頁、一二七頁以下

(33)『南京戦史資料集Ⅱ』財団法人偕行社、一四五頁、十二月二十日

(34)『南京戦 閉ざされた記憶を訪ねて』八四頁

(35)『日中戦争史資料9』河出書房新社、洞富雄著、一一三頁、第一七五件。国際安全区における日本軍の悪質な暴行事件一七〇件は選び出されたものに過ぎないと編者の洞富雄氏は言われる。

(36)『日中戦争資料8』河出書房新社、洞富雄著、三九六頁「南京暴虐事件」についての一部分：「後日の見積もりによれば、日本軍が占領してからの最初の六週間に、南京とその周辺で殺害された一般人と捕虜の総数は、二十万人以上であったことが示されている。これらの見積もりが誇張でないことは、埋葬隊とその他の団体が埋葬した死骸が、十五万五千に及んだ事実によって証明されている。これらの団体はまた死体の大多数がうしろ手に縛られていたことを報じている。これらの数字は、日本軍によって、死体を焼き棄てられたり、揚子江に投げこまれたり、またはその他の方法で処分されたりした人々を計算に入れていないのである」。

第5章…企業の弾圧が私を南京大虐殺に向かわせた
——松岡環の生い立ちから

夫の勤める会社が、私たち夫婦に嫌がらせや圧力をかけ続けたために、私は夫を助け、差別のない教育をしようと考え先生になった。子供を実際に教えて行くと、当然日本には歴史認識や人権感覚などが欠けていることを私は強く感じ始めた。子供や若い世代に日本の侵略の歴史——南京大虐殺と被害者の痛みを伝えないとだめだと気付くのに時間はかからなかった。そして今、南京大虐殺の事実を明らかにする研究と活動を続けている。私がこのような大事な人間の本質に関わる仕事ができるのも、自身に降りかかった試練のおかげだと、起きた諸々の事件に感謝している。もちろん私を支えてくれた人たちにも感謝しきれないほどの思いを私は持ち続けている。

子どもの頃

私は、大阪の地で小さな金属部品製作所をコツコツと営む父と家事と内職に毎日精を出していた母との間に四番目の子供として生まれた。両親の間にはすでに三人の子供たちがいた。しっかり者の十一歳の姉、おとなしい七歳の姉、体の弱い四歳の兄がいた。父親は一九四五年九月、出征地の朝鮮半島から日本に戻ってきた。翌年翌々年と帰還した父親たちや若者たちは、家庭に落ち着き、多くの新生児が生まれた。私もそのうちの一人で、父が帰ってきた一年半後の一九四七年四月に生まれた。私が生まれた時には、日本は戦争からの復活がまだまだ十分でなく、世の中に生活物資が見当たらなかった。私の産湯をつかわすのに浴用石鹸がなくて、父が闇市で探し求め、母の高価な訪問着（美しい絹の略礼装の着物）がせっけん六個に変わったと語り草だった。他にも食料の配給が少ないので母の栄養が足りず乳の出が悪くなった。それで、母の上等の着物何着が粉ミルクに変わったと母は折に触れ、幼い私に話してくれたのを記憶している。この頃爆発的に生まれた子供たちは、当時「戦後っ子」と言われ、現在は「団塊の世代」と言われる私たちである。

▲…環９歳。父・栄治郎と

私がごく幼い頃、日本はまだ戦争の破壊からまだ立ち直れず、父は毎晩夜なべをして働いていたが、我が家の生活はつましく、食べるのと学校の費用だけにお金を使うようなありさまだった。毎日のおかずは、季節の野菜や豆の煮物、たまに魚の干物やクジラ（この頃は安い蛋白源だった）の焼いたのがおかずについたりした。卵は病気のお見舞いに頂くものか、遠足のお弁当でしか食べられなかった。服はすべて母の手作りだった。靴下には当然つぎ当てがあり、ズック靴は、親指の所が破れて指が顔を出しても履くのは当たり前だった。

私たち家族は、大阪市内の下町の小さな長屋に住んでいた。六人家族が住むのにたった二部屋しかなかった。近所のどの家にも老人が同居していたり、子供が三人や四人はいた。大勢の子どもたちが家の前で群れになってボール遊びやゴム飛び、けんぱ（石けり）をして遊んでいた。夕ご飯になるとどの子も「ごはんやで〜」と言う母親の声に呼ばれて家に入ると、あたりは一気に静かになった。

私の小学校入学時には教室が足りなくて午前と午後にわかれて授業をしたほどだ。二部式授業をしたのは、先生と教室が足りなくて戦争末期からやっていたそうだ。姉などは午後からだと思って登校するとその日はもう午前に勉強が終わっていたなどと笑っていた。たった一人の跡継ぎとして母に大事にされすぎた兄は、体が弱かった。おかげで、末っ子の私は母にあまり構われることもなかった。暗くなるまで外で走り回り厳しく追及される宿題や勉強だけは、適当にやってつじつまは合わせていた。母に言わせれば、「一番上の長女は要領よく、合理的に何でもよくできる子、二番目の次女は、教科書を一度読むだけで理解できる知能指数の高い子、三番目の長男はコツコツ努力する結果、勉強ができる子、四番目のあんたは、勉強はなあもう一つ……」と言われるばかりで、私は母から学習面でほめられることはなかった。

大学紛争の時代

高校入学は学生の人数が多いので「戦後っ子の受験競争は厳しい」と社会現象として新聞でもたびたび報道されていた。大学入学の受験も厳しい競争がついてまわった。一九六六年の大学受験の年には、女性はまだ四年制の大学に進学する人は非常に少ないので、文学部か教育学部に進学するのが一般的だった。私の姉二人は、校区（高校進学のエリア）で一番レベルの高い学校に進学したが、「女は結婚するだけなのに、大学教育まではいらない」と社会の常識通り大学には行かせてもらえなかった。一九六〇年代にはお金のある家の子女でないと大学には進学しなかった。だから私も高校では、当然就職コースを選び、進学するはずがないと思っていた。就職コースは女子ばかりのクラスだった。進学クラスと違って授業内容は簡単で、裁縫や料理実習をする家庭科の時間がたくさんあって楽しかった。

高校二年の学年末のある日、母が私に「これからの女の子は、学力をつけた方がいいから、嫁入り道具を買う資金の代わりに大学に行かせてあげる」と言った。急なことだったので、私はえええ~なんで~と驚いたことを記憶している。自分でも大学進学の気持ちもなく、進学塾の存在も知らなくて、私は急に受験勉強のモードに入らなくてはならなかった。就職コースの授業を受けていたので、一般のクラスと比べると国語も数学も物理の教科の時間が少なかった。受験科目の多い国公立の受験にはとても追いつかないので受験科目の少ない私学を選んで目標にした。せっかくの大学入試を受けられるチャンスなのでラジオ講座を聞き、夏休み中も傾向問題をこなして、自力で勉強した。担任の先生は、家庭科の裁縫専門の先生だったので進学の情報がないためか「あなたの進学の力になれなくてごめんなさいね」とおっしゃった。全く自力の手さぐりで学校を探し独りで勉強するほかに方法はなかった。勉強時間ばかり長く、効率は悪いのだが、この時とばかりに私は必死に勉強した。

私の父は家が貧しく、また母親が早くに亡くなったので、父は、親の言う通り家事を全部しなくてはならなかった。父

▲…大学図書館前で友人と（右）

の小学校の担任が、「この子は、成績がよく勉強ができるから、ぜひお宅の息子さんを師範学校に行かせてやってほしい」と言われたが、当時の農家は当然貧しくその勧めも親には聞き入れられず、父は進学を断念せざるを得なかったという。暮らしのために町に奉公に出ても父は読書を欠かさなかったそうだ。特に歴史が好きで、よく記憶していた歴史上の人物の逸話をたびたび幼かった私に聞かせてくれた。

そんな父の影響からか私は歴史が好きになった。私は大阪の関西大学と京都の立命館大学の史学科を受験した。一九六六年の春に私は関西大学を選んだ。大学では、必死で勉強をした記憶がない。友人と語りあい、僻地研究会と名付けた社会調査ごっこのようなクラブ活動に夢中になっていた。リュックを担ぎ、当時はまだ存在した岩手県や高知県の僻地に入り、その土地の小学校で寝泊まりして村の人や子供から生活の様子を聞き取った。大学二年生の春に専攻を決める時、選んだのは東洋史学だった。大学図書館に通って、漢代の歴史や、漢代以降、異民族支配を受けた華北や、中華民族が江南にのがれた東晋時代の好きな歴史書を読み漁ったことを覚えている。

一九六九年、三回生末期の時、世はまさに七〇年日米安保条約反対の学生運動で盛り上がっていた。我が関西大学にも大学紛争が起こった。きっかけは「学費値上げ反対」と「理事長の独占経営をやめろ」だった。それが安保反対のスローガンになるのに時間がかからなかった。四回生の時には、大学紛争のためにほとんど授業が行われなかった。この頃、国会議事堂周辺での安保反対闘争で連日デモの報道があった。関大から京大闘争に参加した津本君が火炎瓶の火に包まれて大やけどを負って亡くなるなどの事件が連発していた。私たちのようなごく普通の学生たちも、毎日の「大学民主化運動」や「安保反対・反米」集会に参加し、学生自治会を支援した。しかし大学側は教室をロックアウトして学生たちを学校から閉めだした。結局最後まで占拠していた全共闘の学生たちも機動隊導入によって排除された。私たちシンパ学生もチリジリになってしまった。大学改革の紛争ごっこは終わった。私の社会矛盾に対する意識も日本の侵略の歴史事実にもまだ意識は低かった。でも、人からもたらされた指令や提案には常に何を意図しているのかを考えるようにはなった。

アルバイト、そして結婚

大学四年生の時には家を出て、私は親から自立した暮らしを始めた。大学紛争のきっかけから学んだ「親からの自立は自己の解放」はすべきだと自分で思い込んでいた。授業が再開されないので暮らしのためのアルバイトは十分できた。ほとんどの仕事は、スーパーなどでハムやジャム、ホットケーキなどの食品の宣伝販売だった。セールスをしていた新入社員の夫と知り合い、私は次第に彼にひかれて行った。彼は物腰の穏やかな好青年であり、沈着で物知りだった。私の周りにはいないタイプだった。大学では授業もろくに再開されないまま、一九七〇年私たち大学四年生は卒業した。

私は給料が男性と同じだというたい文句の成長企業の電気関係の会社で、当時売りだされたばかりの電子レンジの料理指導員になった。仕事は営業員と得意先を回ってレンジの宣伝をしたり、電子レンジ料理の店頭宣伝や商品を購買した家庭への料理指導などだった。レンジ料理の講習もあり、営業部に属すとは言ってもノルマがなく毎日が興味のわく仕事だった。

一九七二年初め、交際していた夫と結婚し、その後出産をすることで会社を退社した。お金はなかったが二人の子供に恵まれ、育児に追われる精いっぱいの暮らしをしていた。二人の幼い男の子の子育ては大変だと世間では言うが、振り返ると私には少しのしんどさとたくさんの楽しい思い出が頭に残っている。

夫を支えるために教師になる

私の夫は、大学を卒業後、大手の食品会社に勤めていた。結婚した時には労働組合の中心的な役割をしていた。彼は働く仲間が、職場で上司から暴力的な扱いを受けたり、低賃金やサービス残業をさせられるので、その改善を訴えて会社と交渉していた。今の時代にはあまり見当たらない民主的な働く場所づくりを目指して組合活動をしていた。ところが一九七三年、当時起きたオイルショックの経済混乱後に、多くの日本企業が経営に行き詰った。彼の会社も、赤字解消、経営改善のために選んだのが安易な人員整理だった。

仲間の暮らしを守るために首切りに反対する夫たちの組合を会社が潰す作戦に出た。会社側は、使用者側の意見をすべて飲み込む新組合を中堅社員にこっそり作らせていた。二〇〇〇人の組合員はほとんどすべてが、工作資金の潤沢で上司が勧める新しい御用組合に加盟した。会社は、言うままにならない人や体の弱い人など五〇〇人の首を切り、人件費を減らし赤字を軽減した。残った者は、辞めさせられた五〇〇人分の仕事を余分にするだけではなく、事業の好転のためにがむしゃらに働かされた。組合活動をしていた夫の周りの友人たちが次々と首を切られていった。トップセールスだった夫もたった一人の職場のデパートの販売員に追いやられた。夫たちは「会社の不当労働行為」を地方労働委員会に訴え、地位保全の裁判も起こした。しかし闘争が長期になり、夫の友人や支援者たちが、会社の暴力や厭がらせに耐えられなくなって次々と退社していった。それは標的にした人を会社側が最後まで攻撃し続けさせたからだ。夫もたった一人の職場から社用で営業所に出向くと所員全員に無視されることが日常だったと言う。しかも組合転覆後、夜中の十二時きっかりに無言電話が我が家に連日かかり続けた。私が電話を取り上げてもずうっと無言のままだった。気味が悪かった。

普通の平凡な人間が企業の下で、人を平気で攻撃する人間になって行くのを見た。私と夫は会社が起こした矛盾を見逃すことができず、二人で夜中まで「この状況を変えるにはどうしたらよいのだろう」とよく話し合った。

不当労働行為の調停と裁判が失敗すれば、夫は首を切られる可能性が大きい。私は夫を助けなくてはならないと決心した。家庭の主婦をしていたが、学校の先生となって働く手立てを探し出した。妻の経済的な助けがあれば夫は戦い続けられるだろう。

私が教師になれば、子どもたちに人権を守ることや人の平等性を学校できちんと指導することができる。今まで付き合っていた人が「お前は会社の敵だ。ゴキブリだ！」と夫や仲間に攻撃をしてきた。教師になって子供に教えれば、夫が受けたような矛盾を将来少しでもなくすことができると思った。教育は小さいうちから大切だ。そうだ私は教師になって世の中のゆがみを少しでも減らそうと決心した。

大阪では四十歳までの人が教員試験を受けられる。私は通信制の大学で小学校教員のライセンスを取得して採用試験をパスするために勉強を始めた。一九八〇年、私は三十三歳、上の息子は八歳、下の息子は四歳になっていた。我が子が遊びに行っている間や就寝後は教員採用試験の問題集を解き、ピアノの課題曲の練習や水泳の練習を続けた。教員採用人数は少なく厳しい門だったが、「針の穴を駱駝が通る」ほどではなかった。教員になろうとチャレンジして二年目の春、一九八二年に私は念願の小学校の教師になることができた。

そして夫たちの裁判と言えば、七年越しで「会社が和解金一・四億円を支払う」と言う実質的勝利を手に入れた。しかし、彼が入れられたガラスの檻は、和解後もなくなることはなかった。法に触れるような嫌がらせはなくなったが、夫には会社の制度を乗り越える手立てはなかった。そうして、私たちは世の中の矛盾に抗うことで、自分の誇りを失わず後ろ向きになることがなかった。

南京大虐殺との出会い

▲…小学校の教員になる

教員になった年は教科書問題が起こり、三年後に中曽根首相の靖国公式参拝があった。

反動的な世の中に戻りそうと、社会が揺れていた。学校教育の場では、人権教育や平和教育を実践するために私や仲間の教員たちは、共に学びながら多くの補助教材を作って授業を行った。小学校の高学年を担任すると歴史を教える機会が待っていた。教科書には原始時代から記述されてはいたが、近現代になると日本の近代化が誇らしげに書かれていた。そして第二次世界大戦の時代は、東京大空襲と原爆投下による被害面が強調され、日本が侵略したアジアの戦争に関しての記述はほとんどなかった。

これでは本当の歴史を教えられないと疑問を持った私は、自分で歴史の本をまた読み調べ出した。日本がアジア地域を植民地化したり、中国大陸を侵攻したたくさ

▲…1990年代はじめ、南京・玄武湖で

んの具体的な事実を知った。このとき初めて南京大虐殺の詳細な事実を知ったのだ。教科書だけでは日本の歴史を子どもたちには教えられないので、まず日本が甚大な被害を与えた中国へ行って、日本の侵略戦争の跡を見てこようと考えた。

この頃一九八〇年代には南京大虐殺を否定する「南京大虐殺まぼろし派」がマスコミ界をにぎわし、世の中にまん延していた。しかし、南京で聞いた被害者の話はすさまじく悲惨であり、体験者だけしか語れない真実を語っていた。日本人がアジアや中国の民衆を差別し、中国人を同じ人間とは思わず、殺しつくし、焼きつくし、奪いつくし、犯しつくしたのだ。

私は歴史資料をもとにして易しい語り口で歴史の学習プリントを作った。子どもたちが日本の侵略の事実を理解するために、被害者の証言や軍部の侵略に抵抗した人びとの実体験を載せ手作りの教材を作成した。子どもたちが侵略戦争のむごい事実や現地の人の抵抗を知り、日本が同じ過ちを繰り返すまいと考える力を持ってほしいと、私は願った。

一九八八年は私が南京大虐殺の被害者の聞き取りを初めておこなった年だ。その後、私は、毎年数回、南京や河北の侵略戦争の被害の村に行き、大量の集団虐殺の生存者や強制連行の被害者からの聞き取りを記録し続けた。日本に帰ると教科書を補うために副教材を作成したり、市民参加型の学習会を開催した。

南京大虐殺の本格的な研究

一九九七年、南京大虐殺六十周年の年。私は友人たちと力を合わせて、八月には南京で中国側と協力して国際シンポジウムの共催、十二月には日本の大都市八か所で南京大虐殺証言集会を開催した。これが毎年十二月に、南京から被害者を招請して日本国内で証言集会を開催することになる最初の催しだった。同じ年には、南京大虐殺の加害兵士の情報を集めるために「南京大虐殺情報ホットライン」という電話による情報収集を日本の各地に置いた。実際に南京で虐殺にかかわった兵士の体験が十三件寄せられた。この情報を基にして、私は加害兵士の調査を集中的かつ精力的に行い始めた。それと同時に南京大虐殺被害者の数多くの取材も始めなくてはならなかった。なぜなら、加害と被害の証言をどんどん取材するたびに、証言内容が一致する事案が、予想通り出始めたからだ。一年に五、六度は南京へ出かけて、被害者の調査をするようになった。国内では南京攻略戦に参戦した兵士の情報を得ては、ほぼ毎週の土日は調査に出かけていた。交通の便のいい場所に住む元兵士を訪問する時には列車で通い、交通の便の悪い海辺や島嶼、山間部を訪問する時には、途中の駅で落ち合って現地に住む友人に車を運転してもらったりした。やっと元兵士の老人を尋ねて「南京での体験を話してほしい」と私がお願いしても、多くの兵士は口が重く話したがらなかった。南京大虐殺を語るのは、日本社会ではタブーだった。それでも何回か訪問するうちに話をしてくれる老人がいた。「歴史の事実を話してほしい」と食い下がってお願いすると、当時南京で起こした日本軍の残虐な行為を話す人も出てきた。

▲…南京証言集会後のデモに参加（2000 年）

被害者の側については、長期休暇に中国の南京を歩き回り、八十歳以上の老人を片っ端から尋ね歩いた。「南京大虐殺の話を聞きたくて、日本人が来ました」と同行した通訳が声をかけると、隠れて玄関に出てこない人がいた。日本人という言葉を聞いただけで被害者は恐ろしくて隠れてしまったのだ。当時、肉親が日本軍に殺されている状況を話しているうちに、「日本はこんなひどいことをしていまだに謝らない。日本人には我慢ができない」とブルブル震えだす人が何人もいた。当時のことを思い出し心が乱れる人を目の前にして、私は、南京大虐殺の生存者の心のダメージがいかに大きいか改めて知らされた。

元兵士の調査の時、私はビデオカメラ、録音機、カメラ、お土産、当時の写真やアルバム、地図などの資料を持ち歩いていた。体力的にきつく、一日に何人も訪問を計画し、しゃべりたくない相手から聞き取りをして取材をするので、かなり神経がすり減った。時には、老人本人や息子から怒鳴りつけられて拒否されたり、話してくれても南京のあたりに来ると忘れたふりをして口を閉ざされたりする人が何人もいた。私が肩を落とすような出来事は毎回起きた。落ち込んで、数か月間、日本兵の調査が中断したことも何度かあった。それでも、日本兵の調査は今やらないと誰がするの？　との思いが私にはあった。南京に調査に行くと親しくなった生存者の老人は「松岡さん、あなたは先生でしょ。必ず日本の若者に事実を伝えてくださいよ」と言われる。その声に励まされ、私はまた日本で、中断していた元兵士の調査を再開した。

▲…元兵士たちへの聞き取りを重ねる

証言集の出版

二〇〇二年、加害兵士の証言集『南京戦　閉ざされた記憶を尋ねて――元兵士102人の証言』を出版。二〇〇三年には『南京戦　切り裂かれた受難者の魂――被害者120人の証言』を出版した。特に加害兵士の出版物は、朝日と毎日の二大新聞に大きく報道され、TVのゴールデンアワーで流れる終戦の日の特別報道番組にも取り上げられた。元兵士が南京大虐殺を語る証言集の出版だったので、「南京大虐殺はなかった」と言う歴史修正主義者たちにとってはまさに脅威だったのだろう。TV報道後から一週間の間に、ネット上にTV局や作者である松岡へのすさまじい誹謗中傷が一〇〇〇件以上も飛び交った。「兵士の証言はすべて嘘」「松岡は中国共産党の回しもの」「南京大虐殺はなかったのにこの教師は嘘を教えている」など事実とは全くかけ離れたひどい中傷文ばかりだった。またさらに、右翼的な大衆雑誌や週刊誌にも、「南京大虐殺否定派の研究者」と言われる人が私を攻撃する事実無根の中傷文章を発表した。

日本には「人のうわさも七十五日」という諺にあるように、つまらない風評もやがて世の人々は忘れると思った。しかし、正反対のことわざにあるように「嘘も百回言えば、本当になる」という反応もあった。「あなたの本は間違っていると言う人もいるね」とか「松岡の取った証言に信ぴょう性がない」と、一応は歴史研究家といわれる人にも批判された。出版

▲…「南京閉ざされた記憶展」会場風景

▲…証言集を出版

数の多い歴史修正主義の側が仕掛ける言論の暴力の影響を身にしみて感じた。

私は、南京での調査を参考にして一九九七年から証言集会を企画して、毎年日本で開催していた。集会の会場に右翼が、宣伝カーを何十台も動員して、大音響でがなりたてて私たちの集会を妨害したことが何度もあった。南京大虐殺写真パネル展覧会を全国規模で、日本各地で開催した時にもいくつかの会場に右翼の街宣車が押し掛けた。妨害の仕方は同じ方法だった。それに足りず右翼は私の職場にもやって来て脅しをかけた。誹謗中傷を連呼する嫌がらせは、彼らの常とう手段だったので、私は恐れて逃げるわけにはいかなかった。

しかし、私が調査した被害と加害の証言研修を評価してくれる市民研究家や市民も、私の周りにはたくさんいた。その後、加害と被害の二冊の証言集は中国語での出版が実現して、多くの中国語を理解する人々の間で読まれることになった。

二〇〇五年には『兵士の手紙と日記から見る南京大虐殺』（中国語版）を南京で出版。二〇〇九年には『戦場の街南京――松村伍長の手紙と程瑞芳日記』（日本語版）を日本で出版した。

私は日本のより多くの市民や若者たちに日本の侵略戦争の中で引き起こされた「南京大虐殺」の事実を知ってほしくて研究と運動を続けてきた。

南京大虐殺の証言の掘り起こしや研究の他には、私は、一九八八年以来、毎年八月に、南京スタディーツアーを主催していた。市民や大学生たちを南京やその他の侵略戦争の土地に同行して、体験させせながらの歴史学習を組み立て、毎年南京で学習を深め、さらに違った都市や村を訪れた。

調査の過程で入手した日本兵士の資料や調査研究をもとにして南京大虐殺写真パネルを編集、製作して、市民運動仲間と共に日本全国四十か所で写真展覧会を開催した。

私だけでなく、歴史を修正する右派に対抗して、侵略戦争を明らかにする歴史認識活動をめげずに続けている人も日本社会には少数ながら存在する。それでも、近年の日本社会では南京大虐殺だけでなく、侵略の歴史を否定する勢力がますます強くなる風潮にある。

映画制作『南京 引き裂かれた記憶』

近年、若い人に歴史を伝える方法として、私はドキュメンタリー映画の制作を始めた。現代の日本の若者はますます本を読まなくなった。若者は、パソコンやスマートホンをいつも手にしているが本を読んでいる姿はほとんど見ることがなくなった。読むことが苦手な若者でも、画面を見ることは身近なので映画は見やすいだろう。私は映像で若い世代に歴史を伝える手法をやってみたいと真剣に思うようになった。元になる映像は、一九九七年から始めた日本兵士や被害者を調査し撮りためた映像を活用しドキュメンタリー映像の制作をすることを考えた。

第一作目は、映像の編集ができる協力者を説いて映画上映委員会を立ち上げた。『南京 引き裂かれた記憶』は二〇一〇年三月の香港国際映画祭のドキュメンタリー部門で招待作品となった。次の年には、より良い映像に改良したニューヴァージョン『南京 引き裂かれた記憶』は二〇一一年六月の上海国際映画祭のドキュメンタリー部門（ノンコンペディション）の招待作品となって上海の三つの映画館で上映された。日本でも大阪、名古屋、東京の一般の映画館で十七週間の上映が実現した。

二〇一二年の十二月には、第二次世界大戦の歴史を維持し護る会ALPHA教育の招待でカナダ、アメリカ、香港の十か所で『南京 引き裂かれた記憶』のフルヴァージョンとダイジェストヴァージョンが上映されることになった。会場では私の講演ももちろんあり、日本の国外で歴史の事実を学ぼうとする若い人たちが高い関心を示してくれた。

カナダエドモントンの大学で、アメリカＮＪのカンファレンス会議場で、またトロントや香港のハイスクールで、学生たちは映画を見た後、次々と熱心に質問をしてきた。「日本はなぜ心からの謝罪をしないのか？」「証言をした元兵士の中で何人が反省をしているのか?」「日本では南京大虐殺は教科書に載っているのか?」などたくさんの質問を次から次へと繰り出してきた。日本では、あまり感じられない市民や若い人たちの熱意に私の心は熱くなった。

そして多くの参加者が「加害と被害者の証言が一致しているので南京大虐殺が大変むごたらしいことが分かった」「このような酷いことを起こさないためにどうすればよいかを考えたい」との意見が、多くの若い学生たちからでてきた。積極的な意見を聞いて、私は本当に嬉しかった。彼らは、見て、感じ、思い、今後自分はどうするのかを私やその場にいた参加者だけでなく自分にも答えていたからだ。

第二作目『南京の松村伍長』

『南京 引き裂かれた記憶』を改修しニューヴァージョンを制作した直後から、私は映像編集のできる友人と一緒にドキュメンタリー映画『南京の松村伍長』の制作に入った。私は南京攻略戦に参戦した元兵士二百五十名を取材した。多く関わった兵士たちの中でも松村芳治という一九一五年(大正四年)生まれのお爺さんは、私が調査を始めたころから親しくお付き合いをしていた。彼はいつも調査をする私を快く迎えてくれて、戦友会のメンバーを紹介してくれたり、近隣の村の同年兵の家に私を連れて案内してくれた。彼自身も私の取材に何度も証言をして下さり、松村さんへの訪問回数は二十回を超えた。よる年波で彼は体力が落ち家で寝ていても、その様子を映像に撮らせていただいた。二〇〇四年、ご家族から「お爺さんを見に行ってやってください」と言われたので、協力者の友人と共に慌てて病院にお見舞いした。駆けつけた私が目にした松村さんは、車いすに座った姿勢でぼんやりと宙をみていた。彼はもう私を誰だか判別できなくなっていた。松村さんと行った美味しいお寿司屋を思い出した。「松村さん良くなったらまたおいしいお寿司を食べに行きましょうね」と私が耳元で声をかけると、彼は「そうですなあ。美味しいお寿司がいいですなあ」とゆっくりと言葉を返してくれた。この時が最後だった。

間もなく松村さんが亡くなったのを知った。松村芳治さんを撮った映像テープは十数時間以上あった。一人の日本兵松村は、応召して戦場では命令のままに、揚子江の岸で機関銃を撃ち、逃げていく女性も子供もみんな撃ち殺した。また別の所では、当然のように隠れていた男を引き出してクリークで銃殺する。晩年の彼は、女性や子供もみんな撃ち殺せと言われた命令に「あれを殺さなくても良かったのではないか？　日本の軍隊は矛盾することが多かった」と当時を振り返って言っていた。その時の松村さんは苦しげな表情だった。

一人の元兵士松村の証言のみで構成した三十分の短編『南京の松村伍長』は、日本兵士が南京で何を引き起こしたのかを語っている。それは、南京を否定する人たちがいつも言う「一部の不心得者がしたことで大したことではない」と主張する作り話を完全に否定できる。このドキュメンタリーは、日本の軍隊が組織として行ったすさまじい南京大虐殺の暴行を松村が赤裸々な戦場体験を語る形で制作した。

今後私がすべきこと

多くの南京攻略戦に参戦した元兵士たちがこの世を去って行った。二百五十名のうち生存が確認されている人は、今や一名になった。一方の被害者たちと言えば、私は聞き取り調査をして三百名以上を記録してきた。彼らの中で、南京城内に住んでおられる比較的元気な証言者たちを招いて、私たち銘心会南京は、現在も食事会を開いて談笑し、お小遣いや土産をプレゼントして心のケア交流活動を続けている。二十二名の被害者たちは私や日本人との交流を楽しみにして、一年に二回、交流会場のレストランへ家族に支えられてやってくる。高齢になり八十五歳以上の彼らは比較的元気な人たちだが、残念なことに毎年のように一人二人と亡くなっていく。

被害者も加害側も高齢を迎え、次々とこの世を去っていく。

証言者が少なくなる中で、ここ六年、私が集中して調査している南京大虐殺の一つの悲惨な事件がある。それは「南京太平門における日本軍による一三〇〇人の虐殺」だ。

明代以前から国共内戦が終わるまで、南京城の東部玄武湖のほとりに太平門という一つの城門があった。一九五〇年代の道路拡張と区画整理によって太平門は、跡かたもなく壊され、以前よりも広い道路が造られた。南京大虐殺当時は、東側の富貴山から続くなだらかな丘陵の上に城壁が築かれていた。城内外を出入りする門である太平門が小高い場所にあった。だから道路拡張工事の時には門の周辺が他の場所の高さに合わせて掘り下げられた。この場所は、今は車が行きかう大きな交差点に変わって、当時の面影が全く見られない。

私は南京攻略戦に関係した元兵士二百五十名を調査した。その中から太平門の集団虐殺に直接かかわった部隊の兵士が六名いた。彼らの部隊・第十六師団歩兵第三十三聯隊の第六中隊は地雷で捕えた住民を吹きとばしたり、機銃掃射をしたり、油を注いで焼き殺したりという残虐な方法で、無辜の中国人たちを堪えがたい恐怖と苦痛の世界に陥れた。また、ほかに四名の元兵士は、太平門で数百にもなる中国人の死体が積まれてあったのを目撃している。太平門での集団虐殺は少なくとも二か所であったと日本兵の証言から明らかになっている。遺体が埋められた二つの場所（地域では万人坑と言われている）は人骨が出土したとの中国人の目撃があったのだが、その両方とも、近代化政策のなかで掘り起こされた遺骨がどうなったかは不明である。私がこれまで聞き取りをした中で中国各地で戦争被害者の人骨が出土した相当数の事例を知っている。しかし、一九八〇年代まで人骨がていねいに保管されたと聞いたことはなかった。あまりにもたくさんの場所で被害者の遺骨が出たからだろう。平頂山や大虐殺の関係ある場所から出た人骨など、明らかに日本軍国主義の大規模な残虐事件の場合は遺跡として残される。しかしどの作戦の犠牲者であったと断定できない場合は、掘り起こされた遺骨たちは残土と共に分らないところに処理されたと聞いている。

▲…幸存者の伍秀英、岑洪桂と談笑（2016 年）

ここ数年、私は南京師範大学出身の高文軍女史の協力を得て、太平門の虐殺の目撃者や関係者を調査してきた。太平門の周辺地域は一九九六年に地域の再開発のために、ほとんどの住民が城内外数か所に移転していた。そのため生存者や目撃者探しは広範囲に及んだ。日本兵が虐殺犠牲者を放置した場所や埋めた場所から数十年後の一九五〇年代の道路造成工事で骨を掘り起こした人、一九七〇年代の道路工事で掘り起こされた骨の群れを目撃した人を見つけ出した。さらに移転者を求めて粘り強く遠くに情報を追いかけていくと、太平門一三〇〇人の中からたった一人の生存者である王という元国民党の兵士がいたことが分かった。彼と遊んだり体験談を聞いた、当時少年だった人も探し出した。彼のことを知っているお婆さんも見つけ出した。この太平門の集団虐殺にあった人たちの遺骨は五〇年代と七〇年代の道路工事や水道工事の掘り起こしの時にたくさん発見された。日本兵士が証言した虐殺地と全く同じ場所で遺骨を見たという人たちの証言を六人の中国人から収録することができた。

太平門の一三〇〇人の集団虐殺は、南京住民虐殺で名高い第十六師団長の中島今朝吾の日記に具体的に書かれ、またその部下の第三十旅団の佐々木倒一旅団長の私記にも記されている。

中国人被害者や生存者が全く見つけ出せず証言資料すらなかったために、太平門の一三〇〇人の集団虐殺は、その被害と悲惨さを現在に語り伝えることができなかった。

一九三七年十二月十三日まで太平門付近で暮らしていた老人から子供たちの市民や広東から首都防衛についていた兵士たちは、本当はこの地で生きていたのだ。この人たちは、日本軍の残虐な集団虐殺の時から、この世での存在を消されてしまった。

私は、一三〇〇人もの人々が、太平門の門外で生きる願いを断たれた事実を、残された証言から現代の人たちに伝えねばならないと思っている。南京ドキュメンタリー映画『太平門 消えた1300人』は、五年の調査と編集時間を費やして二〇一六年九月、ついに完成版が出来上がった。

また、第三作目のドキュメンタリー映画制作と並行して英語版の新しい書籍『南京 引き裂かれた記憶』の日本語編集作業を三年半行ってきた。日本語から英訳を完成させて英語版の出版をカナダの歴史認識団体のＡＬＰＨＡがボランティアを動員して熱心に取り組んでくれた。南京攻略戦に参戦した元兵士と被害者の証言内容が全く一致する両面の証言を突き合わせて南京大虐殺の事実を証明しようと私は試みた。日本では南京大虐殺を一部の不心得者が起こした単なる事件と矮小化する歴史修正主義者も多いが、南京大虐殺の具体的な状況である歴史の事実と被害者の痛みが現在にも続いていることを英語圏の人々に知らせたい。そして、人々がアジアでの侵略戦争を詳しく知ることによって、第二次世界大戦と戦争の実態を知ることができるのだと私は願って、この新作の本を編集した。

英語版の出版は、何といっても日本語を英語に翻訳する優秀な人材の確保が重要だ。

カナダ側事務局とメール連絡をしながら細かい点まで打ち合わせをしなくてはならないので、効率的には進めにくかった。英語版南京大虐殺の証言集の出版は五年前にもアメリカで長い準備段階を経たにも関わらず、英語版の翻訳者が仕事量に耐えられなくて立ち消えになったことがあった。今回はその轍を踏まないように、少なくとも歴史認識と細やかな配慮のある優秀な翻訳者の協力が必要となった。親交を深めた現地に住むカナダ人や日系人などの友人たちの協力をえて、証言者の一字一句までメールで検討しながら完成となった。英語版『南京 引き裂かれた記憶』の出版発表会は、教員たちや市民だけでなく国会議員や州議会議員も参加して、今年四月十六日にトロントで盛大に行われた。そして南京大虐殺の歴史事実を英語で読めるようになって、北米圏のより多くの人々に歴史事実を広め知ってもらいたいと私は望んでいる。

第三作目の新しい映画『太平門 消えた1300人』の制作上映と新しい英語版『南京 引き裂かれた記憶』の出版は、私にとって南京大虐殺の史実を世に知らせるための産みの苦しみだったと言えるだろう。私は国内外の友人たちに協力を依頼し、二つの作品を必ず世に広く展開させて行こうと心に決めて、執筆や編集に取り組んだ。執筆、構成、編集も含めて孤独な作業は数年続いた。戦いだった。

カナダとアメリカで英語版『南京 引き裂かれた記憶』の出版後、すぐに、日本語版と中国語版の出版の計画が外部から浮上してきた。この文章を修正加筆している二〇一六年六月始めから、私は英語版とは異なる方法で日本語版と中国語版の新しい本の編集を始めた。英文版と比較して、加害被害の証言には、ここ数年取材していた新たな被害の証言者を追加し、全体的に証言の人数を一六〇%に増やした。更に新たに論文を追加し新しい南京大虐殺を実証する本書・日本語版『南京 引き裂かれた記憶』を執筆。日本と同時に、中国でも十二月に出版される予定である。日本の読者には、南京で実際に起きたことと被害者の痛みを知ってほしいと私は願っている。加えて、被害に遭った方たちには、日本人や中国人、欧米人に南京大虐殺の歴史事実を知らせることによって、痛みが少しでも和らぐことを私は強く願っている。

日本語版の出版にあたっては、社会評論社の松田健二社長、編集部の新孝一さんには大変お世話になり、深く感謝申し上げます。また、中国南京でのこれまでの調査では、私と同行し、通訳をして下さった盛卯弟さん、羅慶霞さん、常婣さん、高文軍さんに感謝し、お礼を申し上げます。

南京民間抗戦紀念館の呉先斌館長には調査の車の貸し出し協力を頂きました。侵華日軍大屠殺遇難同胞紀念館の朱成山館長のご支援、そして秘書の芦鵬さんにもたびたび通訳をお願いしました。
こうして多くの善意に支えられて、拙著が世に出ることとなりました。心から感謝いたします。

二〇一六年　七十九年目の南京大虐殺の日に

著　者

対中国侵略戦争年表

西暦	日本側	中国側
1874年	3 台湾出兵	
1894年	8 日清戦争（〜95年3月） 11 旅順占領（11・21）虐殺開始（旅順大虐殺）1万8000人虐殺	「下関条約」（1895年4月）により、遼東半島及び台湾、澎湖諸島割譲される
1900年	6 北清事変（八か国が北京を蹂躙）	
1904年	日露戦争（〜1905年9月）戦場は中国。このため、中国の物的、人的被害は莫大だった	
1905年	9 ポーツマス条約（日本の朝鮮支配の承認。旅順、大連と東清鉄道の一部を日本に譲渡）	
1906年	南満州鉄道（株）の設立	
1910年	8 日本、韓国を併合。朝鮮総督府を設置	
1911年		10 辛亥革命、中国国民党による中華民国成立
1914年	7 第一次世界大戦勃発（〜18年）日本、山東に上陸、ドイツ領の中国膠州湾、青島占領	
1915年	日本、中国へ二十一か条の要求（山東、東北、内蒙古の利権の強化、中国本土での利権の拡大）	
1918年	7 日本、シベリア出兵	
1919年	6 ヴェルサイユ講和条約調印。（中国が提出した、二十一ヵ条要求の破棄、各国の在華特権廃止要求は却下）	5 五・四運動起こる（学生、労働者を中心とした反日、反帝運動、日貨排斥運動）
1921年		7 中国共産党成立
1922年		1 香港で海員と港湾労働者のスト（〜3月）
1923年	9 関東大震災（朝鮮人6000人、中国人600人虐殺）	
1924年		第一次国共合作
1925年	4 治安維持法、普通選挙法	五・三〇事件起こる（上海の学生、労働者、市民に

		よる反日、反帝闘争。全国に拡大）
1926年		7 蒋介石、国民革命軍総司令官に（北伐開始）
1927年	4 金融恐慌、銀行破綻 5 日本軍、第一次山東出兵（在留邦人保護を名目に出兵。北伐への武力恫喝） 6 田中義一内閣、対中国政策のための東方会議を開催	4 蒋介石、上海で反共クーデター（共産党弾圧へ）
1928年	4 日本軍第二次山東出兵 5 日本軍第三次山東出兵 済南虐殺事件（日本軍、済南市民五〇〇〇人余の死傷者を出し済南は壊滅状態） 6 関東軍、張作霖を爆殺する	6 北伐終了。張学良、蒋介石により東北辺防総司令に任じられる 11 中国共産党満州省委員会成立。「満州」での排日運動激化
1929年		10 世界恐慌
1930年	3 昭和恐慌 10 台湾で霧社蜂起（日本軍、毒ガスを初めて使用して鎮圧）	春 内乱が活発化する 冬 蒋介石、中国共産党剿滅作戦開始
1931年	9 満州事変（関東軍、柳条湖にて満鉄爆破事件を画策し中国東北三省を軍事占領）	
1932年	1 第一次上海事件 3 満州国成立宣言（清朝最後の皇帝溥儀を担ぐ） 5 五・一五事件（海軍の青年将校らが犬養毅首相を暗殺） 9 撫順平頂山虐殺事件（村民3000人虐殺） 年末 七三一部隊の前身・石井部隊の活動始まる	
1933年	1 関東軍、熱河省を攻撃 3 日本、国際連盟脱退 5 塘沽協定（日本軍の占領地域に中国側の軍隊を入れ	

1934年	ないことを約束）	10 長征開始 中国共産党、毛沢東主導権をとる
1935年	6 梅津、何応欽協定（河北省から反日軍と排日機関を取り除く） 土肥原、秦徳純協定（河北省に親日派の宋哲元を据える）。国民党勢力一掃 11 傀儡政権を成立（河北省に冀東防共自治政府を作らせる）	8 抗日救国宣言（中国共産党八・一宣言）
1936年	2 二・二六事件（陸軍による内閣干渉、政治の軍事化） 11 日独防共協定成立	5 全国各界救国連合会結成 12 西安事件（張学良らが蒋介石を監禁、内戦停止、抗日救国を要求）
1937年	7 盧溝橋事変（中国への全面侵略戦争開始）華北へ派兵決定、事件を北支事変とする。支那駐屯軍、華北で総攻撃を開始する 8 チャハル作戦を開始。関東軍の「内蒙古」支配。武力で河北分離工作を実現 上海で日中両軍戦闘開始、陸軍、上海派遣軍編成命令 海軍航空隊、南京へ向け爆撃開始　暴支膺懲の声明（8・15） 9 北支事変を支那事変とする。北支那方面軍、涿州、保定攻略を開始 10 北支那方面軍、太原を攻略。山西作戦開始。石家荘占領 日独伊防共協定 11 杭州湾上陸、上海陥落。中支那方面軍、司令官松井石根の指揮下、南京へ向かって侵攻、南京を空爆。 12 大本営、南京攻略を命令。句容を占領。三ルートに	蒋介石「抗日自衛宣言」、対日抗戦の総動員を命令。 中共紅軍は第八路軍に再編 中ソ不可侵条約 第二次国共合作を中心とする抗日民族統一戦線 11 南京安全区（難民区）、国際委員会設定。蒋介石、上海付近から撤退命令 中国、国民党政府、重慶遷都を発表

		分かれて南京へ進攻。蕪湖、丹陽、句容、鎮江を占領し、南京包囲網を完成。南京占領（12・13）、虐殺開始（南京大虐殺）。	12	トラウトマン和平工作失敗
		北京で「中華民国臨時政府」設立（日本の傀儡政権）		
		日本軍、揚子江上の米国軍艦誤爆（パネー号事件）		
1938年	1	第一次近衛声明、「爾後国府を対手とせず」		
	2	上海派遣軍を廃止、中支那派遣軍を編成		
	3	南京で「中華民国維新政府」設立（日本の傀儡政権）		
	4	国家総動員法発令。徐州東方付近で苦戦、一時撤退		
	5	南京安全区を閉鎖させる		
	6	戦面不拡大方針を投げ出し徐州作戦へ。徐州から開封を占領	6	国民政府、孔祥熙和平問題打診
	10	武漢三鎮占領。広東占領		
	11	第二次近衛声明。「東亜新秩序建設に協力すれば国府といえども拒否せず」	12	陸軍省軍務課長影佐大佐の謀略で汪兆銘、重慶脱出（国民政府分裂工作）
1939年	2	海南島占領		
	3	江蘇省要所（海州など）を占領。南昌を占領	4	華南で春季反撃作戦
	5	ノモンハン事件（日ソ衝突、日本軍のトーチカの建設に連行した中国人を全て虐殺）。華北、華中で連続的な掃討戦。三光政策（焼き尽くす、殺し尽くす、奪い尽くす）を実施		
	9	支那派遣軍総司令部を南京に設置。ドイツがポーランドに侵攻、第二次世界大戦始まる		
	10	第一次長沙作戦開始		
	11	援蒋ルート（欧米からの蒋介石政府援助の輸送ルート）遮断作戦の目的であった南寧占領	11	蒋介石　南寧で反撃
1940年	4	汪兆銘の「新中華民国政府」（傀儡政権）南京で成		

年	月	日本	月	中国
		立		
	5	重慶爆撃		
	9	仏印に援蒋物資禁輸・日本監視団派遣。日独伊三国同盟	8	中国共産軍による百団大戦（八路軍による日軍への大攻撃）
		北支那方面軍、共産軍根拠地の覆滅作戦を実施		
	11	汪兆銘の傀儡政府と日華基本条約及び付属諸文書調印		
1941年	4	日ソ中立条約		
	7	日本軍、南印進駐開始		
	9	御前会議「帝国国策遂行要領」を決定。（対米交渉の甲、乙案）・長沙作戦		
	12	日本海軍、真珠湾を奇襲。陸軍、マレー半島上陸。太平洋戦争始まる。支那派遣軍、香港を占領		
1942年	1	長沙占領	1	長沙で日本軍へ反撃
	2	シンガポール占領。華僑を大虐殺		
	6	ミッドウェー海戦で大敗北		
	9	支那派遣軍重慶進攻作戦準備		
1943年	5	御前会議、「大東亜政略指導要綱」決定		中共解放区拡大する
	11	大東亜会議を開催し、戦争完遂と大東亜共栄圏の確立を宣明	11	カイロ会議（米、英、中は日本の無条件降伏まで協力して戦う）
1944年	3	インパール作戦開始（～7月）。援蒋ルート封鎖、英印中の分断		中国軍、雲南から攻撃。中印陸上ルート開く。
	4	大陸打通作戦		
	5	湘桂作戦開始（湖南省、広西省の飛行場占領破壊の目的）	7	米英中三国、対日ポツダム宣言発表
	8	衡陽を占領		
	9	拉孟の日本軍「玉砕」		
	11	柳州、桂林占領		
1945年	3	東京大空襲・大阪大空襲		

		老河口作戦		
	4	芷江作戦で敗退		
	8	広島に原爆投下。		
		長崎に原爆投下。ソ連軍、中国東北に侵攻。		
		日本、ポツダム宣言受諾、無条件降伏		
1946年				国共内戦勃発
1947年	3	国民党政府南京戦犯裁判軍事法廷、元日本軍第六師団長、谷寿夫に死刑判決		
	12	国民党政府南京戦犯裁判軍事法廷、南京戦に参戦した向井敏明、野田毅、田中軍吉に死刑判決		
1948年	11	極東国際軍事裁判、松井石根、東条英機ら7名のA級戦犯に絞首刑の判決		
1949年			10	中華人民共和国の成立
1972年	9	日中共同声明に調印（日本と中国との国交回復）		
1978年	8	日中平和友好条約を締結		

［著者紹介］

松岡環（まつおか・たまき）

1947年生まれ。元小学校教師。現在、大阪経済法科大学アジア研究所研究員。侵華日軍南京大屠殺遇難同胞紀念館特別研究員。

小学校在職中から南京大虐殺の聞き取り調査を続け、南京攻略戦に参加した元兵士250名の調査、南京大虐殺の被害者300名以上を詳細に調査し記録に残している。

著書『南京戦・閉ざされた記憶を訪ねて』（社会評論社、2003年日本ジャーナリスト会議賞受賞）、『南京戦・切り裂かれた受難者の魂』（同、南京大屠殺研究調査貢献賞受賞）、『戦場の街南京』（社会評論社、2009年）。

代表的な加害兵士の証言について、ＤＶＤ記録史料を制作、ドキュメンタリー映画「南京 引き裂かれた記憶」（2011年上海国際映画祭招待作品）、「南京の松村伍長」を監督として完成させた。2016年、「太平門 消えた1300人」の監督と制作をつとめる。

南京 引き裂かれた記憶　元兵士と被害者の証言

2016年12月13日　初版第1刷発行

著　者＊松岡環
装　幀＊後藤トシノブ
発行人＊松田健二
発行所＊株式会社社会評論社
東京都文京区本郷2-3-10　tel.03-3814-3861/fax.03-3818-2808
http://www.shahyo.com/
印刷・製本＊倉敷印刷株式会社

Printed in Japan